KB040287

조선 농촌의 식민지 근대 경험

국립중앙도서관 출판시도서목록(CIP)

조선 농촌의 식민지 근대 경험/
마쓰모토 다케노리 지음; 윤해동 옮김.
 - - 서울: 논형, 2011
          p.; cm

원표제: 朝鮮農村の〈植民地近代〉経験
원저자명: 松本武祝

일본어 원작을 한국어로 번역
ISBN 978-89-6357-111-9 94910: ₩22000
일제강점기[日帝强占期]
농촌[農村]

911.06-KDC5
951.903-DDC21   CIP2011002097

조선 농촌의 식민지 근대 경험

마쓰모토 다케노리 지음/ 윤해동 옮김

논형

조선 농촌의 식민지 근대 경험

초판 1쇄 발행 2011년 6월 10일
초판 2쇄 발행 2019년 9월 25일

지은이 마쓰모토 다케노리
옮긴이 윤해동
펴낸곳 논형
펴낸이 소재두
등록번호 제2003-000019호
등록일자 2003년 3월 5일
주　소 서울시 영등포구 양산로 19길 15 원일빌딩 204호
전　화 02-887-3561
팩　스 02-887-6690
ISBN　978-89-6357-111-9　94910
값　　22,000원

한국어판에 대한 감사의 글

2004년 4월부터 1년 동안 성균관대학교 객원연구원으로 서울에 체재할 기회를 얻을 수 있었다. 40대 중반에 처음으로 얻은 한국 장기체재 경험이었다. 연구자로서의 타이밍이라는 측면에서는 실기한 감도 있었지만, 내게는 귀중한 경험이었다. 그때까지 논문을 통해서만 알고 있던 한국의 역사 연구자들과 직접 만날 수 있었던 점이 무엇보다 중요한 수확이었다. 이 책을 쓸 수 있었던 것도 서울에 체류할 때 만난 연구자들과의 논의에 힘입은 바가 크다.

이 책의 한국어 번역판을 읽으면 금세 알겠지만, 윤해동 선생의 연구는 이 책에서 빠뜨릴 수 없는 중요한 선행연구였다. 서울 체류 중에 윤해동 선생도 뵐 수 있었고, 매우 친하게 지내게 되었다. 게다가 그 후에 이 책의 번역을 제안해주었고, 직접 번역 작업의 노고도 맡아주었다. 이 자리를 빌어서 새삼 감사를 표하고 싶다.

이 책을 출판하고 이미 5년이 경과하고 있다. 그 사이에 핵심을 꿰뚫는 비판이 몇 가지 있었다. 그런 비판을 접하고서 나 자신도 이 책이 지닌 분석의 한계를 극복하기 위한 새로운 분석시각이나 분석틀을 찾아내기 위해 지지부진한 발걸음이지만 시행착오를 겪어왔다. 이때 한국어판이 출판되는 것을 기회로 삼아 기분을 새롭게 하여 그 노력을 이어가려 생각하고 있다.

그래서 이 책에 대한 비판을 바탕으로 현시점에서 내 나름으로 생각하고 있는 이후 연구의 방향성에 대해서 그 일단(一端)을 매우 간단히 내보이고 싶다. 책 앞의 감사의 말로서는 매우 이례적인 내용이지만 널리 양해해주기 바란다.

***

재일조선인 한국사 연구자인 조경달은 '식민지 근대'론 가운데서 특히 조선인 민중이 근대를 내면화하고 있었던 점을 강조하고, 또 식민지 권력의 헤게모니가 성립되어 있었다고 간주하는 논의를 '식민지 근대성'론이라고 명명하고서, 자신이 '식민지 근대성'론이라고 명명한 분석시각을 비판하고 있다(『植民地期朝鮮の知識人と民衆―植民地近代性論批判』, 有志舍, 2008). 그리고 이 책도 그런 '식민지 근대성'론의 하나로 자리매김하고 있다. 곧 조경달은 '식민지 근대'론 가운데 근대와 권력의 포섭성과 침투성을 강조하는 '편향'된 논리를 '식민지 근대성'이라 특정하고, 이 책도 '식민지 근대성'론에 입각해 있다고 비판하고 있다.

이 책의 분석틀에서 키워드의 하나로 되어 있는 '동시대성'이라는 개념은 근대의 헤게모니가 식민지 조선에도 미치고 있었음을 함의하고 있다. 그리고 이 책에서는 그 '동시대성'의 효과에 의해 조선인 농민(조경달의 '민중'과 상당한 정도로 중복된다고 생각된다)은 근대의 장치·제도·문물에 대한 지향성을 가지게 되었다고 파악하고 있다. 그런데 그런 근대의 장치·제도·문물의 공급은, 대다수가 식민지 권력이나 일본 자본에 의해 독점되어 있었다. 조선인 농민은 근대로 나아가려 할 때마다 아무런 정통성/정당성도 부여받지 못한 식민지 권력이나 일본 자본과 교섭해야만 했다. 거기에서 '식민지 근대'의 특질을 발견하고자 하는 것이, 이 책의 분석시각이 가진 특징이라고 생각한다. 이 책에서 조선인 농민에 대해 식민지 권력의 헤게모니가 성립했다고는 간주하고 있지 않은 것이다.

또 이 책에서는 식민지적 과잉인구의 농촌 체류라는 현상에 주목하여, 촌락공동체가 변질되면서도 뿌리깊이 존속하고 있음을 강조했다. 그리고 촌락공동체의 존속을 조선인 농민이 전통적 규범을 유지해나가고 있던 사회적 기반으로 규정하고, 한편에서는 근대에 대한 지향성을 가지면서도 다른 한편에서는 전통적 규범을 유지해나간 조선인 농민의 모습을 묘사하려 하였다(조선인 농촌 엘리트의 언설 속에서 이를 반영하는 방법론에 입각한 간접적인 언급에 머무르고 있어 조경달이 의도하는 민중사·민중운동사의 관점에서 보면 불충분한 분석에 머무르고 있음을 인정할 수밖에 없다). 조선인 농민이 근대를 전면적으로 내면화하고 있었다고는 보지 않는 것이다.

이 책을 다시 읽어보면서 주된 논지가 충분히 전달되지 못했던 것은 기술적인 미숙함도 있지만 오히려 이 책의 분석틀이 가진 결점으로부터 오는 바가 크다고 생각하게 되었다. 즉 그것은 민족 문제의 위치 부여에 있다. 근대를 직접적으로 경험한 조선인 엘리트의 내셔널리즘에 대해서는 이 책에서도 내 나름대로 분석틀에서의 위치 규정을 서술하고 있다. 그러나 식민지 권력에 의한 민족차별적인 폭력적 지배와 그에 대한 조선인의 반발(조경달이 말하는바 '시원적 내셔널리즘')이라는, 식민지를 분석대상으로 삼을 때 가장 기본이 되어야 할 논점을 분석틀 속에서 명시적으로 다룰 수 없었던 것이다. 이것이 이 책을 되돌아볼 때 가장 크게 반성하는 논점이다.

그리고 이 반성은 민족 문제에 관한 기술을 단순히 부가하면 해결되는 것이 아니라, 이 책의 분석틀 전체의 변경을 촉구하고 있다고 생각한다. 이 점과 관련하여 어떻게 분석틀을 바꾸면 좋을까, 아직 충분히 정리되지는 않았다. 이 점을 의식하면서 최근 어떤 학회에서 구두보고를 한 적이 있는데, 그 내용을 간단히 소개하고 싶다(2010년 3월 일본농업사학회대회 심포지

엄. 출간을 위해 집필 중). 그 보고에서는 일본 국내의 산업조합과 조선 금융조합의 비교분석을 시도했다. 특히 조합원에 대한 대부사업에서 전자와 비교하여 후자의 토지 담부대부 비율이 높았다는 점에 주목했다. 산업조합의 경우에는 협동조합이 그 이념으로 내걸고 있던 무담보 대부(대인 신용)의 비율이 상대적으로 높았다. 협동조합이라는 근대적인 제도가 식민지 조선에 적용될 때, 조합 이사(많은 경우 일본인)의 민족차별에 바탕을 둔 조선인의 신용에 대한 낮은 평가와 그에 반응한 조합 이사에 대한 조선인 농민의 기회주의적 대응이라는 관계성(의 재생산) 때문에 일본 국내에서는 기능할 수 있었던 대인 신용대부가 조선에서는 충분히 기능할 수 없었다. 그 결과 객관적인 금전적 평가가 가능한 토지소유권의 담보 권능만이 조합 이사에게 신용의 원천으로 평가를 얻게 되었다. 또 그것은 여신자에 의한 차압 등의 제도를 통하여 직접 생산자(소작농)의 경작지에 대한 권리를 약체화시키는 요인으로도 작용하였다. 더 일반화해서 말하면, 국민국가 아래서는 기능하고 그 때문에 용이하게 축적되고 있던 신용의 원천이 될 수 있는 여러 자원(인간관계도 포함)의 체계가 식민지 아래서는 왜곡 혹은 극도로 단순화된 형태로밖에 기능할 수 없었다는 논점으로 정리할 수 있다. 그런 점에서 식민지로서의 특질을 찾아낼 수 있지 않을까, 이런 구체적인 논점을 통해서 식민지 권력에 의한 지배의 특징과 식민지 하에서의 사회경제구조의 특징을 연결시켜 분석하는 것이 가능할 수 있지 않을까라는 문제 제기였다.

김낙년은 이 책의 분석틀에서 또 하나의 키워드인 '단계성'에 대해, 그 개념에 의해 설명되는 근대의 요소가 사회경제의 극히 일부분에서밖에 성립되지 않았던 식민지 조선 사회의 특징은, 후진성 일반에 대해서도 말할 수 있는 것이고 거기에서 식민지에 고유한 성질을 찾아내는 것은 곤란하다고 비판하고 있다(「植民地近代化'再論」, 今西一 編, 『世界システムと東ア

ジア―小經營・國內植民地・植民地近代』, 日本經濟評論社, 2008). 이 책에서는 확실히 후발 자본주의 국가와 식민지의 양적인 차이를 논의하는 데 그치고 있고 질적인 논의에 도달하지 않았다는 점에서, 김낙년의 비판은 감수할 도리밖에 없다. 질적 차이를 파악하려 할 때, 지금 말한 신용의 원천을 둘러싼 논점은 중요한 발판이 될 수 있지 않을까 생각한다.

또 토지소유와 관련하여 하나의 논점을 추가해두고 싶다. 잘 알려져 있듯이 미야지마 히로시(宮嶋博史)는 조선시대를 통하여 정치적 토지지배가 일부를 제외하고는 쇠퇴하고, 이를 대신하여 사적 토지소유권이 성장하고 있었던 점, 토지조사사업에서는 기본적으로 그 사적 토지소유권이 근대적 토지소유권으로 확정되었던 점을 명확히 밝혔다(『朝鮮土地調査事業史の硏究』, 東京大學 東洋文化硏究所, 1991). 조선사의 장기적인 변동 추세 속에서 식민지 시기를 자리매김하는 시도라고 할 수 있다. 토지소유권자의 확정 과정에 주목하는 경우에는, 미야지마가 논한 바와 같이 토지조사사업 전후의 연속성을 확인할 수 있다. 그러나 앞서 논의한 바와 같이 신용의 원천에 관한 사회적인 배치가 변용하는 과정에서 그 토지소유권자가 행사할 수 있는 경제적 능력에서 식민지에 고유한 편견(단적으로는 토지소유권자가 특권화되는 그것)이 발생하고 있었다고 파악할 수 있는 것 아닐까?

'식민지 근대성'론의 과제를 식민지 시기의 사회나 경제가 변용하던 과정의 식민지적 특질을 분석해내는 것으로 설정할 수 있다면, 그것은 장기적인 변동 추세 속에서 식민지 시기를 위치규정하는 과제(그것은 식민지하 조선민중운동사를 전통적인 정치문화와 연관지어 파악하는 조경달의 과제와도 겹친다)를 보완하면서도 상호 긴장관계를 가진 과제로 성립해 있다고 할 수 있는 것 아닐까?

        ***

 이 책의 한국어판을 읽기 전부터 책의 결점을 집필자 자신이 폭로해버리는 것은 지나치게 성급한 일인지도 모르겠다. 아무리 불충분한 논문이라 하더라도 이후로도 필자는 당연히 그 책임을 져야만 한다. 한국어판을 읽는 모든 독자로부터 솔직한 비판을 받고 싶다.

               2011년 1월 15일

          마쓰모토 다케노리(松本武祝)

역자 서문

이 책은 제목에서 곧바로 알 수 있듯이 식민지 시기 조선 농촌을 '식민지 근대'라는 문제의식을 바탕으로 분석하고 해명한 역작입니다. 이 책을 쓴 마쓰모토 다케노리(松本武祝) 선생은 가나카와(神奈川)대학 경제학부를 거쳐 지금은 도쿄대학 대학원 농업생명과학연구과에 재직하고 있는 중견 경제사 연구자입니다. 마쓰모토 선생이 이 책을 출간한 것은 2005년입니다 만 그 전에 이미 『植民地期朝鮮の水利組合事業』(未來社, 1991)과 『植民地權力と朝鮮農民』(社會評論社, 1998)이라는 이름의 저작 두 권을 낸 바 있습니다.

그 가운데 후자, 즉 『植民地權力と朝鮮農民』은 한국에 거주하는 근대 사 연구자들 사이에서도 많이 읽혔으며, 그 평가를 둘러싸고 비공식적으로 논란이 벌어지기도 한 적이 있는 책입니다. 곧 이 책은 그 평가에 대한 호오(好惡)를 넘어서서 연구자들 사이에 상당히 널리 읽혔고, 또 긍정적이든 부정적이든 한국 학계에 큰 영향을 끼친 바 있던 연구서였던 것입니다. 그러나 과문한 탓인지 몰라도 한국에서는 이 책에 대한 독자적인 서평이 나온 적도 없고, 심지어는 선행연구로 널리 인용되지도 않았습니다. 저는 이런 점에 대해 안타깝게 생각하고 있었습니다. 물론 제가 느꼈던 안타까움이 제가 그와 동일한 학문적 견해를 갖고 있기 때문만은 아니라는 점은 말할 나위도 없습니다. 이미 전에 제가 쓴 책 가운데서 그와 견해가 다른 측면이 있다는 점을 저는 강조한 바도 있습니다.

『조선 농촌의 식민지 근대 경험』이라는 이 책을 제가 번역하고자 생심을 냈던 이유 중에 이런 안타까움이 자리하고 있음은 물론입니다. 하지만 이 책을 번역한 내심의 진정한 이유는, 이 책이 '식민지 근대'론을 명확히 내걸고서 엄밀한 실증연구를 수행한, 한국과 일본을 통틀어 살펴보더라도 손에 꼽을 수 있는 귀중한 연구 성과라는 데 있습니다. 이런 무게 있는 성과라면 반드시 한국의 관련 연구자와 관심 있는 독자들이 읽어볼 필요가 있다고 생각했던 것입니다.

아직 일본인 연구자들의 글에 대해 막연한 거부감을 가진 한국인 독자가 있을지도 모르고, 또한 역사적 경험으로 미루어볼 때 이해할 수 없는 바도 아닙니다. 그러나 이제 그런 편협한 민족감정을 넘어서서 더 넓은 연구의 지평으로 나아가야 합니다. '선험적인 거부'가 아니라 '경험적인 비판과 수용'의 자세만이 한국 학계 나아가 세계의 한국 사학계를 더욱 풍성하게 만들 수 있는 지름길이라는 점을 합리적인 사유로 무장한 독자들은 누구나 인정할 수 있을 것입니다.

마쓰모토 선생은 자신의 '식민지 근대'론을 크게 '동시대성'과 '단계성'이라는 두 가지 개념으로 구성하려 합니다. 또한 식민지 근대론은 식민지 시기와 해방 후를 근대라는 시각에서 연속적으로 보려는 점, 둘째, 헤게모니와 규율권력 혹은 젠더 등의 비교적 낯선 분석 개념을 의식적으로 채용하여 미시적 권력작용을 파악하려 하는 점, 셋째, 종래에 연구자들 사이에서 절대적인 평가기준으로 군림해왔던 민족주의를 상대화시키는 점 등의 특징을 가지고 있으며, 이를 활용할 필요가 있다고 강조하고 있습니다. 그리하여 그는 식민지 근대가 식민지 조선에도 동시대성으로 작용하고 있었다고 봅니다. 그러나 자본주의 혹은 문화의 '병참 능력'의 차이로부터 유래하는 단계성을 어쩔 수 없이 식민지 조선은 가지고 있었다고 한계를 인정하고, 이에 연유하는 근대성의 헤게모니를 수용해야 한다고 주장합니다.

하지만 앞의 '한국어판에 대한 감사의 글'에도 나오는 바와 같이 마쓰모토 선생이 식민지 시기의 조선인 민중은 근대를 내면화하고 있었다고 보고 있으며, 조선에는 식민지 권력의 헤게모니가 관철되고 있었다고 보는 그에 대한 비판을 그는 말 그대로 인정하지는 않습니다. 이런 비판은 이른바 민중사 연구자들 사이에서 나오는 비판이라고 할 수 있습니다. 마찬가지로 그의 단계성 개념은 식민지로서의 성격을 흐리는 점이 있다는 비판도 어느 정도는 인정하지만 모두를 있는 그대로 인정하고 있지는 않는 듯합니다. 이런 비판은 이른바 식민지 근대화론으로부터 제기되는 것이라고 할 수 있겠습니다. 요컨대 마쓰모토 선생의 식민지 근대론에 근거한 연구는 민중사 연구자와 식민지 근대화론자로부터 협공을 당하고 있는 셈입니다. 이것이 현금의 식민지 근대론의 현황이기도 할 것입니다.

최근 식민지 근대론을 둘러싸고 저와 마쓰모토 선생 사이에는 공통되는 부분을 상당히 많이 공유하게 되었습니다. 심지어 외부로부터는 동일한 식민지 근대론자로 간주되기도 할 정도로, 이전에 비하면 견해의 일정한 부분에서 상호 수렴되는 측면을 많이 가지고 있는 것도 사실입니다. 이번 번역본 출간을 계기로 한국 학계에서도 이와 관련하여 더욱 활발한 토론과 소통이 이루어지기를 기대합니다. 식민지 근대론이 또 하나의 가파른 고비를 넘어가고 있는 모습이 보이는 듯합니다. 마지막으로 상업성이 없는 번역본을 용감하게 출간해주신 소재두 사장 그리고 출판사의 모든 관계자분들께 심심한 감사의 말씀을 드립니다.

2011년 1월 21일
윤해동

일러두기

▶ 이 책은 松本武祝, 『朝鮮農村の〈植民地近代〉經驗』(社會評論社, 2005)을 번역한 것이다.

▶ 이 책에서는 현대 한국을 지칭하는 경우를 제외하고는, 원문의 조선, 조선인, 조선사 등의 용어를 모두 그대로 번역하였다.

▶ 각주는 모두 원문의 주이며, 번역자의 주는 본문의 괄호 안에 적시하였다.

▶ 본문의 인명과 지명은 국립국어원의 외래어표기법에 따르는 것을 원칙으로 삼았다.

| 차례

서장
연구사의 정리와 과제의 제시

머리말

"어이, 너, 거기 너 말이야!"라고 뒤에서 경찰관이 불러세워서 뒤돌아볼 때 '주체'가 부상한다. 알뛰세가 든 잘 알려진 예화다.[1] 그런데 사람은 경찰관이 불러세워서 뒤돌아볼 때 어떤 태도를 취할 것인가? 우리는 무뚝뚝하게, 하지만 정중하게 답할 것이다. 어지간한 일이 없는 한, 경찰관이 우리를 체포하지는 않는다는 것을 알고 있으므로 결코 급하게 도망치거나 하지는 않을 것이다.

지금 '우리'라고 썼지만, 그 '우리'에 속하지 않는 사람들을 상정할 수도 있을 것이다. 경찰관 혹은 경찰제도를 전혀 모르는 사람이 경찰관으로부터 불러세워졌을 때는 의외로 따뜻한 환대가 시작될지도 모른다. "경찰이라는 것은 사람들의 행동의 자유를 구속하는 두려운 제도다"라는 것을 알고 있고, 경찰관과 시민 사이에 성립되어 있는 관습적인 관계(간격)에 익숙하지 않은

---

1) Althusser, L. (1970), "Ideology and Ideological State Apparatuses", in *Lenin and Philosophy and other Essays*, New York: Monthly Review Press, 1971(루이 알뛰세 저, 이진수 역, 「이데올로기와 이데올로기적 국가기구」, 『레닌과 철학』, 백의, 1992, 178쪽 참조).

사람들은 구속될 이유가 없거나 혹은 구속될 수도 있는 행위가 무엇인지도 모른 채, 그들의 위압적인 복장에 압도되어 도망쳐버릴지도 모른다.

필자는 이 책에서 식민지 하에서 조선 농민이 경험한 '근대'란 어떤 것이었는가, 그 일단을 분석한다. 결론 비슷한 것을 말하자면, 위의 예화 가운데 세 번째가 그것(조선 농민이 경험한 근대―역자)과 유사하다고 생각한다. 식민지 하의 조선 농민은 이미 '근대'가 어떤 것인가를 엿보았고, 그것을 향유하는 것이 가진 매력 혹은 그것을 체득했을 때의 가치를 충분히 인식하고 있었다(이 점에서는 경찰의 비유가 적절하지 않다). 그러나 실제로는 그것을 생각한 대로 향유할 수도 또 체득할 수도 없었던 것이다.

정확하게는 농촌 속에서도 '근대'를 향유하며 체득하고 있던 소수의 사람들이 존재했다. 그런 사람들을 '농촌 엘리트'라고 부르기로 한다. 농민들은 이미 '근대'의 가치를 인식하고 있었으므로 그것을 실제로 체득하고 있던 '농촌 엘리트'와 체득하지 못한 대다수의 농민들 사이에는 권력관계가 성립할 수 있게 된다. 그리고 식민지 권력은 농촌에서 그런 권력관계에 개입함으로써 농촌의 말단에까지 영향을 미치는 지배를 관철시키고자 하였다.

이 책의 기본적인 분석틀을 소개하면, 대개 위와 같은 모습을 그릴 수 있다. 본론에 들어가기 전에 이론적인 정리를 조금 더 해둘까 한다.

1. 동시대성과 단계성

1980년대에 한국의 사회과학자들 사이에서 '한국 자본주의 논쟁'이라고 불리는 격렬한 논쟁이 전개되었다.[2] 그 논쟁에서는 한국과 식민지 조선

---

2) '한국 자본주의 논쟁'을 소개한 주요한 일본어 문헌에는 本多健吉 監修, 『韓國資本主義論爭』, 世界書院, 1990; 瀧澤秀樹, 『韓國の經濟發展と社會構造』, 御茶の水書房, 1992가 있다.

을 사회구성체로서 어떻게 규정할 것인가가 주요한 과제가 되었다. 그것은 당연히 어떤 사회변혁을 전망하고 있는가라는 실천적 과제와 밀접하게 관련되어 있었다. 그러나 일정 정도의 민주화와 고도성장의 달성 그리고 현실 사회주의 체제의 해체라는 새로운 상황 아래서, 1980년대 말에는 사회구성체론 그 자체에 대한 실천적인 관심이 저하되었다.

예전 1930년대 및 1950년대에 전개된 이른바 '일본 자본주의 논쟁'이 그랬던 것처럼 '한국 자본주의 논쟁' 역시 '동시대성'과 '단계성' 가운데 어디에 분석의 초점을 둘 것인가라는 방법론을 둘러싼 논쟁이었다고 할 수 있다. 논쟁의 한쪽 진영은 한국과 식민지 조선이 자본주의적 세계 시스템의 일환으로 이미 편입되었다는, 말하자면 '동시대성'을 이론적 기초로 삼아 자본주의 사회로서의 성격을 강조했다. 이에 대해 논쟁의 다른 쪽 진영은 한국과 식민지 조선에서의 자본주의의 '지체(遲滯)'(예를 들어 농촌에서의 '봉건적'인 지주-소작관계)라는, 말하자면 현상으로서의 '단계성'을 입론의 출발점으로 삼았다.

'동시대성'인가, '단계성'인가라는 이항대립적인 구도에 머무르는 한, 논쟁은 불모의 것으로 끝날 수밖에 없을 것이다. 문제는 오히려 '동시대성'과 '단계성' 사이의 관계를 어떻게 이론적으로 정리할 것인가에 있다고 생각한다.

그런데 자본에는 국적이 없고, 가치를 증식하기 위해 국경을 넘어 이동한다. 자본주의는 세계 시스템이다. 그러나 다른 한편에서 자본주의는 국민국가를 단위로 성립하고, 개별 국민경제가 독자적 자본주의를 전개해왔다. 잘 아시다시피 자본주의는 영국에서 처음 성립되었다. 이어서 미국과 독일 등 주변 구미 국가들에서, 또 그보다 늦게 일본에서도 자본주의가 성립된다. 19세기 말 단계에서 자본주의적 국민경제를 확립한 이들 국가 이외의 지역은 식민지 또는 종속국을 경험하고 있다.

개별 국민경제에서는 국내의 자원 부존 상황에 적합한 기술(=생산요소의 조합) 도입이 시도되지만, 세계 시장에서 가치 실현이 가능한 상품을 제조하기 위해서는 첨단적 기술 수준이 요구된다. 자국이 그런 기술을 지니지 못한 후발 자본주의 국가에서는 선발 자본주의 국가로부터 기술을 도입하지 않을 수 없다. 그때 국가가 기술 도입을 지원하고 나아가 국가 자신이 기술 도입의 주체가 되기도 한다. 그 과정에서 후발 자본주의 국가에 선발 자본주의 국가보다 더 진전된 기술이 정착될 수도 있다. 미국에서 발명된 당시 최첨단의 링(ring) 방적기가 방적 노동자의 저항에 부딪쳐 영국 국내에서는 도입되지 못하고, 오히려 후발국인 일본에서 더 일찍 정착된 사례가 있다.

'후발성의 이익'(A. Gerschenkron)이라는 표현에서 드러나는 바와 같이 후발 자본주의 국가의 경제성장 속도가 선발 자본주의 국가의 속도를 상회하는 일이 가끔 일어난다. 1870년대 독일과 미국의 공업 생산력이 영국을 추월한 것이 그 대표적인 사례다. 그리고 그 시기 이후 구미 열강은 식민지 재분할을 둘러싼 제국주의 시대로 들어간다. 공업 생산력의 확충은 제국주의를 지탱하는 생산력의 기반이 된다.

그런데 고도의 기술을 체현한 생산수단을 채용하는 경우, 일반적으로 이른바 자본의 유기적 구성이 높아진다. 그 때문에 후발 자본주의 국가에서는 자본축적의 속도에 비해 노동력 수요의 수준은 상대적으로 낮은 수준에 머무를 수밖에 없다. 그 결과 후발 자본주의 국가에서는 도시지역에서 첨단 기계제 대공업이 정착하는 한편, 대다수의 직접 생산자는 자본주의화 이전과 거의 다름없는 모습으로 소생산자인 농민으로서 농촌에 거주하는 특징을 가지는 국민경제가 성립하게 된다.

또 식민지로 편입된 지역에서는 종주국의 자본주의와 수직적 분업관계에 적합한 형태로 경제구조가 재편된다. 통상적으로 식민지는 종주국 공업제품의 수출시장으로서, 또 종주국에 대한 식료·원료 공급지로서 자리매김된다. 그리고 이런 수직 분업관계의 형성은 시장 메커니즘을 통한 상품과 자본 이동의 결과라는 것과 아울러 식민지 권력이 추구하는 경제정책의 결과이기도 하다. 후자의 의사결정과정에서 피지배자들의 의사가 폭력적으로 배제되었던 것은 말할 나위도 없다.

이리하여 '저개발의 개발'(A. G. Frank)이라는 표현에서 단적으로 드러나는 바와 같이 식민지에서는 재래 공업부문은 쇠퇴할 수밖에 없고, 공업부문이 종주국으로부터 이식되는 경우에도 그 자본의 유기적 구성이 높기 때문에 노동력 수요는 한정적인 데에 머무른다. 식민지에서는 후발 자본주의 국가 이상의 심각한 형태로 농촌에 상대적 과잉인구가 체류하게 된다.

정리해보면, 우선 자본축적의 전제가 되는 기술 도입 국면에서 선발 자본주의 국가와 후발 자본주의 국가 혹은 식민지를 막론하고 '동시대성'을 체현한 기술이 전파되는 경향이 있다는 것을 확인할 수 있다. 게다가 농촌지역에서의 '전근대적'인 생산양식의 재생산 정도에 주목하면, 정확히 그 '동시대성'이 주요한 요인이 되어 세 개의 유형 사이에 단계성이 생기게 된다고 요약할 수 있다.

2. 규율권력·대중문화·미디어 그리고 자본주의

그런데 이 책에서 주제로 다루고자 하는 '식민지 근대' 분석에서는 지금까지 정리해온 산업기술이라고 하는 경제사에서의 고전적인 테마를 대신하여 규율권력, 대중문화 혹은 미디어라는 새로운 테마가 적극적으로 취급되기 시작하고 있다. 그 연구사는 다음 절에서 정리하기로 하고, 여기서는 이 새로운 테마와 앞 절에서 기술한 자본축적 문제를 이론적으로 접속해두고자 한다.

자본주의는 상품이 상품을 생산＝소비하는 '상품세계'다. 말할 나위도 없이 그 핵심에 있는 것이 노동력 상품이다. 그리고 노동력 상품은 자본주의에서 특별한 상품이다. 왜냐하면 자본주의 자체가 만들어낼 수 없는 상품이므로 이것은 자본주의에서 가장 근원적인 모순이다.

　　노동력은 상품세계의 바깥에서 공동체에 의해 재생산(일상적 재생산 및 세대간의 재생산)된다. 당연한 일이지만 자본주의는 공동체도 만들어낼 수 없다. 어떤 공동체가 노동력 재생산을 담당하는가는 역사적·사회적 조건에 규정된다. 결과적으로는 가족이라는 공동체가 주로 그것을 담당하게 되었다.

　　또 가족을 구성하는 개인은 상품세계와 국가라는 공간의 틈에서 다양한 사회적·문화적 관계를 구축해간다. 그 공간에서는 다양한 언설이 유통된다. 그곳은 상품세계와 국가에서 생산되는 지배적 이데올로기와 그에 대항하는 이데올로기가 헤게모니를 둘러싸고 다투는 장이다. 또 가족 내부의 분업관계에 관한 규범도 거기에서 형성되어 정착해간다.

　　그런데 어떤 국민경제도 그것이 형성되는 역사적 전제로서 이른바 자본의 본원적 축적을 경험한다. 그것을 거침으로써 '이중의 의미에서의 자유'인 무산자가 형성되고, 그(녀)들은 노동력 상품의 예비군이 된다. 본원적 축적 과정에서는 중세적 신분제도 해체, 근대적 토지소유권 확정, 중앙집권적 통화제도 확립 등의 제도 개혁이 요청되는데, 그것은 강력한 권력(관료제)을 가진 근대국가 없이는 실행될 수 없다. 자본주의적 국민경제는 근대적 국가제도의 성립을 전제로 해서 성립한다고 할 수 있다.

　　앞서 말한 규율권력의 문제와 관련하여 말하면, 구휼사업을 통한 무산자에 대한 신체적인 도야 혹은 사법·감옥 제도에 의한 상품세계 질서로부터의 일탈(특히 사유재산제도의 침해)의 억압과 교정이 본원적 축적 기간에 국가가 시행하는 중요한 시책이 될 것이다. 그에 덧붙여 국가는 학교 교육제도와 보건·의료제도도 정비해간다. 이들 일련의 규율권력 장치는 자본축적에 적합한 '근대적 주체'를 만들어가는 기능을 수행하게 된다.

본원적 축적기를 거친 후의 자본은 시장의 힘에 의해 무산자를 만들어낼 수 있게 된다. 그리고 공장이라는 장치 자체가 기계제 대공장 제도에 적합한 '근대적 주체'를 만들어내기 위한 거대한 규율권력 장치가 된다. 무산자가 상품세계 속에서 살아남기 위해서는 공장이라는 장치를 매개로 '근대적 주체'로 도야되는 길 이외에는 선택의 여지가 없게 되는 것이다.

그런데 이 책의 연구대상인 조선이 식민지화되어 있던 시기는 자본주의의 역사에서 전환기였다. 노동자 스스로의 조직화가 진전되어 자기 주장이 강화되고 러시아혁명에 의해 사회주의 정권이 실현됨으로써, 앞서 지적한 자본주의가 잠재적으로 받아들이고 있던 '노동력 상품에 관한 모순'이 표면화되어가게 된다. 그리고 이른바 '포디즘(Fordism)'론에서 잘 드러나는 바와 같이 자본축적 양식이 전환되어 공업 생산력, 노사관계 그리고 노동자의 소비생활 각각의 국면에서 큰 변화가 초래되었다. 그 결과 앞서 말한 본원적 축적기 이후의 규율권력 장치의 기능에 겹쳐지는 형태로 대중문화·규율권력 혹은 미디어 문제가 새로 등장하게 된다.

경제학의 원리론 수준에서 말하면, 자본에게 노동자 가족은 소비재의 구매자다. 노동자 가족이 소비재를 구매=소비함으로써 노동력 상품이 재생산되고, 소비재의 가치 실현이 가능하게 된다. 더욱이 값싼 소비재를 생산=판매함으로써 노동력 재생산 비용을 절감하는 기능도 수행한다.

1920~1930년대에는 이른바 대중소비사회의 단초가 형성된다. 자동차와 가정용 전기제품 등의 내구소비재 구매자인 노동자가 자본에 의해 '발견'된다. 숙련노동자를 중심으로 하는 조직 노동자의 교섭력 강화=임금 상승이 그것을 현실의 것으로 만든다. 자본은 상품판매전략으로 '모드'를 만들어내고, 그 소비자(=노동자)는 소비 자체에서 사회적인 의미를 찾아내게

된다(소비문화). 이윽고 소비자의 소비행위는 '유효수요'로서 경제정책에서 중시되었다.

또 이 시기 국가는 '사회정책'을 확충하여 앞서 말한 '노동력 상품에 관한 모순'이 발현되지 못하도록 획책한다. 국가는 노동자와 자본 사이의 이해대립 조정자로서의 역할을 강화하고, 또 실업대책 사업을 실시한다. 그 과정에서 국가는 자신이 실업자의 고용주가 되거나 직업훈련제도를 확충하는 등 규율권력 장치로서의 기능을 강화해간다고 할 수 있다.

이 시기 국가의 역할을 생각할 때 더욱 중요한 논점은 '총력전'이라는 문제일 것이다. 자본과는 달리 국가는 자신의 국경을 넘을 수 없다. 유일하게 그것이 가능한 것은 전쟁에서 승리할 때다. 제1차 세계대전을 거쳐 '총력전' 시대로 들어가면 국가에 의한 전쟁 준비는 일상적 상태로 변해간다. 말할 나위도 없이 '총력전'은 전선과 후방이 일체가 되어 싸운다. 국가는 전쟁에 대비하여 기술혁신과 자본축적을 재촉한다. 그와 함께 학교 교육제도 등을 매개로 내셔널리즘에 의한 국민 통합을 도모한다. 또 보건의료제도에서는 '건강한 국민'을 건강한 병사(健兵)·건강한 국민(健民)·건강한 어머니(健母)로 재정의하고 그 기능을 강화한다.

이상과 같은 정황 아래서 미디어의 역할은 다의적이다. 이 시대의 전기공학 기술의 발달은 매스미디어와 퍼스널미디어의 발달을 가져왔다. 그 신기술들은 거래비용을 절약하여 자본축적을 앞당겼다. 또 노동자 가족에게 소비문화가 침투하는 과정에서 매스미디어의 역할은 결정적이다. 더욱이 국가가 주창하는 내셔널리즘 이데올로기가 사회에 확산·정착할 때에도 매스미디어의 기능은 불가결하다. 다른 측면에서는 사회 내부에서 자본 또는 국가 질서에 대항적인 언설이 유통되어 대항적인 헤게모니가 되어가는 경우에도 미디어의 역할은 중요하다. 미디어가 이런 다의적인 기능을 수행하는 과정이야말로 대중사회의 성립 과정이라고 할 수 있다.

3. '식민지 근대' 연구사

'한국 자본주의 논쟁'이 끝난 후, 1990년대의 일정 시기에는 각기 '식민지 근대화론'·'수탈론'이라고 불리는 논의 사이에 논쟁이 벌어졌다.[3] 전자는 식민지 시기 경제성장을 높이 평가하고 해방 후 한국 경제성장과의 연속성에 주목하는 데 반해, 후자는 조선인에 의한 근대화 시도가 식민지 권력에 의해 억압되었음을 강조하고 해방 후와의 단절성을 중시했다. 한국 경제사 연구의 실증적 성과에 입각해 있다는 점에서 이 논쟁은 자극적이었다. 다만 자본주의적 근대화가 기본적인 평가기준으로 설정되어 있다는 점에서는 양자의 입론은 실은 공통적이다. '사회주의'라는 과제가 퇴색한 '한국 자본주의 논쟁' 이후의 시대정황이 반영되어 있다고 할 수 있을지도 모르겠다.

그리고 1990년대 후반 이후 곧 한국이 자본주의적 근대화를 달성한 것이 누구의 눈에도 명확하게 된 이후, 조선에서의 '식민지 근대'라는 새로운 논점에 관해 많은 연구가 이루어지게 되었다. 이런 연구 흐름은 현재도 이어지고 있다. 이 논점의 특징으로는 다음의 세 가지를 들 수 있을 것으로 생각한다.[4]

첫째, 식민지 시기와 해방 후를 '근대'라는 시각에서 연속하는 것으로 파악하고 있고, 더욱이 그때에 '근대' 그 자체의 부정적인 측면에 주목하여

---

3) 안병직, 「한국 근현대사 연구의 새로운 패러다임」, 『창작과 비평』 98호, 1997; 신용하, 「식민지 근대화론' 재정립 시도에 대한 비판」, 같은 책 참조.

4) 대표적인 연구성과인 김진송, 『현대성의 형성―경성에 딴스홀을 許하라』, 현대문화연구, 1999; 김진균·정근식 편, 『근대주체와 식민지 규율권력』, 문화과학사, 1997; Gi-Wook Shin and Michael Robinson(eds.), *Colonial Modernity in Korea*, Cambridge(Mass) and London, 1999, Harvard University Asia Center(도면회 역, 『한국의 식민지 근대성』, 2006, 삼인)를 염두에 두고 논점을 정리했다. 또 두 번째, 세 번째 저작에 대한 서평인 河かおる, 「書評: 金晉均·鄭根埴 編著, 『近代主體と植民地規律權力』」(朝鮮史研究會 9月 月例發表會), 2000; 並木眞人, 「書評: Gi-Wook Shin and Michael Robinson(eds.), *Colonial Modernity in Korea*, Cambridge(Mass.) and London, Harvard University Asia Center, 1999」, 『アジア經濟』 42-9, 2001을 참조했다.

비판적으로 분석하고 있다는 점이다. 이 방법론에 의해 해방 전후를 단절시켜 파악하는 '수탈론'에 대한 비판이 가능하게 될 뿐만 아니라, '식민지 근대화론' 의 접근방식을 총체적으로 비판하는 시각을 획득하고 있다고 할 수 있다. 나아가 한국 경제의 고도성장과 현실 사회주의의 해체라는 두 가지 사실에 의해 협공을 받음으로써 존재이유를 상실할 수밖에 없었던 '한국 자본주의 논쟁'의 한계를 넘어서기 위한 분석틀을 제시하고 있다고 할 수도 있다.

둘째, 헤게모니, 규율권력 혹은 젠더라는 종래 한국 근현대사 연구에서 는 그다지 사용하지 않았던 분석 개념을 의식적으로 채용하고 있다는 점이 다. 그 개념들을 활용하여 식민지 하 조선인의 일상생활 수준의 권력작용을 분석함으로써, 지금까지의 사회구성체 수준에서의 거시권력 분석과는 다 른 논점을 제시할 수 있게 되었다고 할 수 있다. 또 이 분석 개념들은 '근대 그 자체의 비판적 분석'이라는 첫 번째 논점에서도 불가결한 것으로 되어 있다.

셋째, 연구자 사이에서 (명시적이든 암묵적이든) 항상 평가기준으로 공유되어왔던 민족주의를 상대화하는 시도가 이루어지고 있다. 한편에서 는 민족이라는 개념이 근대의 소산이고, 민족주의 언설 그 자체가 강력한 권력작용을 가지고 있었다는 사실이 논의되었다. 다른 한편으로는 다양한 사상과 운동을 민족주의라는 평가기준과는 다른 시각으로 재평가하는 작업 이 시작되었다.

이상과 같은 '식민지 근대' 분석에서 주목하고 있는 것은 앞 절에서 소개 한 바와 같이 규율권력, 대중문화 혹은 미디어 분야다. 아래에서는 대표적인 연구사를 소개한다. 그리고 그 연구들에서 놓치고 있는 논점을 지적함으로 써 이 책의 과제를 명확히 만들어가려 한다.

김진균과 정근식이 엮은 책은 '식민지 근대'와 해방 후 한국 근대의 '부정 적 연속성'을 강조하여5) '식민지 근대' 연구에 중요한 시각을 제시했다. 그때 키워드로 선택된 것이 푸코(Michel Foucault)가 말한 규율권력이었다.[6] 이 책에 게재된 개별 논문에서는 학교, 공장, 병원, 가족, 사회사업 혹은 군대라는 규율권력 장치가 분석대상으로 다루어지고 있다. 그리고 그 장치들에서 규율권력이 어떻게 작용하고, 자본주의적 생산양식과 생활양식에 적응한 '근대적 주체'로서 조선인이 어떻게 형성되었는가가 분석되어 있다.

김진송은 1920~1930년대의 조선어 잡지 기사에 대한 꼼꼼한 수집 작업을 통하여 과학기술의 침투, 지식인의 데카당스, 대중문화와 유행의 성립, '신여성'의 등장, 새로운 도시공간의 형성 혹은 성규범의 변화라는 일련의 현상이 1930년대 '경성(京城)'에서 일어난 것을 확인하였다. 그리고 1930년대야말로 '현대가 형성되었던 것'[7]이라고 지적하고, 해방 후 한국 사회와의 연속성을 강조하고 있다.

1920년대 이후 급증한 조선인의 전화·전보 이용에 관해 분석한 양따칭(Yang Daqing)의 논문과 1927년 경성에서 개시된 라디오 방송에 관한 로빈슨(M. Robinson)의 연구 등 식민지 시기 발전의 단서가 된 새로운 미디어에 대해서도 관심이 높아지고 있다.[8] 미디어 문제는 소비 문화의 확산이라는 맥락과 함께 비즈니스 언어와 관습(예를 들어 라디오 청취)의 정착이라는 규율화의 맥락에서도 중요한 논점이 된다.

이런 연구들을 통해 1920~1930년대 구미에서 그리고 일본에서 일어난 사회적·문화적 변용이 거의 동시대적으로 식민지 하 조선에서도 일어나고 있었다는 것이 '발견'되었다고 할 수 있다. 앞서 제시한 필자의 분석틀에 의거해서 말하면, 여기에서도 '동시대성'이 관철되고 있었던 것이 된다.[9]

---

5) 김진균·정근식 편, 「식민지 주체와 근대적 규율」, 앞의 책, 17쪽 참조.
6) 미셸 푸코, 『감시와 처벌』, 2003, 나남출판 참조.
7) 김진송, 앞의 책, 12·13쪽.
8) Daqing Yang, "Colonial Korea in Japan's Imperial Telecommunications Network", in Shin and Robinson, op. cit., 1999; Michael Robinson, "Broadcasting, Cultural Hegemony and Colonial Modernity in Korea, 1924-1945", in ibid., 1999.

바꿔 말하면, 이른바 '식민지 조선에서의 〈근대성〉'이 존재하고 있었던 것이 확인된다고 할 수 있다.

여기에서 주의해야 할 것은 '식민지 조선에서의 〈근대성〉'이라는 논점과 '조선에서의 〈식민지 근대〉'라는 논점과는 중첩되면서도 명확하게 다른 것이라는 점이다.[10]

물론 지금까지의 연구에서도 이 두 가지 분석 개념의 차이에 대해서는 주의를 기울여왔다. 김진균·정근식의 논문은 "그(푸코—인용자)의 규율권력론이 서구적 근대의 맥락을 조건으로 형성된 점을 감안하면, 그것과 구별되는 식민지적 맥락에서는 일정한 수정을 하지 않을 수 없다"[11]라고 지적하고 있다.

구체적으로 우선 학교교육에 대해서는, 김진균·정근식·강이수 논문이 초등학교(보통학교)에서 1920년대 말 이후에는 직업교육이 중시되었고, 1930년대 중반 이후에는 체육교육에 중점이 놓여 있었으므로 초등교육의 식민지적 특성을 '산업형 인간'[12]과 '병사형 인간'을 동시에 만들려고 했던 점에서 찾아내고 있다.[13] 또 식민지 조선에서 의무교육제도는 실시되지 않았다. 보통학교 취학률이 급속히 신장되었다고는 해도 1945년에 50% 전후에 머물렀다.[14] 단, '졸업생 지도', '청년단' 등을 매개로 한 총독부 조직

---

9) 이와 관련하여 유선영의 연구에 의하면, "1930년대를 통하여 (수입영화 가운데—인용자) 60~80%의 점유율을 보인 헐리우드 영화는 근대성이 육체에 구현하는 데서 결정적 역할을 수행한 교과서였다"고 한다. 유선영, 「육체의 근대화: 헐리우드 모더니티의 각인」, 『문화과학』 24호, 2000, 241쪽. 세계적 수준에서의 '동시대성'의 관철을 보여주는 사례로서 흥미롭다.

10) 이 두 가지 분석개념으로 나누는 것은 가와 가오루의 앞 논문에서 시사받은 것이다.

11) 김진균·정근식, 앞의 논문, 25-26쪽.

12) '산업형 인간'이라는 논점과 관련하여 오성철은 초등학교가 직업교육에 중점을 둔 종결교육이라는 점이 식민지 교육의 특징이라고 지적하고 있다. 오성철, 「植民地朝鮮の普通學校における職業教育」, 『植民地教育史研究年報』 第三號, 2000, 82쪽 참조.

13) 김진균·정근식·강이수, 「보통학교 체제와 학교 규율」, 김진균·정근식 편, 앞의 책, 111쪽 참조. 가와 가오루가 지적하는 것처럼 '병사형 인간'의 육성에 관해서는 일본 국내에서 더욱 강력하게 추진되었던 점을 감안하면 그것을 가지고 식민지적 특성으로 지적하는 것이 반드시 적절한 것은 아니다(가와 가오루, 앞의 논문 참조).

화 정책의 결과, "보통학교 체제에서 시행된 규율은 학교에서 직접적으로 그것을 체험한 사람의 비율을 넘어 전체 사회를 향해 효과를 미쳤다"고 한다.[15]

김혜경 논문은 어린이 양육이라는 시각에서 1920~1930년대 가족(특히 모성)의 역할에 관한 변화를 분석하고 있다. 그리고 육아의 근대적 편성에 있어서는 선교기관이 운영하는 의료기관의 역할이 컸다는 점, 그리고 근대적 육아의 언설을 수용하여 실천할 수 있었던 계층은 "교육을 받은 주부가 있는 중산층 가족"에 한정되어 있었다는 점을 지적하고 있다.[16]

의료제도에 관해서는 조형근 논문이 병원·학교·가족이라는 장에서 조선인은 새로운 습속의 체계=근대적 규율을 내면화하고 있었던 점, 그밖에 위생경찰제도, 행정기구 그리고 위생조합 등을 통한 감시와 통제의 체계가 작동하고 있었던 점을 밝혔다. 그리고 "오히려 식민지였기 때문에 우리나라에서 의료화(질병에 대한 처치를 매개로 한 인간에 대한 통치라는 의미─인용자)가 더욱 강력하게 실행될 수 있었다"고 지적하고 있다.[17]

한귀영 논문은 식민지적 경제구조 하에서 발생한 '부랑자'에 대한 '수용소' 등의 총독부 시책(='사회사업')을 분석하고 있다. 그리고 '개인적 권리와 의무'라는 차원에서 제기·획득된 서구의 사회보장제도와 비교하여 통치기법의 하나로서, 그리고 그것이 시민사회의 기반 없이 시행되었다고 하는 식민지 조선의 '사회사업'의 특징을 찾아낸다.[18]

또 이철우 논문은 푸코가 말하는 '규율화'를 국가에 의해 의도적으로

---

14) 오성철,『식민지 초등교육의 형성』, 2000, 교육과학사 참조.
15) 김진균·정근식·강이수,「보통학교 체제와 학교 규율」, 김진균·정근식 편, 앞의 책, 82, 110쪽 참조.
16) 김혜경,「일제하 자녀교육과 어린이기의 형성」, 김진균·정근식 편, 앞의 책, 264, 267쪽 참조.
17) 조형근,「식민지체제와 의료적 규율화」, 김진균·정근식 편, 앞의 책, 216-217쪽 참조.
18) 한귀영,「근대적 '사회사업'과 권력의 시선」, 김진균·정근식 편, 앞의 책, 351쪽 참조.

편성된 특정 사업이라기보다는 상의하달의 명령이 없어도 기능하는 저자가 없는(익명성의) 프로그램(authorless program)의 사회적 배치로서 파악한 뒤, 조선에서는 식민지 행정권력에 의한 조선인의 일상생활에 대한 폭력적 개입─구체적으로는 경찰에 의한 묘지와 도축 규제 혹은 주류·연초 제조 제한 등─이 빈번하게 일어나고 있었음을 지적한다. 푸코가 상정한 규율권력과는 다른, 식민지에 고유한 규율권력의 존재방식을 찾아내고자 했다고 할 수 있다.[19]

이상 소개한 규율권력의 식민지적 특징이라는 논점 외에 김진송은 식민지 조선의 도시문화의 식민지적 특징으로서 두 가지를 지적하고 있다. 하나는 그 문화의 내용이 조선 사회의 "내부에서 발견되어야 할 목록은 아니고 타자의 인덱스로부터 선택하지 않으면 안 되는 아이템"[20]이라는 점, 즉 그것이 구미의 문화적 헤게모니 아래서 형성되었다는 점이다. 다른 하나는 "새로운 문물을 소유할 수 없고, 경험할 수 없는 사람들의 좌절감"[21]이라는 논점을 제시하고, 새로운 도시 문화가 일부 계층에 속하는 사람들만이 누릴 수 있었고, 그밖의 많은 조선인 사이에 '좌절감'이 퍼지고 있었음을 거론하고 있다.

또 양따칭의 전화·전보에 관한 연구에서는 "일본어는 근대 비즈니스 언어이고, 많은 조선인이 그것을 사용하게 되었다", "억압적 수단(에 의한 동화─인용자)에 앞서 근대성에 의한 동화가 유발되었다"[22]고 분석하고 있다. 또 로빈슨 논문은 경성방송이 일본어 방송을 주축으로 하였으나 일부 조선어 방송이 실시되었다는 점을 바탕으로 '식민지 하에서의 복잡한 헤게

---

19) Lee, Chulwoo, "Modernity, Legality and Power in Korea under Japanese Rule", in Shin and Robinson, op. cit., 1999, pp.36-41.
20) 김진송, 앞의 책, 14쪽.
21) 김진송, 앞의 책, 75쪽.
22) Yang Daqing, op. cit, p. 172.

모니'23)라는 시각에서 라디오 방송을 평가하고 있다. 미디어 연구에서는 유통하는 언어에 관한 논점이 불가피하다는 점에서 식민지적 특징이 단적으로 드러나고 있다고 할 수 있다.

4. 조선에서의 '식민지 근대'

이상에서 소개한 연구 성과를 지금까지 되풀이해서 강조해온 '동시대성'과 '단계성'의 관련성이라는 분석틀을 사용하여 필자 나름으로 재편성해보고자 한다. 그래서 우선 확인해야 할 논점은 근대적 규율권력 장치이든, 자본주의적 소비문화든, 혹은 근대적 미디어든 그것을 직접 몸으로 경험할 수 있었던 조선인은 소수파(주로 도시지역의 중산층, 그리고 남성)에 머무르고 있었다는 점이다. 대다수 조선인이 그것을 경험하지 못한 계층·지역·젠더에 속하고 있었던 것이다.

앞서 소개한 연구가 명확히 밝히고 있는 것처럼 학교나 병원 등의 규율권력 장치를 보완하는 형태로 총독부가 경찰 등 여러 제도를 매개로 하여 조선인의 조직화를 도모함으로써 규율권력 장치를 대신하게 하고자 했던 것이다. 그것은 정확히 여기에서 기인하는 것이라고 할 수 있다.

규율권력 장치·대중문화·근대적 미디어를 경험할 수 없었던 사람들의 비율을 동시대의 구미 그리고 종주국 일본과 지표로 비교해보면 거기에서 현상으로서의 '지체'='단계성'을 찾아낼 수 있다고 생각한다.24) 또 확인해두기 위해 덧붙이면, 그런 '지체'는 조선인 사회에서 자본축적이나 소득수준의

---

23) Michael Robinson, op. cit, p.54.
24) 모든 사항에 대한 지표를 제시할 수는 없지만, 앞서 말한 바와 같이 초등교육에 관해서는 1945년의 시점에서 취학률이 50% 정도였고, 거의 100%였던 일본과의 사이에 현격한 격차가 생기고 있다. 의료(병원) 이용에 관한 지표에 관해서는 이 책 1장에서 다루고 있다.

낮음 그리고 '국가' 재원의 재분배를 둘러싼 의사결정=정치과정에서의 대다수 조선인의 소외라는 식민지적인 경제·정치구조에 의해 초래된 것이었음은 말할 나위도 없다.

여기에서 중요한 논점은 '동시대성'과 '단계성'의 연관성이다. 강내희는 서구 기원의 근대문화와 전통문화라는 이질적인 문화 사이의 '조우'로 '근대성'을 분석한다. 단, 앞서 말한 김진송 논문이 '인덱스'라는 비유를 사용하여 강조하고 있는 것처럼 그 '조우'는 어디까지나 '비대칭적 관계'임을 반드시 지적해야만 한다. 게다가 그 비대칭성은 쌍방의 문화가 가진 '병참능력'의 차이에 기인한다고 한다.[25]

근대문화가 가지는 '병참능력'의 내실을 필자 나름으로 해석하면, 하나는 동시대의 자본주의가 이미 실현하고 있던 소비재의 대량생산·대량유통 체제라는 생산력 수준이다. 이것이 '병참능력'의 충분조건이라고 한다면, 필요조건으로 강내희의 다른 논문의 표현을 빌리면 "전등 빛에 의해 겨우 비춰지는 스펙터클" 혹은 '환상'으로서 상품이 지배하는 세계가 만들어졌다는 점을 지적할 수 있다.[26]

이 '병참능력'이라는 표현에 촉발되어 다음의 사항을 지적하고자 한다. 문정창의 관찰에 의하면, 1930년대 말에도 아직 재래시장(정기시)에서의 거래 품목은 "조선시대의 그것과 대체로는 큰 차이가 없는" 정황에 있었다. 다만 거래 품목 내역에는 바나나, 연필, 만년필, 맥주, 사이다, 라무네(lemonade-역자) 등 전통적인 품목과는 다른 상품명도 몇 가지 찾을 수 있다. 시장에서는 흥행물도 자주 공연되었고, 신파 연극, 활동사진, 곡마단, 환등기 혹은 진열상품이라는 새로운 형태의 볼거리도 거론되고 있다.[27]

---

25) 강내희, 「근대성의 '충격'과 한국 근대성 논의의 문제」, 『문화과학』 25호, 2001, 216쪽 참조.
26) 강내희, 「한국의 식민성과 충격의 번역」, 『문화과학』 31호, 2002, 84쪽 참조.
27) 文定昌, 『朝鮮の市場』, 1941, 日本評論社, 121-122, 152쪽 참조. 조형근은 이 인용 부분과 같은 곳을 인용하면서 "(재래-인용자)시장은 문화와 일탈에 대한 욕망을 분출할 수 있는

하나의 사례로서 경상북도 예천군 양반 가문의 가계를 소개한다. 이 가문의 가계출납부에 의하면 1927년 이후 구두·세탁용 가성소다·우유가, 그 다음해부터는 양말이 새로 구입되기 시작했음을 알 수 있다[28](다만 1902~1926년 사이의 자료는 빠졌음). 적어도 1920년대 후반에는 구미에서 유래된 상품이 농촌지역에까지 유입되고 있었음을 확인할 수 있다. 더욱이 가성소다와 우유의 소비가 이루어졌다는 점에서 위생과 영양에 관한 지식의 영향을 상정할 수 있지 않을까라고 생각한다.

이상의 사실로부터 식민지 하 조선에서는 경성에서부터 지방의 농촌지역에 이르기까지 구미 문화로부터 유래된 상품과 미디어가 대략 고루 보급되어 있었다는 것을 확인할 수 있다. '박래품(舶來品)'[29] 그 자체가 가지는 '병참능력'의 강력함, 그 일부분이 드러나 있다. 물론 도시와 농촌지역에서는 보급의 정도에 엄청난 농담의 차이가 있고, 또 유통되고 있는 상품과 서비스의 종류에도 커다란 차이가 있었다는 것은 또다시 확인해두어야만 한다.

이처럼 조선인 자신에 의한 일상적인 경제활동 영역 외에 농촌지역을 대상으로 한 행정조직(경찰과 지방행정단체 등)에 의한 '계몽'활동에서도 박람회·전람회라는 시각에 호소하는 수법이 사용되고, 또 활동사진이나 환등기라는 미디어가 이용되고 있다.[30] 곧 행정조직도 또 '병참'으로서 중요

지역에 있어서 유일하다고도 할 수 있는 기관이었다"라고 지적하고 있다(조형근, 「시장과 전장: 일제시대 정기시장에 대한 소고」, 『문화과학』 32호, 2002, 217쪽 참조). 재래시장이라는 장에서 신기한 상품·볼거리를 내보이는 것과 그것을 욕망하는 지역 주민이라는 관계성 자체는 종전부터 계속하여 존재해온 것이었다는 점은 확인해둘 필요가 있다. 정확히 그 관계성을 매개로 식민지 하에서 멀리 떨어진 농촌에 이르기까지 '근대'가 비집고 들어와 있었다고 할 수 있다.

28) 이헌창, 「농촌 재화시장의 구조와 변동: 1841~1934」, 안병직·이영훈 편, 『맛질의 농민들』, 2001, 일조각, 132-135쪽 참조.

29) 강내희, 앞의 「근대성의 '충격'과 한국 근대성 논의의 문제」에 나오는 표현.

30) 1915년에 개최된 '조선물산공진회'를 주제로 삼아 분석한 주윤정의 논문은 그 전시공간의 구성이 "재래적 공간과 근대적 공간으로 이분화"되어 있었다는 점을 강조한다. 게다가 "식민 권력의 이분법적 시선을 가시화"하는 수법으로서 일루미네이션의 동원에 주목하고 있다(주 윤정, 「조선물산공진회와 식민주의 시선」, 『문화과학』 33호, 2002, 149, 155쪽 참조). 재래/

한 역할을 담당하고 있었던 것이다.[31]

또 앞서 소개한 이철우 논문의 '규율권력으로서의 행정(경찰)권력'이라는 논점과 관련지우면, 행정조직은 규율권력 장치이기 이전에 먼저 '병참'으로서의 기능을 담당하고 있었다고 할 수 있다. 하나의 사례로서 경찰관에 의한 '검병적(檢病的) 호구조사'를 들 수 있다. 전염병에 의한 감염·발병 그리고 격리에 대한 공포는 농촌 주민의 위생에 대한 의식을 높이는 계기가 되었다고 생각된다(이 책 1장 참조).

이처럼 몇 가지 경로를 통하여 조선인의 일상생활 속에 '박래품'으로서의 상품이나 미디어가 비집고 들어와 있었다. 그것들은 '근대'의 이미지를 조선인에게 직접 전하는 효과를 가지고 있었고, 또 영상이라는 수단을 통하여 제공된 다양한 '계몽'적인 정보(예를 들어 위생관념)는 조선인 사이에 설득력을 가지고 유입되고 있었다고 할 수 있다. 더욱이 경찰 등의 행정에 의한 여러 가지 규칙이나 검사 또한 농촌 주민에 대해 '계몽'적인 역할을 수행했다고 할 수 있다.

이 결과 규율권력 장치·대중문화·근대적 미디어를 직접 경험할 수 있었던 조선인만이 아니라 경험할 수 없었던 대다수의 조선인 사이에도 그것들이 '우수한 것', '바람직한 것', '가능하면 향유하고 싶은 것'이라는 인식이 널리 공유되게 되었다고 할 수 있다. 표현을 바꾸면, 대중문화나 규율권력 장치 혹은 근대적인 미디어의 지역적 치우침에도 불구하고, 그것들은 식민지 하 조선인 사이에서 헤게모니로 성립하게 되었다고 하는 것이 된다.

근대라는 이분법적 표현 수법의 소재로서 '스펙터클'(강내희)로서의 근대 상품이 이용되고, 역으로 그 수법을 매개로 상품의 스펙터클성이 더욱 명확히 부각되어가는 관계를 발견할 수 있다.

31) 박람회, 강습회 혹은 활동사진회를 개최하여 지방행정이 위생에 관한 '계몽'활동을 수행하는 점에 대해서는, 이 책 1장 참조.

5. 자본주의와 공동체

2절에서 지적한 것처럼 노동력은 상품세계의 바깥에서 공동체에 의해 재생산된다. 구체적으로는 노동자 가족이라는 공동체가 노동력을 재생산하는 장으로서 가장 중요한 기능을 수행해왔다. 가족이라는 제도는 근대 이전부터 이미 존재하고 있었다. 그러나 '본원적 축적'을 거친 후에 성립하는 노동자 가족은 전통적인 공동체로부터 일단 분리된 사람 사이에 맺어진 관계다. 그리고 전통적인 가족과 노동자 가족은 아내와 남편 그리고 아이들 각각의 역할과 기대치가 다르다. 앞 절에서 간단히 언급한 '모성'이라는 논점도 이와 관련되어 있다. 노동자 가족은 근대에 고유한 규범과 규율에 의해 재편된 가족이라고 할 수 있다.

그런데 지금까지의 논의에 입각하면, '식민지 근대' 분석에서는 노동자 가족만이 아니라 농민 가족(농가)에까지 시각을 넓히는 것이 중요하게 된다. 1절에서 정리한 바와 같이 자본주의 경제에 편입된 후에도 농민이 상대적 과잉인구로서 농촌에 체류하는 것은 식민지에서 나타나는 특징적인 현상이라고 할 수 있기 때문이다.

근대 이전 농민의 생산과 생활에서 농가라는 공동체는 노동력 재생산의 기본단위였다. 그에 덧붙여 생산과 생활(예를 들어 야부신[家普請; 개인 가옥 또는 공동가옥을 촌락 사람들이 모여 공동으로 건축하거나 보수하는 행위를 말함 — 역자])을 위하여 공동노동·교환노동을 조직한다든지 지역 자원(산림이나 농업용수 등)을 공동으로 관리·이용하는 장으로서 근린 농가들에 의해 구성되는 촌락이 농민에게는 또 하나의 공동체로서 중요하다.[32] 그리고 지리적으로 근접한 몇 개 촌락 사이의 관계로서 지역사회가

---

32) 촌락을 공동체로 규정하는 것이 가능한 것은 구성원 사이의 농후한 면접성이라는 점뿐만 아니라, 이른바 모럴 이코노미(도덕경제)라고 불리는 것과 같은 구성원의 최저한의 생존권을 상호 보장하는 그런 관계를 찾아낼 수 있기 때문이다. 이에 대해서는 松本武祝, 『植民地權

형성되어 있었다고 할 수 있다.

식민지 하에서는 농민이 농촌에 체류함으로써 농가와 촌락이라는 두 개의 공동체는 해체되는 것이 아니라 계속 존속하게 된다. 농민의 경우, 노동자와는 달리 자본주의 아래서도 공동체로부터 떨어져나온 경험을 가지지 않는다. 그리고 생산양식·생활양식이라는 측면에서도 커다란 변화를 경험하지 않는다. 때문에 농민 재생산의 장으로서 가족, 촌락 및 지역사회는 전통적인 제도나 규범을 농후하게 계승하게 된다.

그렇다고 농촌에서 전통적인 제도와 규범이 전혀 변화하지 않았던 것은 아니다. 오히려 다음 두 가지 요인에 의해 크게 동요되었다고 생각해야 할 것이다.

첫째로는, 노동시장의 확장에 의해 농촌으로부터 도시로의 인구 유출이 시작되었지만 그 규모가 농촌의 인구 증가를 흡수할 정도는 아니었고, 결과적으로 촌락 내에서 이용 가능한 농민 1인당 지역자원(농지·임야·농업용수 등)량이 감소해간다고 하는 변화다. 이것은 임야나 농업용수에 관한 공동이용 질서를 동요시켜 구성원 간의 긴장을 고조시켰다. 또 주요한 소득원인 농지의 분배를 둘러싸고도 촌락 구성원 사이에서의 이해 대립을 표면화시켰다. 소비재가 상품으로 유입됨으로써 발생한 농가 부업의 축소는 이 대립을 더욱 가혹한 것으로 만들었다. 이 과정에서 전통적인 소작관행이 약화되고, 지주-소작농 사이에 소작쟁의가 빈발하게 하는 등 촌락 수준에서의 기존 질서를 훼손해가게 된다.

또 임야·농업용수에 관해서는 자원의 성질상 촌락 수준을 넘어선 넓은 범위에서의 이해 대립이 일어나는 경우도 있었다. 특히 총독부에 의한 미곡증산정책 과정에서 근대적인 대규모 수리시설이 도입되어(기술의 동시대성!), 촌락(혹은 그 연합체) 수준의 소규모 전통적 수리시설이 크게 개편되는

力と朝鮮農民』, 1998, 社會評論社 참조.

사례가 빈발하게 된다. 임야·농업용수의 이용에 관한 전통적인 질서가 어쩔 수 없이 해체되는 과정에서는 촌락의 범위를 넘어서 지역사회 수준에서 질서의 동요가 일어나게 되는 것이다.

둘째, 앞 절에서 논점으로 다뤘던 규율권력 장치·대중문화·근대적 미디어를 직접 경험할 수 있었던 인물이 농촌 내부에도 소수이지만 존재하기 시작했다는 점이다. 그들의 경험 속에서도 특히 교육은 중요한 것이었다고 생각한다. 그(녀)들은 농촌에서는 여전히 취학률이 낮았던 보통학교에 다니다가 나중에 도시(경우에 따라서는 일본)의 중급학교에 진학하는 사람도 있었다(이 사례에 대해서는 2장에서 좀 더 상세하게 소개한다).

앞 절에서 말한 바와 같이 구미 문화의 헤게모니 효과에 의해 조선의 농민은 근대적인 규율권력 장치를 실제로 경험하고 싶다는 바람이 있었다. 그 때문에 그것을 직접 경험으로 체득할 수 있었던 일부의 사람은 주위의 농민들로부터는 엘리트로 받아들여지게 된다(첫머리의 용례를 답습하여 '농촌 엘리트'로 표현한다). 그(녀)들 속에는 고학으로 '입신출세'를 한 사람도 일부 있었으나 다수는 어느 수준 이상의 경제력을 가지고, 또 촌락이나 지역사회에서 정치적·사회적 지도자로서의 역할을 수행해온 사회계층 출신자로 상정할 수 있다. 따라서 '농촌 엘리트'는 정치적 자원을 이중으로 보유하고 있었다고 할 수 있다.

이 이중의 정치적 자원 가운데 어느 쪽의 비중이 높은가는 '농촌 엘리트' 개개인의 경력에 따라 달라진다. 지수걸은 '〈공직〉과 〈재산〉을 동시에 보유'하는 군의 최상층 '유지'를 '1급 유지'라고 평가하고 있다.[33] 이런 계층에 속하는 '농촌 엘리트'에게 정치적 자원의 크기는 근대적 학교제도를 매개로 획득한 경험보다도 지역사회의 전통적인 맥락 속에서의 발언권에 의지하는

---

33) 지수걸, 「일제 하 충남 서산군의 '관료-유지 지배체제'—『서산군사』(1927)에 대한 분석을 중심으로」, 『역사문제연구』 3호, 1999, 42쪽 참조.

바가 상대적으로 크다고 생각된다. 그와는 반대로 고학을 통하여 학력·경력을 획득해온 인물처럼 전통적인 맥락의 발언권이 적은 사람은 '근대적 주체'로서의 능력에 의해 정치적 자원을 축적해가는 사람도 나타나는 것이다.

한편 앞서 말한 바와 같이 식민지 하 조선의 촌락 질서는 동요하면서도 해체되지는 않는 상태로 존속된다. 거기에는 농민과 지주의 개별 이해가 표면화하여 충돌하는 경향과 함께, 전통적인 규범을 회복함으로써 촌락 질서를 보전하여 농민생활을 안정시키려는 지향도 존재했다. 또 지역 자원의 이용 질서를 둘러싸고 지역사회 내에서의 이해대립이 표면화하고, 그 조정을 추궁당하는 사례도 빈발하게 된다. 전통적 맥락과 근대적 맥락 양쪽 모두에서 정치적 자원을 확보한 '농촌 엘리트'는 이런 정황에 대해 어떻게 대응했는가라는 논점을 제시할 수 있을 것이다.

그런데 지금까지 논의해온 '식민지 근대'론에 대해서는 '근대'의 헤게모니로서의 성립과 그에 대한 조선인의 적극적인 대응이 과도하게 강조되고 있고, 오히려 조선 민중이 지녀온 반권력적인 측면 혹은 식민지 권력과 조선 민중이 폭력을 매개로 직접 대치하는 국면에 주목해야 한다는 비판이 있어왔다.34) 확실히 민중의 저항이나 폭력의 문제를 다루고자 하는 경우에, 지금까지 말해온 '농촌 엘리트'라는 문제설정은 적절하지 않을 것이다. 단지 민중의 저항이나 폭력의 조직적 혹은 규범적 기반으로 공동체(촌락)가 상정될 수 있다면, 지금까지 말해온 '식민지 근대'의 분석틀과 위에서 소개한 연구 사이의 거리가 그 정도로 동떨어져 있는 것은 아니라고 생각된다.35) 촌락을 '근대'적 헤게모니와 전통적인 규범이 각축하는 장으로 설정할 때, '농촌 엘

---

34) 愼蒼宇, 「無賴と倡義のあいだ―植民地化過程の暴力と朝鮮人『傭兵』」, 須田努·趙景達·中嶋久人 編著, 『暴力の地坪を超えて―歷史學からの挑戰』, 靑木書店, 2004; 趙景達, 「暴力と公論―植民地朝鮮における民衆の暴力」, 同上書 참조.
35) 이와 관련하여 板垣龍太, 「〈植民地近代〉をめぐって―朝鮮史硏究における現狀と課題」, 『歷史評論』第654號, 2004의 논점 정리 참조(42쪽).

리트'의 활동은 민중의 저항이나 폭력의, 말하자면 음화(陰畵)로서 그려지는 것이 아닐까?

6. 회색지대와 '농촌 엘리트'

식민지 하 조선인의 행위를 분석할 때, 종래에는 '저항인가, 친일인가'라는 이분법이 적용되는 경우가 많았다. 근래에는 그런 단순화된 분석틀을 넘어서서 당시 조선인의 행위에서 다의적인 의미를 찾아내고자 하는 시도가 이루어지게 되었다.

그 중 한 가지가 이른바 '부일협력(자)(附日協力者)'를 둘러싼 연구다. "일본제국주의에 대한 협력을 통하여 민족 차별로부터 탈출을 기도한다"[36]는 민족의식의 극한적인 발로를 찾아내고자 하는 기도가 있다고 할 수 있다. 앞 절의 후반에서 시사한 '농촌 엘리트'에 관한 논점을 그들의 연구에 중첩시키면서 정리해보자.

나미키 마사토(竝木眞人)는 '부일협력'을 '이데올로기형'과 '테크노크라트형'으로 구분하고 있다. 전자는 종래의 이른바 '친일파' 연구가 분석대상으로 삼아온 저명한 사회지도층에 해당한다. 후자는 중앙과 지방행정기관(군·면) 직원 그리고 지방행정의 말단을 담당하는 이른바 '지방유지' 등을 가리키고 있다.[37] 1920년대 이후 이른바 '문화정치' 아래서 중앙(총독부)이나 부·군·면에서의 조선인 관리·이원(吏員)의 수가 증가하고, 또 도평의회나 면협의회 등의 지방행정에 대한 자문기관제도가 도입되어 조선인이 다수 선출되게 된다. 이처럼 조선인 정치 '참가'의 영역이 확장되어가는 과정에

---

36) 竝木眞人, 「植民地期朝鮮人の政治參加について 一解放後史との關聯において」, 『朝鮮史研究會論文集』31號, 1993, 45쪽.
37) 竝木眞人, 앞 논문, 41쪽 참조.

서 후자 형태의 '부일협력'자가 많아진다. 그에 관한 구체적인 연구도 이미 몇 편이 나와 있다.[38]

게다가 나미키는 "부일협력이야말로 식민지 시기 대부분의 조선인이 '근대'와 구체적으로 접촉하는 장이었다"고 논점을 제시하고 있다.[39] 이 책의 맥락 속으로 끌어와서 말하자면, '부일협력(자)'의 잦은 출현이야말로 "조선에서의 '식민지 근대'"를 특징짓는 현상 중 하나라고 할 수 있다. 나미키는 '대부분의 조선인'이라는 표현을 쓰고 있지만(앞의 인용문), 필자는 농촌 지역으로 논의를 한정하는 경우에 위에서 논의해온 '농촌 엘리트'야말로 '부일협력자'의 전형적인 모습이라고 상정할 수 있다고 생각한다.

식민지 권력은 '농촌 엘리트'를 지방행정 담당자로 자리매김했다. 지역 사회에서 그(녀)들이 전통적인 맥락에서 보유하고 있던 발언권, 근대 규율 권력 장치의 경험을 통하여 체득하고 있던 그(녀)들만의 문법이나 몸짓 그리고 목적합리적인 사고방식이 모두 원활한 지방행정의 집행에서 불가결한 것이었기 때문이다.

이 점과 관련하여 지수걸은 1930년대에 식민지 권력에 의해 전개된 농촌진흥운동을 계기로 '관료-유지지배체제'가 촌락 수준에까지 제도화·공식화되고 있다고 설명하고 있다.[40] 신기욱과 한도현의 논문은 '농촌진흥운동'을 '식민지 조합주의'로 성격규정을 하면서 '중견인물'을 매개로 '국가'가 직접적이고 강력하게 촌락을 장악하게 되었다고 논의했다.[41] 이타가키 류타(板垣龍太)는 '농촌진흥운동'이 "문서주의에 입각한 관료제를 촌락에

---

38) 並木眞人 앞의 논문은 지방행정기관의 직원에 대해서 金翼漢, 「植民地期朝鮮における地方行政體制の構築過程と農村社會變動」, 東京大學大學院博士論文, 1996; 松本武祝, 앞의 『植民地權力と朝鮮農民』은 면협의원에 대해 각각 분석하고 있다.
39) 並木眞人, 「植民地期朝鮮政治·社會史研究に關する試論」, 『朝鮮文化研究』 6號, 1999, 113-114쪽 참조.
40) 지수걸, 앞의 「일제하 충남 서산군의 '관료-유지지배체제'」, 33쪽 참조.
41) Shin, Gi-Wook and Han, Do-Hyun, "Colonial Corporatism: The Rural Revitalization Campaign, 1932-1940", in Shin and Robinson, op. cit. pp.93-95.

까지 관철시킨" 것을 강조하고, 그때 '중견인물'이 '행정과 농민을 매개하는 역할'을 수행하고 있음을 확인하고 있다.[42]

이 논문들에서는 '유지'와 '중견인물'이라는 '농촌 엘리트'가 소위 식민지 권력의 말하자면 대리인으로서 상정되고 있다. 비엘리트의 엘리트에 대한 지역 지도자로서의 역할에 대한 기대는 구미에서 유래한 규율권력과 문화 헤게모니라는 영역에서는 '이미 계몽된 자'의 '아직 계몽되지 않은 자'에 대한 권력관계로 반전한다. 이 국면이 되면, '농촌 엘리트'는 지역사회 내부에서 다른 촌락 농민에 대해 '병참' 또는 규율권력 장치 그 자체의 기능을 수행하게 된다. 시각을 바꾸어보면 이런 권력관계가 양자 사이에 미리 성립되어 있기 때문에 식민지 권력은 '유지', '중견인물'을 매개로 촌락까지 상의하달의 행정체계를 만들어내는 것이 가능했던 것이다.

김진송은 전시(戰時) 조선 사회를 '슬로건 사회'라고 표현하고,[43] 그것이 오늘날의 한국에도 이월되어 있다고 지적한다.[44] 또 슬로건은 "모든 문제의 동인을 인민 혹은 대중에게 귀속시킴으로써 계몽을 당한다는 열등감을 만연시켰다"[45]고 한다. 위의 맥락에 맞추어 바꿔 말하면, 촌락 차원에서 엘리트와 비엘리트가 쌍을 이루어 배치되어 있고, 그것도 양자가 자신이 놓인 계몽-피계몽이라는 입장을 서로 잘 알고 있는 정황이 전제가 되어, 비로소 '위로부터' 나온 슬로건이 지역사회 말단에까지 침투해갈 수 있었던 것이다.

민족주의 우파의 조류로서 영향력이 있었던 이른바 '실력양성운동'은 개개인의 수양과 근면에 의해 민족의 '실력'인 산업과 문화를 발전시키고,

---

42) 板垣龍太,「農村振興運動における官僚制と村落―その文書主義に注目して」,『朝鮮學報』 175輯, 2000, 17, 34쪽 참조.
43) 김진송, 앞의 책, 49쪽 참조.
44) 이와 관련하여 지수걸, 앞의 논문 및 신기욱, 한도현, 앞의 논문은 농촌진흥운동과 1970년대 새마을운동 사이의 유사성을 강조하고 있다.
45) 김진송, 앞의 책, 50쪽.

그 성과를 기반으로 장래의 독립을 쟁취한다는 계몽주의적인 전략에 입각해 있었다.[46) '계몽자'로서의 '농촌 엘리트'는 식민지 권력의 의지의 전달자였다. 그러나 그와 동시에 '실력양성운동론'의 구현자로서 민족의식을 보유하는 것도 가능하였다. '부일협력자'의 특징은 '농촌 엘리트'가 지니고 있던 이런 중의성에서 전형적으로 발현된다고 할 수 있다.

그런데 윤해동은 "한국의 피지배 민중은 끊임없이 동요하면서, 협력하고 저항하는 양면적인 모습을 보이고 있었"[47)다는 시각을 제시하면서, '일상적 저항'과 '부일협력'의 선분으로 이루어지는 '식민지 인식의 회색지대(gray zone)'라는 논점을 제시했다. 위에서 소개한 나미키의 '부일협력'론과 공통의 문제의식을 발견할 수 있다. 단, '부일협력' 속에서 '굴절된 민족의식'을 읽어내는 데 중점을 두는 '부일협력'론에 비하여, 윤해동의 논의는 '저항'의 계기를 더욱 중시하는 것처럼 생각된다.

하나의 사례로서, 1920~1930년대에 전개되었던 공립보통학교를 설립하고 확충하고자 했던 운동을 거론하고 싶다.[48) 이 운동에서 '농촌 엘리트'들은 '실력양성'을 목표로 삼은 지역사회 수준에서의 운동을 주도하고 있었다. 그(녀)들은 지역사회 내에서의 기대된 역할에 부응해야 했고, 식민지 권력에 의해 주어진 지방행정 과정에서의 발언의 장을 이용하면서 보통학교의 배치를 촉구하는 역할을 담당했던 것이다.

그(녀)들의 행위를 곧바로 '저항'이라고 칭하는 것은 곤란할지도 모른다. 그러나 앞에서 논의했던 상의하달 체계의 말단이라는 기능과는 달리, 여기에서의 '농촌 엘리트'들은 지역사회의 대표로서 식민지 권력과의 교섭을 행하는 주체적인 역할을 담당하고 있다. 또 이 운동의 확산 자체가 식민지

---

46) 박찬승, 『한국근대정치사상사 연구』, 역사비평사, 1992 참조.
47) 윤해동, 「식민지 인식의 '회색지대'―일제하 '공공성'과 규율권력」, 『식민지의 회색지대』, 역사비평사, 2003에 수록.
48) 오성철, 앞의 책, 1부 2장 참조.

권력의 행정적·재정적 능력 부족의 실태를 부각시키는 효과도 가지고 있었다고 할 수 있다. 다른 한편으로는 이 운동의 결과로서 보통학교 설립이 촉구되고(이것 자체는 지배정책과는 모순되지 않는다), 조선 농촌에 '근대적 주체'가 형성되는 계기가 만들어진다.

위의 사례가 보여주는 것처럼, 식민지 하의 '농촌 엘리트'가 보여주는 행위의 동기, 전술 혹은 결과(의도되지 않은 효과도 포함하여)에 대하여 다의적인 의도, 의의 혹은 한계를 읽어낼 수 있다. 윤해동이 제시한 회색지대라는 분석개념은 이러한 다의성을 해독하는 데 유효하다고 생각한다.

7. '민족주의' 언설의 형성

3절에서 언급한 '식민지 근대' 연구의 세 가지 특징 중 세 번째, 즉 민족주의라는 어려운 문제가 마지막으로 남았다. 이 책에서는 이 문제에 대해 충분히 논의할 준비가 되어 있지는 않다. 이 절에서 최소한의 연구사를 소개하고 논점을 정리해두는 데 그치고자 한다.

최근 연구에서는 식민지 하 조선인의 정체성이 다양했다는 데 주목하고 있다. 몇 가지 예를 들면, 박순원은 식민지 하 조선인 숙련노동자 가운데 계급·젠더 및 민족이라는 정체성이 혼재되어 있었음을 밝히고 있다.[49] 김중섭은 피차별 신분인 '백정'의 해방운동(형평운동)이 인권운동이라는 독자적인 영역에서 활동을 전개했다는 점에 주목한다.[50] 혹은 웰스의 논문은 '근우회'를 통하여 1920~1930년대 여성해방운동의 고유한 영역이 형성되

---

49) Park Soon-Won, "Colonial Industrial Growth and Emergence of Korean Working Class", in Shin and Robinson, op cit., 1999, pp. 93, 95.

50) Kim Joong-Seop, "In Search of Human Rights: The Paechong Movement in Colonial Korea", in Shin and Robinson, op cit., 1999.

었음을 논의하고 있다.[51]

다만 신기욱과 로빈슨 논문이 강조하는 것처럼 식민지 조선에서 "민족주의 언설은 그것과 경합하는 모든 양식의 정체성을 민족이라는 범주로 포섭해버리고 있다."[52] 구체적인 사례 분석에서도 조선인 군위안부 연구사를 정리한 김은실이 "민족 언설에서는 군위안부는 하나의 현상으로 간주될 뿐이고, 현실을 구성하는 주체로서 언설화되지 않는다"[53]는 지적을 하고 있다. 또 앞의 웰스 논문은 여성해방 슬로건이 남성 민족주의자의 손에 의해 그들의 목적에 따르는 용어로 치환되어버렸다고 지적하고 있다.[54]

이처럼 다양했던 다른 대항적인 정체성을 압도할 정도로 민족주의 언설은 강력한 유통력을 가지고 있었다. 이는 다른 무엇보다도 '이민족에 대한 구조적인 폭력'으로서의 식민지 지배에 의해 초래된 반작용이었다고 할 수 있다. 아래에서는 민족주의 언설이 형성된 구체적인 계기의 하나로서 지금까지 되풀이해서 논의해온 조선인 엘리트의 존재에 주목하고자 한다.

구미 유래의 문화 헤게모니 효과는 조선인으로 하여금 식민지 하 조선에서 공급된 구미 유래의 문화와 규율권력 장치에 대한 접근을 촉구했다. 다만 이 문화와 장치에는 '황국신민'화를 위한 규율권력 장치가 불가분의 형태로 달라붙어 있었다. 때문에 전자와 연관을 맺으려는 조선인은 자신의 의지와는 상관 없는 다양한 의식—일본어 습득, '일장기' 게양, '황국신민 서사' 암송, 궁성 요배, 신사참배 등—을 체험하도록 강요당했던 것이다.

다른 한편, 식민지 하의 조선인은 미야타 세츠코(宮田節子)의 인상적

---

51) Wells, Kenneth M. "The Price of Legitimacy: Women and the Kunuhoe Movement, 1927-1931", in Shin and Robinson, op cit., 1999.
52) Shin, Gi-Wook and Robinson, Michael, "Introduction : Rethinking of Colonial Korea", in Shin and Robinson, op cit., 1999.
53) 김은실, 「民族言說と女性—文化・權力・主體に關する批判的讀み方のために」, 『思想』 914호, 2000, 77쪽.
54) Wells, Kenneth M. op cit., p.219.

인 표현을 빌면, "저항이라고 부르기에는 너무나 일상적·토착적·보편적이어서, 그만큼 지배자에게는 더욱 만만치 않고, 끈질기고, 강해서, 탄압할 수도 없고, 단속할 수도 없으며, 전혀 손을 쓸 방도가 없는 두터운 민족의 벽"[55]을 지속적으로 보유하고 있었다고 할 수 있다. 조선인들은 의연하게 '일상적·토착적·보편적'인 의식(儀式)을 되풀이하고 있었다는 것이다.

그런데 미야타가 사용한 '민족의 벽'이라는 말은 이미 분석자의 용어다. 개개 조선인은 식민지 권력에 의해 제시된 다양한 의식을 사용하여 자신을 규율화해가는 경험과 '일상적·토착적·보편적'인 생활영역에서 되풀이되어온 관습행위 사이에서 정신적·육체적인 긴장감을 느끼지 않을 수 없었을 것이다. 이런 긴장관계가 계기가 되어 비로소 후자의 생활영역에 대해 '민족'이라는 정의를 부여하려는 대자적(對自的)인 시각이 성립했다고 생각할 수 있는 것이다.

여기에서 확인할 수 있는 것은 첫째, 이런 시각은 식민지 권력이 제시한 의식(儀式)에 접촉할 기회가 충분히 주어진 조선인 엘리트에게만 점유된 것이었다고 하는 점이다. 다른 하나는, 일상적인 관습행위를 개개의 조선인들은 '조선 민족'으로서 되풀이하는 것이 아니라 가족이나 친족의 관습 혹은 지역사회의 관습으로서 인식하고 있었다고 생각된다. 따라서 '조선 민족'의 생활영역이라는 시각은 과잉된 것이라고 하지 않을 수 없다.

여기에서 조선인 엘리트가 '민족'을 파악하는 시각은 두 가지로 나뉘게 된다. 하나는 '민족'의 관습행위를 "지연된 것, 개량해야 할 것"으로 평가하는 시각이다. 이런 시각이 성립함으로써 "본래 제국주의자에 의해 식민주의 이론으로 만들어진" 사회진화론이 조선인 속으로 침투하여 '내재화'[56]되어

---

55) 宮田節子, 『朝鮮民衆と「皇民化」政策』, 未來社, 1985, 118쪽(이형랑 역, 『조선민중과 황민화정책』, 일조각, 1997 참조).
56) 박찬승, 앞의 책, 381쪽.

가고, '민족'으로서의 '실력양성'이 목표가 되었다. '실력양성운동'은 조선인 비엘리트가 규율권력 장치로 접근하게끔 하는 동기를 더욱 강하게 부여하게 되었다.

다른 하나는 관습적인 것에서 '민족'이 계승해야 할 전통을 구하는 시각이다. 이와 관련하여 소렌센의 논문은 1920년대 조선인 지식인에 의해 쓰여진 '농촌'에 관한 언설 분석을 통하여 식민지화된 도시 문화와의 대비를 통해 '조선인다움'을 담보하는 것으로서 농촌이 발견되고 동시에 '농민'이라는 범주가 확립되어간다는 점을 지적하고 있다.[57] 단, 소렌센의 논문은 그에 이어서 조선인의 민족정체성 가운데서 핵심적 역할을 담당하던 '농민'이 계몽의 대상으로 변해가는 점도 언급하고 있다. '민족'을 포착하는 두 가지 시각은 서로 간에 모순을 초래하면서도 분업관계를 형성하고 있었다고 할 수 있다.

최정무는 한국민중운동의 표상 문제를 분석하면서 통상적으로는 '지체된 것'으로서 부정적으로 포착되는 민중의 성격이 지식인의 저항 담론 속에서는 상징적인 위치가 부여된다는 점을 지적하고 있다. 그 하나의 사례로서 마당극의 등장인물이 한국에서 가장 주변화된 지역인 전라도의 방언으로 말을 한다는 점을 들고 있다.[58] 이 분석은 해방 후의 한국을 대상으로 한 것이지만 식민지 시기 조선인 엘리트가 '조선(인)다운' 이미지를 동원하여 민족담론을 강화하는 과정에서도 마찬가지 구도를 찾아낼 수 있다고 생각한다.

나아가 김은실이 지적하는 바와 같이, 식민지 하에서는 종주국-식민지

---

57) Sorensen, Clark, "National Identity and the Creation of the Category 'peasant' in Colonial Korea", in Shin and Robinson. *op cit.*, 1999

58) Choi, Chung-moo, "The Discourse of Decolonization and Popular Memory: South Korea", in Tani E. Barlow(ed.), *Formation of Colonial Modernity in East Asia*, Durham and London: Duke University Press, 1997.

관계가 "권력이 있는 제국/남성과 정복된(혹은 저항하는) 식민지/여성이라는 불법적으로 파괴된 남녀관계로 재현/표상"된다. 이러한 재현/표상은 "식민지 남성의 정당한 개입에 의해 도덕적으로 정상적인 남녀관계로 바뀐다"는 가부장적인 민족주의 담론을 재생산하고 있었다. 그리고 그 재현/표상이 성립하는 계기로서 "여성은 민족의 정신적인 강인함과 순수성을 상징하는 것으로, 또 어떤 때는 고통을 참고 견디는 민족의 모습을 표상하는 것으로서 모순을 포함하면서 동원되"었던 점을 강조하고 있다.[59] 이러한 여성 이미지의 '동원'도 조선인 (남성) 엘리트가 담당했다고 할 수 있을 것이다.

맺음말

마지막으로 이 책의 분석 과제를 새로 정리해두고자 한다.

첫째, 4절에서 말한 것과 관련해서 규율권력 장치의 배치에 관한 '동시대성'과 '단계성' 및 양자의 관련성이 논점이 된다. 구체적으로는 농촌에서의 보건·의료제도에 초점을 맞춰 분석한다.(1장)

둘째, 5절에서 정리한 촌락이나 지역사회에서의 전통적 질서의 동요라는 논점과 관련하여 '농촌 엘리트'의 행위가 가지는 '다의성'을 분석한다. 당시 조선의 촌락이나 지역사회는 자본주의로부터 유래하는 이데올로기, 식민지 권력이 발령하는 지배를 위한 이데올로기 그리고 촌락이나 지역사회에서 약해지고 있으면서도 재생산되고 있던 전통적인 이데올로기가 헤게모니를 둘러싸고 격렬하게 충돌하는 장이었다고도 할 수 있다.[60] 그리고

---

59) 김은실, 앞의 논문, 72, 74쪽 참조.
60) 앞서 소개한 '실력양성운동론' 혹은 사회주의 등 주로 조선인 미디어를 통하여 유통된 이데올로기에 대해서도 논의할 필요가 있다. 2장에서 간단히 논의하고 있지만, 이들 외래 이데올로기는 촌락이나 지역사회의 전통적인 규범의식과 친화성을 가지고 있었던(혹은 전통적인

'농촌 엘리트' 자신은 '근대적 주체'이자 전통적인 '유지'이기도 하다는 양면성을 지니고 있었다. 촌락·지역사회에서의 이데올로기 정황과 '농촌 엘리트'의 주체적 조건이 복잡하게 얽힌 가운데서 '농촌 엘리트'가 무엇을 발화하고, 행동했던가, 그리고 눈앞의 이데올로기 정황에 대해 어떤 개입을 시도했던가를 분석하고자 한다.(2, 4, 5장)

이 논점을 다루는 데 우선 두 가지 사항을 추가로 지적해두고자 한다. 하나는 이른바 '총력전체제'에 관한 사항이다. 4, 5장은 전시기를 분석 대상으로 삼고 있으므로 이 논점을 회피할 수가 없다. 단, 한편으로 일본에서는 "총력전체제론은 식민지에 대한 문제의식을 결여하고 있다"는 비판[61]이, 다른 한편으로 한국에서는 "총력전체제론은 일본 제국주의의 침략성을 호도하는 것이다"라는 비판[62]이 각각 제기되어 있는 것이 연구사의 현실이다. 유감스럽게도 양자의 심각한 어긋남을 조율할 준비는 되어 있지 않다. 4, 5장에서는 전시기 동원정책에 대한 '농촌 엘리트'의 대응 및 '농촌재편성'이라는 이름 아래 실시된 농업구조 조정정책에 대한 '농촌 엘리트'의 반응이라는 부분적인 논점을 취급하는 데 그치고, '체제'로서의 평가에까지는 이르지 않았다.

다른 하나는 '농촌 엘리트'의 계층성 문제다. 지역유지 연구를 이끌어온 지수걸은 얼마 전 군의 최상층 유지에 주목[63]하는 한편, 더욱 "폭넓은 범주 설정이 필요"[64]하다고 지적하고, 면장·면평의원·구장 등 면 혹은 촌락 차원

맥락에서의 바꿔읽기가 가능했던) 것에 의해 조선 농촌에 정착할 수 있었다고 생각한다.

61) 小倉利丸·崎山政毅·米谷匡史·栗原幸夫, 「[座談會] 總力戰と抵抗の可能性」, 『レヴィジオン』第2輯, 1999 참조.

62) 이준식, 「파시즘기 국제정세의 변화와 전쟁 인식—중일전쟁기 내선일체론자들을 중심으로」, 연세대학교 국학연구원 『일제하 지식인의 파시즘 체제 인식과 대응』(학술회의 발표문), 2004, 37쪽.

63) 지수걸, 앞의 「일제하 충남 서산군의 '관료-유지 지배체제」 참조.

64) 지수걸, 「구한말 일제 초기 유지집단의 형성과 향리」, 연세대학교 국학연구원 편, 『한국근대 이행기 중인연구』, 신서원, 1999, 533쪽.

에서의 '유지'의 존재에도 주의할 것을 촉구하고 있다. 군, 면 혹은 촌락의 각각의 차원에서 각각의 '농촌 엘리트'가 중층적으로 존재하고 있었다는 시각이 성립한다고 생각한다. 이 책에서도 2, 4장에서는 주로 군청과 면사무소에 근무하는 조선인 직원의 직무와 의식에 주목하고 있다. 5장에서는 면의 직원과 함께 촌락 차원에서 지방행정의 말단을 담당하고 있던 '중견인물'에 대해서도 언급하고 있다. 또 바로 뒤에서 기술하는 바와 같이 6, 7장에는 군 또는 도 차원에서 '활약'하는 '농촌 엘리트'가 등장한다.

또 3장에서는 전시동원정책의 이론가(ideologue)로서의 역할을 수행하고 있던 조선인 지식인이 남긴 글을 분석하고 있다. 생활자로 농촌에 거주하고 있었던 것은 아니라는 점에서 그들을 '농촌 엘리트'로 자리매김하기는 어렵다. 다만 그들의 '정책론'이 당시 농촌의 실정에 대한 그들의 인식을 반영하고 있다는 점, 또 그들의 논의가 '농촌 엘리트'에게 영향을 미치고 있었다는 점 등의 두 가지를 감안하면, 앞뒤 장의 '농촌 엘리트'론을 보완하는 역할을 한다고 생각하여 이 책에 수록하게 되었다.

마지막으로 촌락 차원을 넘어선 넓은 영역에서의 합의 형성 과정에 주목한다(5, 6장). 이 두 개의 장은 각각 광대한 수익 면적을 가진 수리조합의 사례를 분석대상으로 삼고 있다. 수리조합 사업은 조선의 '산미증식계획'의 핵심으로 자리매김되어, 4절에서 간단히 언급한 바와 같이 근대적인 수리기술 도입의 지렛대가 된 제도다. 그런 근대 기술과 그것을 유지·관리하기 위한 근대적인 조직[65]에 대해 지역사회가 어떻게 반응하고 있었던가 하는 것이 여기서의 논점이다. 수리조합 영역이 광대했기 때문에 이 두 개의 장에서는 군 또는 도 차원에서 발언권을 확보하고 있던 '농촌 엘리트'(일본인 지주도 포함된다)가 주된 분석대상이 된다.

---

65) 松本武祝, 『植民地期朝鮮の水利組合事業』, 未來社, 1991은 수리조합에서 관료제도가 발달해 있었던 점을 강조하고 있다.

그런데 새로운 수리 질서를 여러 개의 촌락 집단이 구축하고자 할 경우, 혹은 수리조합이나 식민지 권력과 대항 또는 교섭관계에 들어갈 경우, 모두 관계되는 촌락 사이의 합의가 전제가 된다. 그런 합의가 형성되는 과정에서 '농촌 엘리트'가 중심적인 역할을 담당하게 될 것이다. 여기에서 주목하고 싶은 것은 공직이나 재산이라는 정치적 자원만으로 합의 형성이 가능하게 되는 것은 아니고, 그(녀)들에 의한 구체적인 발화를 계기로 관계되는 촌락 사이에서 합의가 형성되어간다는 것이다. 그(녀)들이 어떤 맥락에서 어떤 담론을 선택하여 발화했던가, 그것이 결과적으로 각각의 촌락에 대해서 어떤 효과를 가지고 전달되었던가 하는 것을 구체적인 사례에 입각하여 분석하고자 한다.

　　물론 언제나 합의 형성에 성공하는 것은 아니다. 합의 형성에 실패하고 결국은 식민지 권력의 강력한 개입에 의해 비로소 새로운 질서가 형성된다는 것도 상정된다. 오히려 외부로부터 들어온 기술체계에 적합한 지역질서를 만들어내지 못한 채 국가권력의 지배만이 강화되어가는 과정에서 '식민지 근대'의 특징을 찾아낼 수 있을 것이다.

1장
식민지 시기 조선 농촌에서의 위생·의료사업의 전개

머리말

식민지 시기 조선 사회의 성격 규정을 둘러싸고, 그 봉건성을 주장하는 입장과 근대성을 주장하는 입장이 지금도 병존하고 있다.[1] 전자는 식민지 권력의 폭력적인 수탈성을 강조하는 입론과 결부되는 경향이 강하다. 그에 반해 후자의 입장은 근대적인 물적 하부구조나 제도의 도입 및 그에 수반되는 사회적 생산력의 신장이라는 논점이 주요한 분석대상이 되어 있다. 필자 자신도 기본적으로는 후자의 입장에 서 있다.

단, "일본에 의한 식민지 통치가 조선의 근대화를 촉진했다"는 주장을 통하여 식민지 지배를 성낭화하고자 하는 독선적인 논의에 대해 후자의 논의가 그 근거를 제공할지도 모르는 위험성을 내포하고 있다. 후자의 입장에 선 연구자는 이 점에 대해 충분하게 자각해야 한다.

식민지 지배를 정당화하고자 하는 논의에 정당성을 부여하지 않고 식

---

[1] 김홍식, 「조선토지조사사업의 역사적 의의」(김홍식 외, 『조선토지조사사업의 연구』, 민음사, 1997)에서 양자 간 논쟁의 격렬함을 엿볼 수 있다.

민지 사회의 근대성을 설명한다는 전략적인 입장에 서고자 할 때, 김진균·정근식에 의한 논점 정리는 경청할 만한 가치가 있다.[2] 이 논문은 식민지 시기 및 해방 후에 관한 역사 연구를 크게 세 가지 논조로 구분한다. 즉 첫 번째는 식민지 근대화론으로 대표되는 식민지 시기와 해방 후를 함께 긍정적으로 논의하는 논조, 두 번째로는 식민지 수탈론으로 대표되는 식민지 시기를 부정적으로 해방 후를 긍정적으로 논의하는 논조, 그리고 세 번째로는 식민지 시기와 해방 후를 모두 부정적으로 논의하는 논조다. 그리고 첫 번째와 두 번째 논조는 언뜻 보아 대립하고 있지만, '근대화'를 긍정적으로 파악하고 있는 점에서는 실은 공통적이라고 지적된다. 이 논문은 세 번째 논조를 지지하면서 근대성이 가진 오히려 부정적인 요소에 주목하는 것, 그리고 해방 후에 드러나는 부정적 현상의 역사적 기원을 식민지 시기에서 찾는 것의 중요성을 강조하는 측면이다(16-18쪽).

근대성의 부정적 요소라고 할 때, 이 논문은 이전에 푸코가 근대의 고유한 신체 관리기술로서 주제적으로 논의했던 '규율' 문제를 주요한 논점으로 취급한다. 즉 가족제도, 학교, 공장, 병원 등 식민지 시기에 도입된 근대적인 제도들이 조선인의 일상생활에서 '규율권력'이 작용하는 장으로 기능함으로써 조선인의 신체를 강하게 구속해가는 과정에 주목한 것이다(23-26쪽). 그리고 이런 문제의식에 기초하여 이 두 사람이 편집한 저서 속에는 학교, 공장, 의료(병원), 가정, 군대라는 구체적인 장에 관한 공동연구가 이루어져 있다.

본론의 과제와 관련해서는 그 논문들 가운데 특히 조형근의 의료에 관한 분석이 흥미롭다.[3] 조형근은 식민지 시기의 의료제도가 인식론적 지평,

---

2) 김진균·정근식, 「식민지체제와 근대적 규율」, 김진균·정근식 편, 『근대주체와 식민지 규율권력』, 문화과학사, 1997.
3) 조형근, 「식민지체제와 의료적 규율화」, 같은 책.

일상의 생활양식 및 국가적 제도라는 세 가지 차원에서 '새로운 인간'을 만들어내고 있던 과정을 추출하고, 그 '새로운 인간'은 국가 의료체계의 미시적 그물망 속에서 관찰과 통제의 대상이 되었다고 논의하고 있다. 이 논문의 시각은 체계적이고, 식민지 시기 조선의 의료제도를 분석하는 데 유용하다.

그리고 조형근은 이러한 일련의 과정을 '의료화'로 규정하고, 조선에서는 식민지였기 때문에 '의료화'가 더욱 강력하게 진전되고 있었음을 마지막으로 강조하고 있다(216-217쪽). 첫머리에서 말한 필자의 문제의식에 비추어 볼 때, 대단히 시사적인 결론이 내려져 있다.

그런데 조형근은 '근대적인 규율화의 메커니즘을 작동'시키는 장으로 병원, 학교 및 가정이라는 세 가지 장치를 거론하고, 각 장치 안에서의 미시적 권력작용을 구체적으로 분석하고 있다. 그러나 이 경우 이 세 가지 장치에 의한 '규율화'의 효과에는 그 강도와 폭에서 차이가 존재하는 점을 배려해야만 했다고 생각한다. 즉 강도라는 점에서는 병원〉학교〉가정의 순서가, 폭이라는 점에서는 그 역의 순서가 상정될 수 있을 것이다.

병원과 학교의 경우, 환자와 아동·학생 그 자체의 '규율화'의 장으로서는 강력한 효과를 초래하는 것은 조형근의 논문이 지적하는 대로일 것이다. 단, 신동원이 강조하는 것처럼[4] 식민지 시기의 보건·의료사업은 재조선 일본인 및 조선인 일부 계층을 위한 보건의료체계에 머물러 있었던 점이 커다란 특징이었던 점(88쪽)을 고려할 필요가 있다. 특히 이하 본론에서 대상으로 삼고 있는 농촌지역에서는 아래에서 분석하는 것처럼 병원 등 근대적 의료기관의 이용도는 대단히 낮은 수준이었다.

또 교육을 계기로 하는 '규율화'에 관해서도 첫째, 초등학교 교육이 본격화된 것은 1930년대 이후의 일이고,[5] 그것도 농촌지역에서는 더 늦었다고

---

4) 신동원, 「일제의 보건의료정책 및 한국인의 건강상태에 관한 연구」, 서울대 석사학위논문, 1986년.

생각되는 점을 감안할 필요가 있다. 그리고 둘째, 아동·학생의 학교 안에서의 새로운 생활양식이 직접 가정에까지 전달되는 것이 아니라 가정에서의 생활양식 변화는 사회교육 등 성인을 대상으로 하는 교육의 효과와 어우러져 비로소 시작되었다고 생각해야 할 것이다.

조형근의 논문에서는 '규율화'의 계기로 이들 장치 외에 위생경찰, 지방행정기관 혹은 위생조합이라는 감시와 통제를 위한 제도들에도 주목하고 있다. 위의 여러 장치와 이들 여러 제도가 상호 어떻게 관여하면서 개개의 조선인에게 '규율화'를 촉구했는가를 분석하는 것이 과제로 남아 있다고 생각된다.

신동원의 논문이 강조하는 바와 같이 근대적 의료기관의 보급도와 한정성에서 식민지로서의 특성을 찾아낼 수 있다면, 인구구성에서는 태반을 차지하면서도 근대적 의료기관으로부터는 더욱 소외되어 있던 농촌지역이 가장 단적인 분석대상이 될 수 있다고 생각한다. 아래 본론에서는 우선 농촌지역에서 근대적 의료기관이 희박했다는 점을 확인한다. 다음으로 감시·통제를 위한 제도들이 농촌지역에 어떤 형태로 도입되어 있었는가를 명확히 한다. 마지막으로 그 제도들이 실제로 어떤 효과를 초래했는가, 그 효과는 근대적 의료기관의 희박함이라는 특성과 어울려 농촌 주민의 '규율화' 과정에 어떤 특징을 초래했는가를 고찰한다.

---

5) 1930년의 시점에서 추정하는 보통학교 남자진학률은 24.2%이고, 1940년에 52.7%로 처음으로 50%를 넘는다(古川宣子,「日帝時代 普通學校體制의 成立」, 서울대 박사학위논문, 1996, 145쪽 참조).

1. 농촌지역 의료기관의 분포상황

1) 병원

식민지 시기 조선의 병원 설립운영을 주체별로 보면, 총독부가 설립하여 운영하는 관립, 도지방비에 의해 운영되는 도립[6], 부·면립 및 사립 등네 종류로 분류된다.[7] 도립병원 및 부·면립병원을 합쳐 공립병원으로 총칭하는 경우도 있었다. 또 사립병원은 1919년에 제정된「사립병원 취체규칙(取締規則)」및「사립병원 구조설비 표준」에 기초하여 총독부로부터 운영상의 규제를 받고 있었다.

〈표 1-1〉에 나타나는 것처럼, 관·공립병원은 1920년대 이후 급속하게수가 증가하고 있다.[8] 그리고 그 사이에 경기도에 입지하는 관·공립병원의비율이 조금씩 증대하고 있다. 단, 사립병원의 경우와 비교하면 그 비율이상당히 적은데, 지방에서의 입지가 상대적으로 진전되고 있었다고 할 수있다.

또 1928년 시점에서 '관청 봉직' 의사 수 400명 가운데, 그 반수에 가까운191명이 경기도에 주재하고 있었다.[9] 관·공립병원 수의 비율을 대폭 상회하고 있으므로, 경기도 관·공립병원의 규모가 다른 도의 병원과 비교하여대단히 컸다는 점을 시사하고 있다.

사립병원의 경우, 병원 수의 증감이 대단히 격렬하다는 점이 하나의 특

---

6) 종래 관립이었던 慈惠病院이 1925년 도지방비에 의한 운영으로 이관되었다.
7) 식민지 시기 조선의 지방제도는 13도 아래 府郡島가 설치되고, 郡島 아래 邑面이 설치되었다 (府는 일본의 市에, 邑面은 일본의 町村에 각각 대응한다).
8) 이 때문에 1940년 시점에서의 관·공립병원의 구성은 관립 4개, 도립 43개, 부·면립 9개이고, 병원 수에서는 도립병원이 4분의 3 이상을 차지하고 있다(조선총독부, 『조선총독부통계연보』 1940년판, 320쪽).
9) 조선총독부, 『朝鮮衛生要覽』1929, 31-32쪽에서 산출.

<표 1-1> 의료기관 수 추이

		1915년	1920년	1930년	1940년
의사	조선인	209(66)	402(94)	921(229)	1,918(551)
	일본인	627(156)	604(155)	796(261)	1,269(485)
	외국인	36(8)	29(11)	32(12)	10(2)
	합계	872(230)	1,035(260)	1,749(502)	3,197(1,038)
	경기도의 비율	26.4%	25.1%	28.7%	32.5%
현지 개업의	조선인	−	5(1)	116(23)	365(15)
	일본인	74(5)	70(3)	89(5)	65(5)
	외국인	7(0)	1(0)	13(3)	6(0)
	합계	81(5)	76(4)	218(31)	436(20)
	경기도의 비율	6.2%	5.3%	14.2%	4.6%
의생	조선인	5,804(736)	5,376(615)	4,594(484)	3,604(324)
	경기도의 비율	12.7%	11.4%	10.5%	9.0%
관·공립병원		27(3)	27(4)	44(8)	56(11)
	경기도의 비율	11.1%	14.8%	18.2%	19.6%
사립병원	조선인	62(53)	18(4)	8(4)	20(5)
	일본인	171(102)	71(25)	47(29)	63(30)
	외국인	31(5)	23(3)	24(3)	22(3)
	합계	264(160)	112(32)	79(36)	105(38)
	경기도의 비율	60.6%	28.6%	45.6%	33.3%

자료: 朝鮮総督府, 『朝鮮総督府統計年報』 各年版으로 작성.
주1 : 괄호 안은 경기도의 수치를 나타냄.

징이다. 조금 자세하게 말하면, 1919년까지 급증하고 있던 병원 수(가장 많은 때에는 병원 수 368개)가 이후 1922년 68개까지 급감했다.[10] 그 후 수년 동안은 70개 정도로 머물다가 1920년대 말이 되면 다시 증가로 변한다.

　사립병원의 민족별 구성에 주목해보면, 일본인이 경영하는 병원이 항상 과반을 차지하고 있다. 일본인 병원은 경기도에 집중되어 있다는 점에서도 특징적이다(〈표 1-1〉 참조). 이 병원들은 경성에 머무르는 일본인을 대상으로 병원 경영을 하고 있었다고 추정된다. 조선인이 경영하는 사립병원은 일본인이나 외국인이 경영하는 병원(후자는 기본적으로 미션 계통의 병원이었다)과 비교하여, 1920년대 병원 수에서 감소폭이 컸다. 병원의 경영 규모가 영세했기 때문에, 위 규칙 제정의 영향이 가장 심각했으리라고 생각

10) 앞서 말한 바와 같이 1919년에 사립병원에 관한 규칙이 두 가지 제정되었는데, 그것이 급감의 기본적인 요인이 되었다고 생각된다.

된다.

2) 의사

1913년에 조선총독부는「의사규칙」을 제정하여 의사의 자격과 의무를 정했다. 이후 이 규칙 제1조에 의해 경성의학전문학교와 그밖의 조선총독이 지정한 의학교 졸업자 혹은 조선총독의 정한 의사시험 합격자 이외에는 의사면허를 얻을 수 없게 되었다.

〈표 1-1〉에 드러나는 바와 같이 의사의 총수는 1915년부터 1940년 사이에 3배 이상으로 급증했다. 다만 부지역(府地域)과 군지역(郡地域) 사이에는 의사의 분포 상황에 큰 격차가 있었다. 즉 1926년 현재, 의사 1인당 평균 인구는 부지역이 1,870명인 데 비해 군지역은 약 13배에 해당하는 2만 4,408명이었다.[11] 그리고 경기도에서 개업하는 의사의 비율은 시간이 지날수록 서서히 상승하고 있어서(앞의 〈표 1-1〉 참조), 식민지 시기를 통틀어 부지역으로의 집중이 진행되고 있음을 엿볼 수 있다.

조선총독부는 "벽지 지역에서는… 의사는 아직 충분히 보급되어 있지 않다"[12]는 인식에 기초하여「의사규칙」제1조 규정에 해당하지 않는 자에게도 당분간은 이력과 기량을 심사하고 지역과 기간을 한정하여 의업 면허를 부여함으로써(「의사규칙」부칙), '벽지 지역'의 의사 확보를 도모하였다. 그들은 '현지 개업의'라고 불렸다. 〈표 1-1〉에 보이는 바와 같이 현지 개업의 수는 의사 수를 상회하는 속도로 증가하고 있다. 또 경기도에 대한 집중도는 의사와 비교하여 대단히 낮기 때문에, 군지역을 중심으로 하려는 지역적인 배치에 관한 총독부의 정책의도가 실현되고 있었음을 엿볼 수 있다.

---

11) 앞의『조선위생요람』, 119쪽.
12) 조선총독부경무국,『昭和十五年朝鮮警察槪要』, 1941년, 140쪽.

마찬가지로 총독부는 "조선의 벽지 촌락에서는 의사의 분포가 희박"[13] 하다는 문제의식으로부터 「의사규칙」에 추가하여 같은 1913년에 「공의규칙(公醫規則)」을 제정하고 있다. 공의(公醫)는 공중위생을 주로 하는 공무에 복무할 것을 전제로 개업이 인정된 의사로서(공무에 대해서는 수당이 지급된다), "벽지 지역으로서 비교적 인구가 많지만 의료기관이 전혀 없는 지역에 배치"[14]되었다. 공의의 수도 1915년에 187명, 1928년에 332명, 그리고 1938년에는 500명으로 급증하였다. 1928년 현재 공의 332명 가운데 경기도 개업자는 20명(6%)에 지나지 않는 것으로 보아, 현지 개업의와 마찬가지로 총독부의 정책의도가 반영되었음을 읽을 수 있다.[15] 또 〈표 1-1〉의 의사 수에는 공의 수도 포함되어 있다. 공의를 제외하는 경우에는 경기도 주재 의사의 비율이 이 표의 수치를 상회하리라는 것은 쉽게 상상할 수 있다.

3) 의생(醫生)

위에서 언급한 세 부류의 의사는 모두 기본적으로는 근대적 의학에 기초를 둔 의료행위를 하고 있다. 이 의사들 외에도 식민지 시기 조선에는 조선의 전통적인 의학을 수학하여 의료행위를 하는 사람들, 즉 한의(漢醫)가 존재하였다. 총독부는 「의사규칙」제정과 동시에 「의생규칙」을 제정하여 이 한의에게 '의생'이라는 호칭을 붙여서 규제의 대상으로 삼았다.

의생 1인당 인구는 부지역에서는 1,639명으로 의사의 그것과 거의 동일한 수준임에 비하여, 군지역에서는 4,020명으로 의사의 약 6분의 1로 되어 있다.[16] 부지역과 군지역의 격차도 의사(1대 13)와 비교하여 1대 2.5로 대단

---

13) 위의 책, 138쪽.
14) 앞의 『조선위생요람』, 36쪽.
15) 이상 공의에 관한 수치는 조선총독부, 『조선총독부통계연보』 1915년판, 앞의 『조선위생요람』, 36-37쪽, 『昭和十五年朝鮮警察概要』, 138쪽(도지방비에 의한 공의도 포함).

히 적다. 의생이 군지역의 의료기관에 중요한 지위를 점하고 있었음을 확인할 수 있다.

또 1937년 강원도의 조사에 의하면, 도내의 읍면 176개 가운데 의사(현지 개업의를 포함하여)가 개업하고 있는 읍면은 67개(38.1%)임에 비해, 의생이 개업하고 있는 읍면은 154개(87.5%)에 이르고 있다.[17] 의생이 농촌지역에서도 널리 분포하고 있었음을 보여주고 있다.

그런데 「의생규칙」은 규칙 공포 전에 2년 이상 의업에 종사하고 있던 만 20세 이상의 조선인에 대하여 '의생' 면허를 교부한다고 규정하고 있다. 이 규칙에 의해 의생의 세대 간 재생산은 사실상 불가능하게 되었다.

다만 "조선에서는 의사 수가 대단히 적고, 이 때문에 벽지 촌락에서는 의사의 치료를 받을 수 없는 자가 적지 않다"[18]는 판단에서 총독부는 1919년에 이 규칙을 개정하여, 당분간 3년 이상 의생에게서 의술을 취득한 조선인 가운데 적당한 자에게는 5년 이내의 기한을 두어 의생 면허를 줌으로써 의생의 세대 간 재생산의 길을 조금 확보하게 되었다(「의생규칙」 부칙). 그런데 의생 면허를 출원할 때에는 '벽지'를 선정했지만, 실제 면허 교부 후에는 '인구 조밀한 도시'로 집중하는 경향이 생겼으므로,[19] 총독부는 이 규칙을 다시 개정하여 위의 부칙에 "지역을 정한다"는 어구를 삽입하여 '벽지'에서의 의생 확보를 시도하였다.

그러나 현실적으로는 〈표 1-1〉에 보이는 것처럼 의생 수는 일관되게 감소하고 있다. 1940년 의생 수는 1915년의 약 3분의 2 수준에 머물렀나. 「의생규칙」 발령에 의한 의생의 세대 간 재생산의 협애화에 따른 고령화의 진행이야말로 의생이 감소한 기본 요인이었다고 생각된다.

---

16) 『조선위생요람』, 119쪽에서 산출.
17) 강원도위생과, 『강원도 위생요람』, 1937년, 146-147쪽에서 산출.
18) 『昭和十五年朝鮮警察槪要』, 139쪽.
19) 『조선위생요람』, 38쪽.

2. 농촌지역에서의 의료기관 이용 상황

앞의 분석에서 식민지 시기 조선의 의료기관에 관한 주요한 논점으로 ① 병원과 의사라는 근대적 의학을 체현한 의료기관이 급속히 확충되어가지만 그것은 도시지역을 중심으로 입지하고 있었던 점, ② 농촌지역에서는 전통의학의 담당자인 한의(漢醫)=의생이 주요 의료기관이었으나 그 수는 감소하고 있었던 점, ③ 농촌지역 의료의 양적·질적 한계를 보완하기 위하여 총독부는 현지 개업의와 공의라는 제도를 정책적으로 도입했던 점 등 세 가지를 확인했다.

아래에서는 이들 의료기관의 이용 상황에 대해 특히 농촌지역에 초점을 두어 분석해보고자 한다.

1) 병원 이용 상황

우선 관립병원 및 도립병원에서의 환자 수 추이부터 살펴보자(〈표 1-2〉). 해당병원의 환자는 통상 내원 환자(입원과 외래) 및 순회 환자로 크게 나뉜다. 또 각각 보통(일반환자)과 시료(施療: 궁민환자)로 구분된다.[20]

조선인 환자 총수는 1910년대 전반에 급증하여 1910년대 중엽에 정점을 맞이하였으나, 이후 급감하기 시작하여 1920년대 후반에는 정체 상태로 변하고 있다. 그리고 1930년대에 들어서면서 다시 급증하고 있다. 다른 한편, 일본인의 경우에는 당초에는 조선인 환자 수를 크게 밑돌고 있었으나, 이후

---

20) 위의 책, 17쪽.

<표 1-2> 관립병원 및 도립병원의 의사 수와 환자 수 및 법정 급성전염병 환자 수의 추이

연도	의사 수		일본인 환자 수(1,000명)				조선인 환자 수(1,000명)				법정 급성전염병 환자	
	총수	조선인	입원·외래	순회	시료	합계	입원·외래	순회	시료	합계	총수	일본인 비율
1910	25	0	12.2			12.2	41.9			41.9	5,425	27.3%
1911	28	0	53.8			53.8	187.0			187.0	6,604	29.1%
1912	57	0	79.2	0.6	0.1	79.8	198.6	24.7	24.4	223.3	5,120	51.8%
1913	72	0	89.0	2.2	0.3	91.1	211.1	119.1	118.7	330.1	4,057	62.2%
1914	74	0	81.4	1.5	0.1	83.0	299.4	110.2	109.9	409.6	4,919	51.0%
1915	74	0	85.4	1.5	0.1	86.9	130.7	126.8	126.5	257.5	5,322	57.9%
1916	78	0	86.4	1.7	0.0	88.1	308.1	137.8	136.8	445.9	6,596	42.4%
1917	78	0	92.8	1.5	0.1	94.4	322.5	118.3	117.7	440.8	5,589	48.8%
1918	102	8	92.9	0.9	0.1	93.8	282.8	90.4	89.8	373.2	6,881	39.1%
1919	106	7	95.5	0.8	0.2	96.4	264.5	73.7	73.3	338.2	25,519	13.7%
1920	99	9	104.7	0.3	0.0	105.0	171.3	17.5	17.4	188.8	39,766	9.8%
1921	106	14	108.4	0.1	0.0	108.5	165.6	5.2	5.0	170.7	13,128	22.0%
1922	143	25	111.1	0.0	0.0	111.2	182.8	11.7	11.7	194.5	10,769	43.8%
1923	148	32	123.5	1.3	1.1	124.8	188.2	16.2	16.0	204.4	9,485	35.8%
1924	155	37	120.3	0.2	0.1	120.5	160.6	15.0	14.8	175.6	7,919	43.6%
1925	191	61	115.4	0.2	0.1	115.6	126.3	10.5	10.2	136.8	9,671	37.4%
1926	159	37	139.4	0.3	0.3	139.7	126.7	6.6	6.4	133.3	11,595	29.5%
1927	181	48	138.0	0.3	0.1	138.3	140.1	13.2	12.9	153.3	11,682	32.0%
1928	175	40	148.7	0.1	0.1	148.9	129.6	11.4	11.2	141.0	13,688	37.9%
1929	180	43	147.8	0.3	0.0	148.1	137.4	10.3	9.8	147.7	14,283	34.1%
1930	188	40	163.8	0.1	0.0	163.9	134.6	8.8	8.6	143.4	15,876	28.2%
1931	212	51	138.6	0.0	0.0	138.6	119.4	9.8	9.7	129.2	15,131	32.9%
1932	231	58	169.1	0.0	0.0	169.2	145.5	20.1	20.0	165.6	16,766	33.7%
1933	224	55	184.9	0.1	0.1	185.0	165.6	21.5	21.4	187.1	20,507	26.8%
1934	353	82	250.9	0.0	0.0	250.9	250.7	31.0	31.0	281.6	13,661	32.8%
1935	301	64	275.1	0.1	0.1	275.2	261.9	17.3	17.3	279.2	17,649	32.8%
1936	305	55	230.0	0.0	0.0	230.1	256.8	25.4	25.4	282.3	17,843	31.6%
1937	309	62	274.2	0.0	0.0	274.3	329.2	9.2	9.2	338.4	14,681	35.0%
1938	349	73	334.4	0.0	0.0	334.5	389.7	11.2	11.2	400.9	15,631	35.7%
1939	355	74	359.4	0.0	0.0	359.4	468.3	15.6	15.6	483.9	19,814	35.7%
1940	310	71		0.0	0.0			6.3	6.3		25,284	28.2%

자료: 朝鮮總督府, 『朝鮮總督府統計年報』各年版에서 작성.
주 1: 의사 수는 원장·의관(醫官)·의원(醫員)의 총수
주 2: 공란은 자료 없음.

조금씩 꾸준히 증가해서 1920년대 말부터 1930년대 초반에는 조선인을 상
회하였다. 그 뒤에도 증가가 이어졌으나 조선인 측의 신장이 더 급속하였으
므로 이후 다시 조선인을 밑돌게 된다. 1930년대 말에는 상당한 차이가 생기

고 있다. 그렇지만 총인구에 대한 비율로 보면 일본인의 이용도가 압도적으로 높았다는 점은 말할 나위도 없다.[21]

1910년대 조선인 환자 수가 정점이었던 시기의 특징으로서 순회 환자가 많았다는 점을 들 수 있다. 그리고 그들 순회 환자의 대부분을 시료 환자가 차지하고 있다. 내원하는 시료 환자 수의 추이를 전 기간에 걸쳐서 추적할 수는 없지만, 1914년의 경우 조선인 내원 환자 약 299만 명 가운데 93%에 해당하는 약 277만 명이 시료 환자였다.[22] 이 해만이 아니라 이 정점의 시기에는 내내 시료에 의한 내원 환자 수 비율이 높았다고 추정된다.

1910년대 중엽 피크의 요인으로서 순회 진료 혹은 시료라는 총독부에 의한 정책적 배려의 효과를 들 수 있다고 생각한다. 그런 배려가 1910년대 말에 소극적으로 변했고, 이후 1920년대를 통하여 조선인 환자 수의 급감·정체를 초래했다고 추정된다. 단, 그런 정책 전환의 이유는 명확하지 않다.

1930년대에 조선인 환자가 다시 급증한 요인으로, 총독부에 의한 위와 같은 정책적 배려가 있었는지 그렇지 않았는지를 확인할 수 있는 자료를 지금으로서는 찾을 수 없다. 강원도에 관해서는 부분적인 통계자료를 얻을 수 있다. 그 자료에 의하면, 도내 3개 도립병원의 1933년부터 1936년까지의 내원 환자 가운데서 시료 환자가 차지하는 비율은 1933년 이후 17.5%, 21.1%, 19.7%, 18.3%였다.[23] 앞의 1914년 조선 전체의 수치와 비교하면 상당히 낮은 수준이다. 조선 전체를 보더라도 순회 진료의 규모 자체가 1910년대 중엽과 비교하여 굉장히 축소되고 있다는 점을 감안한다면(〈표 1-2〉 참조), 정책적 배려가 다시 적극적으로 변했을 가능성은 낮다고 생각된다. 조선인 환자의 급증은 기본적으로는 보통 환자의 증가에 의해 초래된 것이

---

21) 총인구에서 차지하는 재조일본인 인구의 비율은 2~3%였다(『조선총독부통계연보』 각년판).
22) 『조선총독부통계연보』, 1914년판. 1916년 이후의 연보에는 이 수치가 게재되어 있지 않다.
23) 앞의 『강원도 위생요람』, 115쪽에서 산출.

라고 생각되는 것이다.

　그런데 1933년에 발행된 어떤 저작에서는 총독부의 의료제도에 비판적인 입장에서, "만일 조선 관공의료기관이 전부 조선인 의사를 고용하게 되면 그 기관을 이용하는 조선인 환자가 어느 정도 증가할 것이다. 말이 통하지 않는 의사와 또 생활양식을 달리하는 의사와 접촉하는 것만큼 익숙하지 않고 불쾌한 것은 없다"[24]라는 지적이 있다. 관립병원 및 도립병원에 조선인 의사가 고용되기 시작한 것은 1918년의 일이었다(〈표 1-2〉). 그 후 조선인 의사는 그 절대 수는 증가하지만, 의사 총수의 4분의 1 내지 5분의 1 정도를 차지하는 데 머무르고 있다. 이런 상황은 위의 언급이 지적하는 바와 같이 관립병원 및 도립병원 조선인 환자의 증가를 억제하는 효과를 초래했다고 생각된다.

　그렇지만 1930년대에 들면 앞에서 확인한 바와 같이 조선인 환자 수가 급증하고 있고, 그 증가하는 비율은 관립병원 및 도립병원 소속의 조선인 의사 수가 신장하는 비율을 상회하고 있다. 반드시 조선인 의사 수가 적은 점이 조선인의 병원 이용에 절대적 장벽이 되었다고는 할 수 없다.

　단, 여기에서 조선인의 경우는 남성 환자 수가 여성 환자 수를 압도적으로 상회하고 있고, 후자가 전자의 60% 전후의 수준에 머물러 있는 데에 대해서도 확인해두지 않으면 안 된다(1916년 이후의 남성과 여성 환자 수가 『조선총독부통계연보』에 게재되어 있지 않다). 일본인의 경우, 여성이 거의 일관되게 남성을 약간 상회하는 경향을 띠는 것과는 대조적이다. 조선인 가정의 강력한 가부장제적 질서의식을 그 요인으로 지적할 수도 있을 것이다. 그 이상으로 '생활양식을 달리하는' 이민족=일본인 의사(그 대부분이 남성이었다고 추정된다)에게 진찰을 받는 데 대한 저항감이 남성보다 여성 쪽이 더 강했던 점이 더욱 규정적인 요인이었을 것이다. 조선인 의사 수가 적은 것이 조선인 여성의 병원 이용에 장애가 되었다고 할 수 있다.

---

24) 李如星·金世鎔, 『數字朝鮮』 제4집, 세광사, 1933, 142쪽.

<표 1-3> 도립병원 및 공의의 조선인 환자 수 추이(강원도)

		1933년	1934년	1935년	1936년
도립 3병원	보통내원	82,844	73,909	87,783	90,896
	시료내원	17,591	15,612	17,334	16,633
	내원합계	100,435	89,521	105,117	107,529
	순회합계	2,805	1,692	2,137	1,771
공의	보통내원	57,437	63,846	66,444	74,197
	시료내원	7,080	6,409	6,925	9,055
	내원합계	64,517	70,255	73,369	83,252

자료: 江原道衞生課,『江原道衞生要覽』1937年, 115~119쪽 및 130~139쪽에서 작성
주: 내원은 입원 및 외래환자의 합

2) 농촌지역의 의료기관 이용 상황

〈표 1-3〉에는 강원도에서의 도립병원 및 공의의 환자 수 추이를 보여준다. 당시 강원도에는 춘천(1910년 개원), 강릉(1912년 개원), 철원(1931년 개원)에 3개의 도립병원이 있었다. 다른 한편, 공의는 매해 그 수가 증가하여 1936년에는 45명에 달하고 있다. 1개 군에 평균 2명 이상의 공의가, 또 평균 3.9읍면에 한 사람의 공의가 배치되어 있었던 셈이다.[25]

관립병원 및 도립병원의 환자 수가 1930년대에 증가한 점은 이미 확인했지만, 〈표1-3〉의 강원도의 경우도 1934년을 예외로 하면, 거의 순조롭게 환자 수가 증가하고 있다. 관립병원 및 도립병원의 환자 수 증가가 도시지역 거주자에 의한 것인지 아니면 농촌지역 거주자에 의한 것인지를 분석할 방법은 없다. 단, 도립병원이 기본적으로는 병원이 입지한 군의 중심도시에 위치하고 있었던 점, 1920년대 이후에는 순회 진료에 의한 환자 수 비중이 낮았던 점을 감안하면, 주로 도시지역 및 일부 근교 농촌 거주자의 동향에 의해 초래되었다고 하는 것이 상식적인 추정일 것이다.

---

25) 앞의『강원도 위생요람』, 126쪽. 강원도는 21군, 5읍 171면으로 구성되어 있었다(같은 책, 2쪽).

그런데 〈표 1-3〉에서 주목해야 할 것은 도립병원 내원 환자 수의 신장을 상회하는 수준에서 공의의 내원 환자 수가 증대하고 있다는 점이다. 전자에 대한 후자의 비율은 1933년에 64%였던 것이 1936년에는 77%에 달하고 있다. 도립병원과 비교하여 공의가 농촌지역에 더욱 근접하는 형태로 개업하고 있었다고 생각된다. 농촌지역의 근대적 의료기관이라는 점에서는 공의가 도립병원보다 공헌도가 높았다고 할 수 있다. 이런 점에서 농촌지역에 병원과 개업의가 부족한 문제를 공의(그리고 현지 개업의)를 배치함으로써 해소하고자 했던 총독부의 정책은 일정한 수준에서 '성과'를 거두었다고 할 수 있다.

　　또 전라북도(1932년 현재) 및 강원도(1937년 현재)의 공의 명부를 보면, 28명·39명 가운데 일본인이라고 판단되는 인물은 12명·2명이었다.[26] 양쪽 도에서 일본인의 비율에 상당한 차이가 생기고 있어, 두 가지 사례만으로 다른 도의 상황을 추측하는 것은 곤란하다. 다만 적어도 관립병원 및 도립병원 의사와 비교하면 조선인의 비율이 양쪽 도 모두에서 높았다고 추정된다. 앞에서 말한 '생활양식'과 관련한 장벽이 그만큼 낮았다고 생각되는 것이다.

　　그런데 농촌지역에서는 근대적 의료기관 이상으로 전통적인 의료기관인 의생의 분포가 높았다는 점을 앞에서 확인했다. 다만 의생의 환자 수에 대한 통계자료는 입수할 수 없다. 아래에서는 어떤 촌락에 대한 조사자료(1930년 조사)를 바탕으로 농촌지역에서의 의생 이용 상황을 추정하고자 한다.

　　〈표 1-4〉의 대상촌락인 구정리는 강원도 강릉군의 남부 구정면의 거의 중앙에 위치하고, 강릉읍에서 '10리 정도' 떨어져 있다.[27] 또 강릉읍에는 앞서 말한 도립병원이 있다.

---

26) 전라북도, 『全北之衛生』, 1932년, 46-47쪽 및 앞의 『강원도 위생요람』, 121-123쪽 참조.
27) 조선총독부, 『生活狀態調査(其三) 江陵郡』, 1931년, 304쪽.

〈표 1-4〉 강릉군 구정면 구정리 주민의 의료체험(延戶數)

수입별	의생	병원	의사	기타
하위 10호	7호	1호	–	병 없음 1호, 불명 1호
중위 10호	9호	1호	–	병 없음 1호, 무녀(巫女) 1호
상위 10호	10호	3호	2호	
합계	26호	5호	2호	병 없음 2호, 무녀 1호, 불명 1호

자료: 朝鮮総督府, 『生活狀態調査其三 江陵郡』1931年, 309~407쪽에서 작성.
주1 : 자료 중 한의, 한법의(漢法醫)를 의생으로 분류
주2 : 자료 중 의자, 양의를 의사로 분류

조사농가 30호 가운데서 병원에 입원·통원한 경험자가 있는 농가와 의사의 진료를 받은 경험자가 있는 농가를 합쳐도 7호로 전체의 4분의 1도 되지 않는다. 또 전자의 수치가 높은 것은 도립병원과 가까운 이 촌락의 입지조건에 기인한 바가 크다고 생각된다. 이에 대해 의생의 진료를 받은 경험자가 있는 농가는 90% 정도에 미치고 있다. 계층별로 분류하면 특히 상위 10호에서 병원·의사를 이용한 경험자가 있는 농가 수가 많아지고 있다. 이런 계층성의 요인으로서는 무엇보다도 의료비 지불 능력의 차이를 들 수 있을 것이다.[28] 단, 이와 동시에 그들 상위계층도 모든 농가에서 의생의 진료를 경험하고 있다.

앞의 〈표 1-1〉에서 본 바와 같이 조선의 의생 총수는 1930년에는 1915년에 비해 20% 이상 감소하고 있다. 그렇지만 1930년 시점에서도 농촌지역에서 근대적 의료기관을 이용하는 것은 상층농으로 제한되어 있었고, 여전히 의생이 의료기관으로서 압도적으로 중요한 역할을 수행하고 있었다고 할 수 있다. 1930년 이후 의생 수는 더욱 감소하고, 다른 한편 관립병원 및 도립병원과 공의의 환자 수는 급속히 늘어난다. 그 사이에 농촌 거주자의 근대적 의료기관 이용도는 확실히 높아졌을 것이다. 그렇지만 의생에 의한 의료를 불식시키지는 못했고, 식민지 시기를 일관해서 의생은 농촌지역의 의료기관으로서 가장 중요한 역할을 계속해서 수행하고 있었다고 생각된

---

28) 병원 의료비가 비쌌다는 데 대해서는 신동원, 앞의 논문, 149-151쪽 참조.

다. 의생 수에서 경기도가 차지하는 비율이 감소하는 것은 이런 경향의 간접적인 표시일 것이다.

그런데 앞의 강릉 근교의 촌락은 의료기관의 입지라는 점에서는 상당히 혜택 받은 환경이었다고 생각된다. 같은 강원도의 1936년 조사에 의하면, 1936년 강원도의 사망자 약 3만 5천 명 가운데 생전에 의사 혹은 의생의 치료를 전혀 받지 않고 사망한 사람의 예상 비율은 도 전체로 22%에 달하고 있다. 그리고 도내 22개소 관할 경찰서별로 비교하면 최대 51%에 대해 최소 8%, 6개서에서 30%를 넘는 등 지역별 차이가 눈에 띈다.[29] 궁핍에 의한 의료비 부담능력의 결여 혹은 의료기관의 부재에 의해 근대적 의료는커녕 전통적 의료조차 이용할 수 없는 주민이 농촌지역에 대량으로 존재하고 있었음을 시사하고 있다.

3. 농촌지역 방역사업의 특징

1915년 총독부는 「전염병 예방령」을 제정하였다. 여기에는 콜레라 등 9가지의 급성전염병을 대상으로(1924년 1종 추가) 그 환자와 사체 및 관련된 가옥이나 지역에 대한 다양한 조치에 관한 규정이 담겨 있다.

앞의 〈표 1-2〉에서 보이는 것처럼 법정 급성전염병 환자 수는 1920년 전후로 돌출한 몇 년 동안[30]을 제외하면, 식민지 시기 전체를 일관해서 거의 일정하게 증가하는 경향을 보이고 있다. 단, 이런 경향 가운데서 어느 정도를 환자 그 자체의 증가로, 나머지 어느 정도를 환자 발견율의 상승으로 이해할

---

29) 앞의 『강원도 위생요람』, 148-149쪽 참조.
30) 1919년과 1920년에는 환자 수가 각기 1만 7천 명, 2만 4천 명에 이른 콜레라가 유행하였다. 또 1920년과 1921년에는 천연두가 유행하였는데 환자는 각기 1만 1천 명, 8천 명을 넘었다(이상 『조선총독부통계연보』, 각년판).

것인가에 대해서 당장 판단할 수는 없다.

이 표로부터 환자 수에서 차지하는 일본인의 비율이 30%를 넘는 연도가 많았음을 알 수 있다. 일본인 환자 발견율이 조선인의 그것을 상회하고 있었을 것이라는 점을 감안하여 낮게 잡아야 할 것이지만, 그래도 앞서 본 인구구성비를 훨씬 상회하고 있었던 것은 확실하다. 식민지에 거주하는 지배민족의 생명을 위협하고 또 피지배민족 사회를 불안에 빠뜨리는 전염병에 대해 총독부는 일정한 대책을 실시하지 않을 수 없었을 것이다. 그리고 그 강력한 전염성이라는 특징 때문에 전염병 대책은 체계적인 제도를 갖춰야만 한다. 총독부가 「전염병 예방령」에 바탕을 두고 방역사업을 조선 전역에 걸쳐 전개하고자 했던 이유다.

그런데 전염병 예방에는 환자의 조기 발견이 중요한 과제가 된다. 이 점에 관해 총독부는 "조선은 아직 위생 사상이 발달하지 않았으므로 한 가족 중에 전염병 환자가 있으면 그를 은닉하는 것과 같은 악습·미신 등에서 벗어나야" 한다는 인식을 전제로, "단속을 담당하는 경찰관은 항상 도 전체의 소문, 매약(賣約)의 판로, 수수(授受) 등에 주의"하도록 지시하고 있다.[31] 또 경찰관은 단독으로 혹은 검역의(檢疫醫)와 동행하여 '검병적(檢病的) 호구조사'를 실시하도록 되어 있었다.[32] 전염병 환자를 발견했을 때에는 경찰관이 수행해야 할 역할이 컸던 것이다.

〈표 1-5〉에는 전염병 환자의 발견 방법이 3년차에 걸쳐 나타나 있다. 이 표로부터 검역적 호구조사에 의해 발견되는 환자의 비율이 감소하고, 의사의 신고에 의한 환자 비율이 증가하고 있음을 읽을 수 있다.[33] 이후의

---

31) 조선총독부경찰관강습소, 『警察敎科書』, 1924년, 「위생경찰」, 33쪽.
32) '검병적 호구조사'에 관한 법령상의 규정은 찾지 못했다. 1919년 콜레라가 유행할 때의 보고 사례에 있는 기술에 기초한 것이다(조선총독부, 『大正八年虎列刺病防役誌』, 1920년, 142쪽 참조).
33) 단, 1916년과 1919년 두 해는 콜레라에 관한 수치임에 비해, 1925·1926년은 법정전염병 전반에 관한 수치라는 점에 유의해야 한다. 콜레라에 대해서는 다른 전염병보다 강력한

변화를 명확히 보여주는 수치는 찾을 수 없지만, 강원도에 대한 1936년 조사에 관한 수치는 명확하다. 그에 의하면 검역적 호구조사의 결과, 법정전염병으로 판명된 환자가 531명 있고, 그것은 같은 해의 총 환자 수 1,074명의 49.4%에 해당한다.[34] 이 수치를 일반화할 수 있다면 호구조사에 의해 발견되는 전염병 환자 비율은 1920년대 중엽 이후 조금 낮은 수준에서 멈추거나 약간의 상승 반전 경향을 오르내리고 있었던 것이 된다.

또 〈표 1-5〉에서 의사와 의생의 수치에는 약 5배의 격차가 난다. 앞에서 본 의료기관으로서의 이용도와 비교하면 의생의 공헌도가 대단히 낮다는 인상을 받는다. 의생은 전염병 발견자로서는 충분한 기능을 수행하지 않았다고 생각된다. 이 점과 관련하여 1919년 콜레라가 유행할 때, 환자 발견방법과 관련하여 총독부가 의생은 "의학 지식이 천박하여 거의 신뢰할 수 없다"[35]는 평가를 내리고 있다. 근대적 의료기관과 비교하면 의생의 전염병에 대한 서양과학 지식이 낮은 수준에 머물러 있었던 것은 사실일 것이다. 단, 이런 사실만이 아니라 지역사회의 구성원이기도 했던 의생이 환자나 그 가족의 의향을 무시하고 환자 발견 통고를 하는 것 자체가 곤란했다는 점에도 유의할 필요가 있다.

〈표 1-6〉에서 단적으로 드러나는 바와 같이 전염병 환자 발견 방법은 부 지역과 군 지역이 상당히 다르다. 부 지역에서는 의사에 의한 발견이 대부분인 데 비해, 군 지역에서는 의사에 의한 발견 비율이 상대적으로 낮고 도리어 병원 또는 의생에 의한 발견 비율이 높아진다. 이런 대비는 일본인과 조선인의 비교에서도 유효하다. 군 지역 조선인의 경우에 검병(檢病)과 의생에 의한 발견 비율이 더욱 높았음을 시사하고 있다.

방역체제가 취해졌음을 감안하면 이런 경향은 줄여서 생각해야 할 것이다.
34) 앞의『강원도 위생요람』, 351쪽에서 산출.
35) 앞의『大正八年虎列剌病防役誌』, 141쪽.

<표 1-5> 전염병 발견자 구성비(%)

	1916년 (콜레라)	1919년 (콜레라)	1925·26년 평균
호구조사	65.3	58.9	34.7
타인 신고	14.7	16.9	–
의사 신고	8.8	12.8	49.0
의생 신고	–	–	10.0
가족 신고	6.2	10.9	–
기타	5.0	0.5	6.3
합계	100.0	100.0	100.0

자료: 伊藤賢三·原親雄, 「大正五年朝鮮ニ於ケル虎列拉流行ニ就テ」, 『朝鮮醫學會雜誌』, 第20
號, 1918年, 41~42쪽; 朝鮮總督府, 『大正八年虎列剌病防疫誌』, 1920년, 143~144쪽 및 朝
鮮總督府 前揭, 『朝鮮衛生要覽』, 120쪽에서 작성.
주1: 1916·1919 양 연도의 경우, '선중(船中)'에서 발견된 사례는 제외.
주2: 1925·26년 평균 자료에는 조선인·일본인별 구성비만이 기재되어 있다. 양 연도 다음의 전염병
평균 환자 수에 구성비를 곱해 발견 방법별 환자 수의 실제 숫자를 추산한 다음, 총수의 구성비를
산출
주 3: – 표시는 자료 없음

<표 1-6> 지역별·민족별 전염병 발견방법(1925·1926년 평균치) (단위: %)

	의사	의생	검병	기타	합계
부부(府部)지역	89.6	1.2	8.2	1.0	100.0
군부(郡部)지역	35.9	12.9	43.2	8.0	100.0
조선인	25.1	14.8	51.1	9.0	100.0
일본인	96.6	0.5	2.0	0.9	100.0

자료: 朝鮮總督府, 앞의 책, 『朝鮮衛生要覽』, 120쪽에서 산출

또 장티푸스에 관해서는 도시와 농촌 사이의 차이를 일본과 비교할 수
있다. 의사에 의한 발견 비율은 조선의 경우 부 지역이 94.4%, 군 지역이
31.8%였음에 비해, 일본의 경우에는 시 지역이 93.3%, 군 지역이 84%였다.
일본에서는 도시와 농촌 사이의 차이가 거의 없었음에 비해, 조선에서는
큰 차이가 있었다는 점에서 대조적이다. 조선의 농촌 지역만 의사에 의한
발견 비율이 극단적으로 낮았고(의생에 의한 발견 비율 14.7%를 더하더라
도 46.5%에 그치고 있어 역시 낮은 수준이다), 그 부분을 검병에 의존하는

비율이 높았던 것이다.[36)

그런데 도시와 농촌의 차이에 대해서는 전염병의 요양방법과 관련해서도 일본과 조선의 대조적인 측면이 나타난다. 다시 장티푸스에 관한 사례인데, 조선의 경우 병원·병사(病舍)에서 치료를 받는 환자 비율이 부 지역에서 95.6%(나머지는 자택 요양, 이하 동일함), 군 지역에서 27.1%였으나, 일본은 시 지역이 93.6%, 군 지역이 78.3%였다.[37) 발견방법과 마찬가지로 요양방법에서도 조선의 군 지역만이 극단적으로 병원·병사 비율이 낮고, 자택요양 비율이 높았던 것이다.

전염병 환자의 치료를 위하여 병원에는 격리 병동이 설치됨과 더불어 지역마다 격리 병사가 설치되어 있었다. 단, 격리 병사에 관해서는 "현재 격리 병사는 32개소 있지만 모두 벽지 지역에 설치되어 환자는 물론 가족도 입사를 꺼리고 나아가 환자 은폐의 요소도 있으며, 더욱이 관리를 제대로 못해 완전히 황폐한 상태"(전북) 혹은 "격리 병사는 현재 10개소… 있지만 이미 건물이 노후하거나 좁은 감이 있어서 신축·수선을 요하는 곳이 수 개소"(경북)라는 보고가 있는 상황이었다.[38)

전염병 환자 발견 방법에서 차지하는 검병적 호구조사의 비율이 계속 높았던 배경의 하나로 이런 격리 병사의 불비에 수반되는 '환자 은폐' 경향의 증대―특히 농촌지역에서―를 들 수 있을 것이다. 또 전염병 환자 수용 장소의 구성비(1926·1927년 평균)는 자택 62.5%, 관·공립병원 25.1%, 사립병원 6% 그리고 격리 병사 6.4%였다. 자택 이외의 수용 장소에서 격리 병사가 차지하는 비율은 16%에 그치고 있다.[39)

36) 앞의 『조선위생요람』, 121쪽 참조. 조선의 수치는 1925년과 1926년의 평균치이고, 일본은 1920년의 수치다.
37) 위의 책, 124쪽 참조. 조선의 수치는 1925년과 1926년의 평균치, 일본은 1916~20년의 평균치임.
38) 앞의 『全北之衛生』, 123-124쪽 및 경상북도 위생과, 『昭和十二年度慶北衛生の概要』, 1938, 6쪽.

지금까지의 논점을 조선 농촌에 관해서 정리하면, 전염병 방역과 치료에서 의료기관이 담당한 역할은 한정적이었다는 점이다. 단, 여기에서 유의해두고 싶은 점은 그럼에도 총독부에 의한 전염병 방역사업은 조선의 농촌 주민이 근대적 의료기술과 접촉하는 계기가 되고 있었다는 점이다.

즉, 경찰관과 의사에 의해 행해진 검병적 호구조사 자체가 근대적 의료기술의 관점에 근거를 둔 진찰행위였다. 이 때문에 『경찰교과서』 속의 「위생경찰」 항목에는 '각종 전염병 예방 수칙'이 게재되어 있고, 병원(病源), 세균의 저항력, 증상 및 예방 상의 수칙이 설명되어 있다. 경찰관은 이런 의학지식에 근거하여 호구조사를 했다고 생각된다.[40]

또 앞에서도 소개했던 강원도의 1936년 호구조사의 경우, 조사 연인원 수가 약 205만 명으로 당시 강원도의 총인구 153만 명을 34%나 상회하고 있다. 그리고 피조사자의 0.4%에 해당하는 7,995명이 용의 환자로 판단되었다. 이 수치는 해당 연도의 전염병 환자 수 1,074명의 8배 정도에 해당한다. 그리고 그 가운데 6.6%(531명)가 전염병 환자로 진단되고 있다.[41] 호구조사 자체는 문진(問診) 등의 간단한 것이었다고 생각되지만, 용의 환자로 판명되는 경우에는 더욱 정밀한 검사가 실시되었을 것이다. 강원도의 수치를 기준으로 추측하면 조선 전체에서 전염병 환자가 1만 5천~2만 명 정도 발생하고 있던 1930년대에는 매년 12~16만 명에 이르는 사람들이 용의 환자로 검사를 받은 것이 된다.

경찰관이나 의사와의 접촉, 검사대상이 된다는 것과 감염·증상 그리고 격리에 대한 공포라는 여러 국면에서 맛보는 비일상성 때문에 검병 호구조사는 근대적 의료기술에 접할 기회가 적었던 농촌 주민에게는 특히 인상

---

39) 앞의 『조선위생요람』, 124-125쪽 참조.
40) 앞의 『경찰교과서』, 「위생경찰」, 61-78쪽 참조.
41) 앞의 『강원도 위생요람』, 352-368쪽에서 산출.

깊은 일이었을 것이라고 생각된다.

　나아가 실제로 전염병 환자가 발견되는 경우에는 그 환자가 이용하고 있던 가재도구나 가옥 혹은 그 주변 지역을 대상으로 한 면밀한 청소와 소독이 경찰관이나 지방 관리의 지시 아래 실시되고 있었다. 그때 사용되는 기재나 약품 혹은 담당 관리의 복장 등을 직접 보는 것도 농촌 주민이 근대적 의학에 관한 지식이나 기술과 구체적으로 접하는 계기가 되고 있었다고 생각된다.

4. 위생에 관한 '계몽'사업의 전개

1) 지방행정기관에 의한 '계몽'사업

　도지방비의 위생비에는 매년 '위생사상 보급비'가 계상되어 있었고, 도와 부·군(府郡)에 의한 위생박람회나 활동사진회, 강습회가 개최됨으로써 위생사상의 '계몽'이 시도되었다. 이 점에 관해 강원도의 보고서는 "일반 주민의 위생사상이 저급하기 때문에 예방주사를 기피하고 또 하천수를 마시거나 전염병 환자를 은폐하고 그 사체를 몰래 매장하는 자가 적지 않고, 의료를 등한시하고 미신적 치료를 하는 자들이 있어 일반 위생행정에 지장을 초래하는 사례가 적지 않으며, 이 때문에 상시로 위생사상의 보급과 개발을 도모하는 것이 목하 급무이다"[42]라고 지적하고 있다. 지방행정기관에 의한 위생사상 보급 사업에는 전염병 예방·방역사업의 장려 및 근대적 의료기관 이용을 종용하는 것에 주안점이 놓여 있었다고 할 수 있다.

---

42) 위의 책, 368쪽.

〈표 1-7〉 도 및 부·군에 의한 위생사상 보급사업 일람(1920~1928년)

no.	도(道) 주최 개최년차·도명	no.	부·군(府郡) 주최(자혜/도립병원 포함) 개최년차·부·군명
1	20함남B순회	1	20인천부 B C
2	20전북B	2	20원산부B
3	20전북B순회	3	21진주경찰서B
4	21경북A순회	4	21광주군 A B
5	21경기A	5	21통영군 B
6	21경남B	6	21사리원경찰서 C
7	21평북B C	7	21원산경찰서 C
8	21평북B C	8	21영유군 C
9	21함북C	9	21대전군 B C순회
10	21함남A B	10	22합산경찰서·면 B 경남도 후원
11	21경북A B	11	22경성부 B
12	22경남B하동군·서·면 후원	12	22마산경찰서 B
13	22전남B	13	22포항경찰서 B
14	22경기A	14	22진주경찰서 B
15	22충남A순회	15	22이리경찰서B
16	22경북B	16	22인천지역청·경찰서 B
17	22경북B순회	17	22강화군 B C순회
18	22경기도·용산경찰서B	18	22이리경찰서A익산면 후원
19	22황해A B순회	19	22고창경찰서AB군청 후원
20	22충남B순회	20	23경성부BD
21	22경북A순회	21	23춘산경찰서D
22	22황해A B	22	23마산경찰서 A
23	22황해A B	23	23사리원경찰서BC
24	22황해A	24	23정주경찰서·정주면 B C D
25	22강원B	25	23공주경찰서 A
26	22경북A B순회	26	23사리원경찰서 A
27	22전남A	27	23재령경찰서 A
28	23황해A순회	28	23양주군청·경찰서 A B
29	23경기A순회	29	23박천경찰서 A
30	23경기A B순회	30	23중화군청·경찰서 A B 순회
31	23경기B양평경찰서 후원	31	24제주경찰서 B C순회
32	24경기도·인천부·서 A B	32	24성천경찰서 D
33	24경기도·강화경찰서 A B	33	24대구자혜병원 A
34	24경기A순회	34	25부산부 A
35	24경북B	35	25양산군 C
36	24평남B	36	25경성부 D
37	25함남B	37	25경기도 개성병원 A B
38	25함남A B	38	25중화경찰서 A B
39	25경기AB순회	39	25벽동경찰서 A
40	27충남A	40	26이원경찰서AB
41	27강원B C	41	26단천군청·경찰서AB
		42	27용산경찰서BC
		43	27성천경찰서 A

자료: 『동아일보』에서 작성
주 1: 기호의 의미는 다음과 같다. A: 위생전람회, B: 활동사진회(환등을 포함), C: 강연회, D: 선전전
단지 배포
주 2: 순회(巡回)란 지역 내를 순회하며 활동한 것을 의미함
주 3: 기사에 처음 나타난 순서로 게재함

〈표 1-7〉은 1920~1928년 사이에 『동아일보』 지상에 게재된 도 및 부·
군에 의한 위생사상 보급사업 일람이다.[43]

도 주최 사업, 부·군 주최 사업 각각이 보도되는 빈도는 거의 같은 수준이었다. 또 이밖에 면 주최 사업이 보도되고 있지만, 사례가 3개로 매우 적어서 보류하였다.[44]

우선 부·군 주최 사업의 특징에 주목하면, 첫째, 경찰서가 주최한 것이 29개 사례로 전체의 68%를 차지하고 있는 점을 들 수 있다. 전염병 방역과 관련하여 경찰관이 고유한 역할을 수행하고 있었음을 앞에서 지적했는데, 전염병에 관한 '계몽'사업에도 경찰조직이 적극적으로 관여하고자 했음을 알 수 있다. 그리고 두 번째로는 군내를 순회하면서 개최한 4개 사례를 제외한 37개 사례 가운데 부와 읍 소재지에서 개최된 것이 25개 사례(68%)로 도시지역에서 중점적으로 개최되었음을 지적할 수 있다(부와 읍은 1938년 현재). 셋째, 사업내용으로서는 활동사진(일부 환등을 포함, 이하 동일함) 상영이 25개 사례로 가장 많고, 위생전람회 개최, 강연회가 각기 16개 사례, 11개 사례로 다음을 잇고 있다.

그런데 사업내용에는 부·군 사업과 도 사업이 유사하다. 즉 도 사업 41개 사례에서도 활동사진 상영이 29개 사례로 가장 많고, 위생전람회가 22개 사례로 다음을 잇고 있다. 도 사업 가운데 14개 사례가 도내를 순회 개최하고 있다. 〈표 1-7〉에서 부·군 주최로 취급되고 있는 사업 가운데 상당 부분이 실은 도 주최에 의한 순회 개최의 일환이었을 가능성이 높다. 또 도 사업에서 강연회는 4개 사례에 그치고 있어 부·군 사업에 비해 상대적으로 소수다. 강연회처럼 예산상 비교적 소규모인 사업이 부·군 독자 사업으로 개최되었다고 생각된다.

경기도에서는 1923년부터 1928년까지 매년 6면 또는 10면에서 위생박

---

43) 동아일보사, 『동아일보 색인』, 1977년, 1-3권의 「보건·위생」 항목에 근거하여 원문을 확인 하였다. 1928년까지로 한정한 별다른 이유는 없다. 작업시간 및 지면상의 제한 때문이다.
44) 大渚面(1924년), 桂南面(1924년), 靈泉面(1925년)의 3개 사례다.

람회 및 활동사진회를 개최하고 있다(그 전후 연도는 불명). 이 5년 동안에 도내 21개 부·군 전부가 적어도 하나의 면에서 개최하고 있다. 또 경상북도 에서는 1937년 2개 군에서 위생박람회를, 12개군 17개소에서 위생 활동사 진회를 개최하였다. 나아가 강원도에서는 1936년 14개군에서 연 28회에 걸쳐 위생 활동사진회를 개최하였다. 강원도의 경우 7개군에서 연 117회의 위생강화회가 개최되었다고 보고되고 있다.[45]

부·군 사업의 경우 신문지상에는 앞서 말한 바와 같이 도시지역에서의 개최가 주로 취급되고 있다. 그러나 도 사업으로 순회 개최된 경우에는 개최 지가 반드시 도시지역에 한정되었던 것은 아니고, 농촌지역에서도 빈번하 게 실시되고 있었다고 할 수 있다. 또 사례 수는 많지 않지만 군 주최 사업 중에도 순회 개최된 것이 있고, 그럴 경우 농촌지역을 중심으로 개최되었다 고 생각된다.

그런데 앞의 경기도의 경우 개최일 이틀 동안에 입장객 수는 위생전람 회에 3,000~4,500명, 활동사진회에 1,300~4,700명이었다고 한다. 경상북 도의 경우에는 위생전람회 2회에 입장객 수는 1,720명과 9,000명, 활동사진 회에 입장한 사람은 평균하면 약 2,500명이었다. 또 강원도의 경우는 활동사 진회, 강화회 각각에 입장객의 평균 수가 약 1,200명과 93명이었다.[46] 이 이벤트들이 상당한 관객 동원력을 갖고 있었음을 엿볼 수 있다. 『동아일보』 의 기사에도 자주 '성황'이라는 언급이 붙어 있다.

위생전람회의 전시품에 관해서는 '여러 환자의 모형', '전염병인(傳染 病人)의 모형, 세균'이라는 기술로부터 그 내용을 엿볼 수 있다.[47] 그것들은

---

45) 京畿道, 『道地方費事業ノ槪要』, 1929, 150-152쪽; 앞의 『昭和十二年度慶北衛生ノ槪要』, 188-189쪽; 앞의 『江原道衛生要覽』, 368-369쪽 참조.
46) 위와 동일함.
47) 『동아일보』 1922년 10월 11일(황해도의 사례) 및 1922년 6월 17일(충청남도의 사례)로부터 인용.

정확히 '공포와 호기심의 시각 미디어'[48]로서의 기능을 담당하고 있었다고 할 수 있다. 또 활동사진회의 경우에는 그 내용도 그럴 만한 것이지만 활동사진 그 자체가 신기함과 오락성을 가지고 있었다고 할 수 있다. 이 행사들이 '성황'을 이룬 배경에는 이런 사정이 있었다고 생각된다.

2) 민간단체에 의한 '계몽' 사업

『동아일보』 지상에는 앞서 말한 바와 같은 지방행정기관에 의한 위생사상 보급사업만이 아니라 민간단체에 의한 '계몽'사업에 대해서도 빈번하게 기사가 게재되고 있다. 1920~1928년 사이의 기사를 정리하면 〈표 1-8〉과 같다.

이 표를 통해 알 수 있는 특징으로 아래 4가지 사항을 들 수 있다. 첫째, 57사례 가운데서 읍을 개최지로 하는 사업이 35개로서, 순회 개최 5사례를 제외한 52사례의 67%를 차지하고 있는 점이다. 부·군 주최 사업 가운데 차지하는 부·읍을 개최지로 하는 사례의 비율과 거의 일치하고 있다. 민간단체에 의한 사업 역시 부·군에 의한 사업과 마찬가지로 도시지역을 중심으로 개최되었던 것이 확인된다.

둘째, 청년회 등의 청년단체가 주최(종교단체 계열의 청소년단체도 포함)하는 사업이 적어도 17사례(47%)에 이르고 있다는 점이다. 3·1운동과 그 후의 이른바 '문화운동'의 개시를 계기로, 1920년대 초에 조선 각지에 청년회가 조직되어 당시의 '문화운동'을 담당하고 있었다. 이 청년회들은 실력양성·문화향상을 목표로 삼고, 구체적으로는 지·덕·체의 수양을 과제로 내걸고 있었다.[49] 위생에 관한 '계몽'사업도 청년회 활동에서의 이런 과

---

48) 小野芳朗, 『〈淸潔〉の近代』, 講談社, 1997, 148쪽. 또 1922년 大阪仁丹 본점에서 개최한 위생전람회에서는 "매독 등 제반 중독 증상을 모형 진열"하고자 하였던 바, 경찰서에 의한 검사 결과 "풍속을 문란하게 하"는 것이 있었으므로 진열이 금지되었다고 한다(『동아일보』, 1922년 7월 18일, 7월 23일). 성적 관심을 끌기 위한 전시품도 적지 않았을 것이다.

제의 일환으로 자리매김되고 있었다고 생각된다.[50]

〈표 1-8〉 민간단체에 의한 위생 '계몽'활동 일람(1920~1928년)

no.	개최년차·단체명	no.	개최년차·단체명
1	20원산의사회C청년회·동아일보지 후원	30	23동래면「월일회」C
2	20사립조양학교직원C	31	23철원천도교소년회D
3	20영흥청년구락부C	32	23평양남산정야소교회평신도C
4	20평양기성의사회BC	33	23조안면청년회B
5	20조선노동공제회대구지국C	34	24경성의전「유인회」C
6	21경성의우구락부C동아일보후원순회	35	25무산청년회C동아일보지국후원
7	21동아일보수원지국C	36	25철산기독교청년회C
8	21용암포유지C	37	25이원청년회D
9	21정평청년회C	38	25경성의전「유인회」C순회
10	21평북용천양시유학생C순회	39	25진남포외지유학생학우회C
11	21동래청년구락부C	40	26남감리교회철원예배당C
12	21김해청년회C	41	26구포청년회C
13	21동아일보고양지국C	42	26영광청년회C
14	21성진제동병원A	43	26평양위생휘보사·평양사립의학강습소C
15	22담양청년회C순회	44	27의주기독교청년회C
16	22개성충교▪■청년회C	45	27강계기독교청년회C
17	22부산청년회위생부D	46	27전주서문외유치원자모회C
18	22연안▪법청년회BC	47	27전주줄포상우회C
19	22원산기독교청년회C	48	27전주남문외유치원C
20	22오사카인단본포A순회	49	27목포청의사회C
21	22영강청년회C	50	27재영여자동창회C
22	22진남포신흥리감이교회C	51	27강릉성덕소년회C성덕청년회후원
23	22마포청년회C	52	27용산양시동아일보지국C
24	22평양유정감리교회C	53	27전주대정정대동농회C
25	22진남포기독교청년회C	54	28황주기독교청년면려회C
26	22일본적십자사조선지부A	55	28부산기독교청년회C
27	22목포기독교청년회C	56	28수원「삼월회」C
28	23군산부동광청년회C	57	28동아일보예산지국C
29	23원산청년회C		

자료: 『동아일보』에서 작성
주1 : 기호 및 순회의 의미는 표 1-7과 같음
주2 : 기사가 처음 나온 순으로 게재
주3 : ■는 문자판독 불능

---

49) 박찬승, 『한국정치사상사 연구』, 역사비평사, 1992, 224-226쪽 참조.
50) 〈표 1-8〉의 56번 사례 '삼월회' 주최 위생강연회에서는 신간회 간부로부터 '위생보다도 빵을'
　　이라는 의미의 질문이 속출하여 강연회가 혼란에 빠졌다고 한다(『동아일보』1928년 7월
　　31일). '개량주의'적인 '문화운동'을 담당한 이른바 '민족주의 우파'와 그에 대한 '민족주의
　　좌파' 혹은 사회주의자의 노선 대립이 위생 문제에 대한 대처에도 반영되고 있음을 시사하는
　　기사로서 흥미롭다.

셋째, 적어도 7개 사례(그 가운데 4개 사례가 청년회 주최)가 공립보통학교에서(8, 12, 21, 23, 30, 35, 36), 2개 사례가 면사무소에서(13, 57) 행사를 개최하고 있고, 그에 관해서는 지방행정기관과 협력관계가 존재하고 있었음을 엿볼 수 있다는 대목이다. 이 시기에는 위생사상 보급사업에서 지방행정기관과 청년회 등 민간단체 사이의 협력관계를 더욱 명확하게 보여주는 기사가 『동아일보』 지상에 몇 개 게재되어 있다.[51] 위생사상 보급이라는 목적에 관한 한, 지방행정기관의 생각과 민간단체의 목적의식은 겹치고 있었다. 적어도 민간단체에 의한 활동을 적극적으로 저지할 이유는 지방행정기관 측에는 없었다고 할 수 있다. 또 청년회에 관한 당시의 일반적인 상황으로, 총독부는 청년회운동을 체제내화하고자 시도하고 있었고, 다른 한편 청년회는 그 '개량주의'적 성격 때문에 이런 총독부의 시도를 받아들이는 경향이 강했다고 이야기되고 있다.[52]

마지막 네 번째로, 구체적인 활동으로서는 50개 사례, 즉 전체 사례의 88%가 강연회를 개최하고 있다는 점이다. 지방행정기관이 빈번하게 실시하고 있던 위생전람회나 활동사진회는 매우 소수의 예외적인 사례에 한정되어 있다. 민간단체의 경우 재정적인 뒷받침이 있는 지방행정기관과 달리 비교적 저예산으로 실시할 수 있는 활동이 선택되었다고 생각된다.

그런데 1920년대 초반의 '문화운동'에서는 '농촌 건설이 조선 문화 건설의 출발점'[53]이라고 파악될 정도로 농촌에서의 활동이 중시되었다. 위의 첫 번째 사항에서 확인된 것처럼, 〈표 1-8〉로 보는 한 민간단체에 의한 '계몽' 활동은 농촌지역보다 오히려 도시지역에서 활발하게 전개되고 있었다. 다

---

51) 동아일보 수원지국 주최, 수원면 후원에 의한 위생강연회(1922년 4월 21일), 경기도 주최, 이천군청·이천경찰서 및 이천청년회 후원에 의한 위생전람회·활동사진회(1923년 6월 5일) 혹은 경상남도 주최, 동아일보 지국 및 '당지청년회' 후원에 의한 활동사진회(1926년 6월 25일)라는 기사가 그것이다.
52) 박찬승, 앞의 책, 242-243쪽 참조.
53) 위의 책, 221쪽.

만 이 표 가운데서도, 2번 '농촌 대상' 강연회(1920년 7월 18일), 33번 면내 14동 순회위생 환등사진회(1922년 10월 1일), 53번 '농촌부녀' 대상 강연회(1927년 9월 29일) 등 농촌·농민을 직접 대상으로 하는 활동이 소수이지만 확인된다. 『동아일보』에서는 보도되지 않은 말단에서의 소규모 활동까지 포함하면, 민간 차원의 '계몽'활동은 농촌지역에서도 상당히 확산되고 있었다고 생각된다.

1925년 12월 조선농민사의 기관지 『조선 농민』이 창간되는데, 창간호부터 1926년까지 5회에 걸쳐 '위생강좌'가 연재되고 있다(제1권 제1호, 제2권 제1호, 4호, 10호, 12호). 이 잡지 자체에 의한 위생사상의 보급효과는 한정적이었을 것이다. 그러나 당시 농민단체의 위생·의료 문제에 관한 관심이 높았다는 사실은 이로부터도 알 수 있다.

5. 위생사업을 계기로 한 농촌조직화

앞 절에서는 지방행정기관과 민간단체에 의한 위생사상 '계몽'활동이 도시지역만이 아니라 농촌지역에서도 전개되고 있었음을 확인했다. 전람회와 활동사진의 시각적 표현은 농촌 주민에게 질병에 관한 기존의 직접적 경험과 전문(傳聞)을 확인시키고, 그 공포—특히 전염병에 대한 공포—를 체감시키는 점에서는 충분히 효과적이었다고 생각된다. 그 정도에 그치지 않고, 행사와 강연을 통하여 농촌 주민은 질병의 원인과 아울러 그것을 예방할 수 있다는 사실을 이해했을 것이다. 이리하여 이런 '계몽'활동을 통하여 농촌 주민은 생활환경에 관한 위생활동의 필요성에 대하여 강력한 동기 부여를 제공하는 계기가 주어졌을 것으로 생각된다.

다만 이 '계몽'활동의 효과 자체는 일회적인 것에 머물렀을 가능성이 높다. 당연한 일이지만 지방행정기관과 민간단체는 '계몽'활동을 되풀이함으로써 농촌 주민의 '동기부여'를 유지하고자 했다. 그뿐만 아니라 지방행정기관은 이와는 다른 수법을 활용하여 농촌에서 위생사업을 항상적으로 전개하려고 시도하게 된다. 촌락 차원에서의 농촌 주민의 조직화라는 수법이 그것이다.

전라북도에서는 「모범부락 설치표준 및 실행사항」을 제정하여 1929년부터 '모범위생부락' 지정을 개시하고 있다. 1932년까지 4년 동안의 실적은 140개 촌락(1군당 평균 14개 촌락)에 미치고 있다.[54] 이 시기 다른 도의 정책에 대해서는 알 수 없지만, '모범부락'에 관한 1930년의 조사에 의하면 총계 257개의 사례 가운데 '위생조합'이 조직되어 있었던 것은 6개 사례(그 가운데 4개 사례가 전북)에 머물고 있는 데서도[55] '모범위생부락' 지정사업 그 자체는 전북 이외에서는 그 정도로 적극적으로 전개되지 않았음을 알 수 있다.

단, 257개 사례 가운데서 '위생사상 보급함양'을 장려사항으로 내걸고 있는 것이 10도 30개 사례(12%)에 미치고 있다. 또 그 가운데 전북에서만 8개 사례(전북 28개 사례 가운데 29%)를 차지하고 있어, 여기에서도 전북 당국의 '모범위생부락' 정책의 영향을 읽을 수 있다.[56] '모범위생부락'이라는 제도 그 자체의 전개는 한정되어 있었지만, 촌락 차원에서의 위생사업은 그보다는 넓은 범위에서 전개되고 있었다고 할 수 있을 것이다.

나아가 각 도 2개 사례씩 총 26개 사례의 '모범부락' 활동내용을 구체적으로 소개한 같은 1930년 자료에 의하면, 54%에 해당하는 14개 사례에서 위생사업이 실시되고 있다.[57] 위생사업은 촌락 차원에서—적어도 '모범부

---

54) 앞의 『全北之衛生』, 209-215쪽 참조.
55) 善生永助, 『朝鮮の聚落』中編, 1933, 173쪽 참조.
56) 위의 책, 168-169쪽 참조.
57) 조선총독부내무국사회과, 『優良部落事績』, 1930년 참조.

락'에서—는 일반적인 사업이었다고 할 수 있을 것이다.

이 자료를 바탕으로 촌락 차원에서의 위생사업을 소개하면 〈표 1-9〉와 같다. 우물 수리, 변소 개량, 공동목욕탕, 청소 등의 사업이 보고되어 있다. 전염병 예방을 위한 청결 유지·향상이 이 사업의 주요 목적이었음을 엿볼 수 있다. 전염병 예방과 관련하여, 두 촌락에서 종두가 시행되고 있다.

〈표 1-9〉 '모범부락'에서의 위생 관련 사업

동리명	사업내용
주남동(周南洞)(경기)	가정의 청결 정돈(부인회)
묵방리(墨坊里)(충북)	우물 수리 및설치
연수동(連守洞)(충북)	변소개량, 공동우물 설치
갈산리(葛山里)(충남)	위생강화회(부인회), 개량우물 설치
봉암리(鳳岩里)(충남)	우물 청결 보전
대명리(大明里)(전북)	보안조합(전염병 수역 예방, 미신 타파)
대차리(大車里)(전북)	부락 정화, 변소 개량
도림리(桃林里)(전남)	종두, 청결, 우물 설치
수양리(秀陽里)(전남)	종두, 우물 수리
봉산동(鳳山洞)(경북)	강연 강화, 공동우물 수리, 파리 구제
신천리(新泉里)(경남)	공동우물 설치, 변소 개량, 청소(정기 청결)
화원동(花園洞)(평남)	월례 청결
취병리(翠屛里)(강원)	공동우물 설치, 공동욕탕 설치
시남동(柴南洞)(함북)	변소 개량

자료: 朝鮮總督府 內務局 社會課, 『優良部落事績』, 1930년에서 작성

이 사업들은 앞서 본 전라북도의 '모범부락 설치표준 및 실행사항'에서 드러나는 '실행항목'과 거의 중복되고 있다. 촌락은 지방행정기관이 제시한 메뉴 가운데 지역 사정에 따라 사업을 선택적으로 실시하고 있었다고 생각된다. 또 두 개의 촌락에서 위생에 관한 강연 또는 강화(講話)가 실시되고 있어 앞서 본 '계몽'활동이 촌락 수준까지 보급되어 있었음을 확인할 수 있다.

그런데 이 사업들은 실제로 어느 정도의 실적을 거두었을까? 그것을 밝혀주는 자료는 아직 없다. 유일하게 우물 수리와 관련한 자료가 단편적으

로 남아 있을 따름이다. 아래에서는 그 자료를 실마리로 삼아 촌락 차원에서의 위생사업 추진상황을 살펴보고자 한다.

공동 우물과 관련해서는 '모범 우물' 굴삭 장려를 위하여 도지방비로부터 보조금이 지급되고 있었다. 경기도의 경우 1912~1924년 사이 13년 동안에 전도 249개 면의 90%에 해당하는 223면에서 총 406개소의 공동우물이 굴삭되고 있다. 경상북도에서는 1922~1937년 사이 16년 동안 총 131개소가 굴삭되었다. 혹은 강원도에서는 1911~1934년 사이 12년 동안에 총 228개소에서 공동우물이 신설되었다.[58] 도에 따라 실적에서 약간의 차이가 있지만, 모두 평균하면 면마다 1~2개소 수준에 머물고 있어 문자 그대로 '모범'의 영역을 탈피한 것은 아니었다고 할 수 있다.

"백년하청과 같아 효과가 적음을 통감"한 강원도 당국은 1935년 방침을 전환하고 있다. 즉 우선 경찰서 소재지의 읍면에 보조금을 지급하여 우물틀 제조에 필요한 기구(형틀, 철판, 삽 등)를 구입하게 하고, 그것을 각 면에 순번에 따라 대여한다. 그리고 각 면에서는 경찰관·읍면리원의 지도 아래, 우물 사용자에 의한 자재(시멘트, 모래 등)의 공동구입과 공동노동을 종용함으로써 공동우물의 수리·신설을 도모하는 수법을 채택한 것이다. 사업비의 경감과 '우물에 관한 애호심' 강화가 그 효과로 상정되고 있었다.[59]

경상북도에서는 1935년 경찰서장회의에서 우물 수리·신설사업이 '농산어촌진흥운동에 대한 경찰의 조치로서 가장 적절한 시설'이라고 인식하게 되었다.[60] 농산어촌진흥운동과의 관련에서 말하면, 전라남도에서도 그 운동의 일환으로 1934년에 경찰부장이 각 경찰서장에게 보낸 통첩 '위생모범부락에 관한 건'이 발령되고 있고, 통첩 말미에는 '우물 및 덮개 설계도',

---

58) 앞의 『京畿道事業費の槪要』, 147쪽; 앞의 『昭和十二年度慶北衛生の槪要』, 182쪽; 앞의 『江原道衛生要覽』, 55쪽 참조.
59) 앞의 『江原道衛生要覽』, 333-334쪽 참조.
60) 앞의 『昭和十二年度慶北衛生の槪要』, 19쪽 참조.

'모범적 우물 단면도'가 첨부되어 있다.[61] 혹은 그 운동의 '지도자'와 '부락 중견인물'의 사례를 각 도 2명씩 소개하고 있는 보고서에 의하면, 총 52개 사례 가운데 '갱생지도부락' 사업으로 공동우물 수리·신설이 실시된 사례가 7개(13%) 보고되고 있다.[62]

조선총독부『시정30년사』에는 미나미 지로(南次郞) 총독 부임 후에 공동우물 수리에 대한 보조사업의 "지도방침을 생성주의(生成主義)로부터 자력갱생주의(自力更生主義)로 고쳤다"[63]고 기술되어 있다. '자력갱생주의'라는 표현을 근거로 추정해보면, 그 사업이 농산어촌진흥운동과 관련지어지고, 또 같은 시기에 강원도에서 채택된 방식이 그랬던 것처럼 지방행정기관의 약간의 물적 보조와 감독에다 촌락의 자재·자금과 노동력을 결합시킴으로써 우물의 수리·신설을 추진하는 수법이 일부 도에 그치지 않고 조선 전역에서 채택되었다고 생각된다.[64]

1935년부터 1937년 8월까지 즉 약 2년 반 동안의 강원도의 실적은 신규 굴삭 506개소, 재래 우물 수리 466개소, 합계 972개소였다.[65] 앞서 본 강원도의 '공동우물' 실적과 비교하면, 사업진척의 속도가 현저하게 빨라졌음을 알 수 있다. 이 때문에 1936년 현재 강원도에는 공동우물(지방비 보조를 받은 것 334개소를 빼고)이 7,095개소 있는데,[66] 위 사업의 수는 그것의 14%에 해당한다.

총독부는 조선 전체에서 7만 2,065개의 '부락'을 대상으로 '지방개량에 관한 시설 상황'(1937년 5월 현재)을 조사하고 있다. 그것은 12항목에 걸쳐

61) 전라남도, 『농산어촌진흥사무편람』, 1935, 106-112쪽 참조.
62) 조선총독부, 『농산어촌진흥공적자명감』, 1937, 15, 37, 50, 118, 128, 135, 173쪽 참조.
63) 조선총독부, 『施政三十年史』, 1940, 859쪽.
64) 주 62)의 사례 속에는 '부락민의 거금(據金)'(15쪽) 혹은 '공동노동'(37쪽)에 의해 '공동우물'
   을 설치했다는 보고가 있어 사업내용의 일단을 엿볼 수 있다.
65) 앞의 『江原道衛生要覽』, 334쪽 참조.
66) 위의 책, 57-58쪽 참조.

'시설'의 유무를 각 '부락'에서 조사한 것이다. '개량우물'을 가진 '부락' 수는 3만 5,774개(50%)에 이르고 있는데, 이는 다른 11항목 어느 것보다 높은 수치다. 그리고 2위는 '국기게양탑'으로 3만 3,047개이고, 3위는 '공동혼장용구(共同婚葬用具)'로 3만 1,217개다.[67]

강원도의 경우 4,681개의 조사 부락 가운데 '개량우물'을 갖춘 곳은 1,711(37%)개였다. '모범우물' 보조사업 및 1935년 이후의 조성사업이 해당 부락당 하나씩 실시되었다고 가정하면, 972개소인 후자의 후원사업만으로 '개량우물'을 갖춘 '부락'은 57%인데 전자의 후원사업 299개소(사용할 수 있는 것만)와 합친 개수 1,271개소는 '개량우물'을 갖춘 '부락'의 74%에 상당하는 것이다.[68] '개량우물'의 보급을 촉진하는 정책 특히 1935년을 전후한 시기에 각 도에서 채용하고 있던 공동우물 신설·수리를 위한 조성사업이 효과적이었음을 확인할 수 있다.

또 나머지 26%의 '부락'은 행정에 의한 보조와 조성을 받지 않고 촌락 독자사업으로 '개량우물'을 설치한 것이 된다. 행정과 민간단체에 의한 '계몽'을 계기로, 혹은 인근 지역 '모범우물'의 영향을 받아서 촌락이 독자적으로 우물 개량사업에 착수하는 움직임이 이미 부분적으로 존재하고 있었다고 생각된다. 그리고 1935년 도에 의한 조성사업이 개시됨으로써 그 움직임이 널리 확산되고 있었다고 파악할 수 있겠다.

그런데 앞서 소개한 것처럼, 1935년 전후부터 개시된 조성사업에서는 자재와 노동력은 촌락 내부에서 자체 조달해야 했다. 농촌 주민은 어떤 동기에 의해 그 부담을 지고서까지 '개량우물'의 신설·수리를 실행하고자 했던 것일까? 아래에서 두 가지 점을 지적하고자 한다.

---

67) 조선총독부 학무국 사회교육과, 『조선사회교화요람』, 1937, 48-50쪽 참조.
68) 각 사업 안에서도 그리고 두 사업 사이에도 중복이 있을 것으로 생각되므로 이 수치는 과대평가되었을 가능성이 높다. 단, 또 한편으로 '개량우물'에는 공동우물만이 아니라 개인용 우물도 포함되어 있을 가능성이 있는데 이런 점에서는 과소평가되었을 가능성도 있다.

첫 번째, '개량우물'이 지닌 위생상의 장점을 농촌 주민이 이해하게 되었다는 점이다. 앞서 말한 바와 같이 한정적이지만 근대적인 의료행위를 경험할 기회가 증대하고 있었고, 호구조사 등 방역검사의 피경험자가 될 기회가 늘어나고 있었으며, 나아가 행정과 민간단체에 의한 위생에 관한 '계몽'활동이 전개됨으로써 질병, 특히 전염병의 발생원인과 그 예방법에 대한 과학적 지식이 농촌 주민 사이에도 확산되고 있었다. 이리하여 질병예방을 위해서는 '개량우물'이 불가결하다는 점을 농촌 주민이 널리 인식하게 되었던 것이다. 거꾸로 '개량우물' 보급 사업이 성과를 거두었던 사실이 1930년대 후반 농촌지역에서 위생에 관한 지식이 널리 공유되게 되었음을 예증하고 있다고 할 것이다.

이런 점이 소위 필요조건이었다면 두 번째는 충분조건으로서 보급 사업이 구체적으로 수행되었던 촌락이라는 장이 가지고 있던 기능에 대해 언급해야 한다. 전염병은 문자 그대로 '전염'이라는 외부성을 가지고 있다. 일상적인 접촉에 의해 규정되는 촌락 내의 인간관계에서 전염병이 '발생원'이 되는 것은 지극히 심리적 부담이 무거운 사건이었을 것이다. 그래서 위생지식의 보급=예방 가능성 인식의 공유는 한편에서는 촌락구성원으로 하여금 개인 수준에서의 일상생활의 '규율화'를 촉진하게 된다.[69] 그리고 다른 한편으로는 '발생원'을 촌락 영역으로부터 배제하고자 하는 힘을 발생시킨다. 이를 보여주는 하나의 지표가 구성원 전체에 의한 '공동우물' 사업이었다고 할 수 있는 것이다.[70]

---

69) 실제로는 개인의 가장 기본적인 생활단위인 가정을 장으로 '규율화'가 진전되고 있었다고 생각된다. 머리말에서 언급한 학교교육을 계기로 한 아동·학생의 '규율화'도 가정 내에서의 이런 변화와 맞물려서 비로소 효과가 발생했다고 생각된다.

70) 이 배제하는 힘은 일단 환자가 발생했을 경우에 그 환자 자신을 배척하는 방향으로 작용하는 것이 될 수도 있다. 앞서 본 전라북도 '모범위생부락'의 '실행항목' 중 하나로 "자기 부락 안은 물론 다른 부락에 전염병 환자 또는 수역(獸疫)이 발생할 가능성이 있을 때에는 빨리 가장 가까운 주재소 또는 관할 경찰서로 내보(內報)할 것"(앞의 『全北之衛生』, 212쪽)을 규정하

또 경상남도 울산 근교의 어떤 촌락을 대상으로 한 조사(1936년)에 의하면, 그 촌락에는 마실 수 있는 우물이 10개 있었는데, 그 가운데 7개가 개인 소유이고(조선인 4, 일본인 3), 3개가 공동우물이었다. 공동우물 중 하나는 사용되지 않았고, 다른 두 개는 '주로 중층 다음으로 하층이 사용하는' 그리고 '주로 하층 농가가 사용하던' 우물이었다. 이런 기술에서 개인우물은 상층 농가가 소유하고, 중하층 농민만이 공동우물을 이용하고 있었다고 생각된다.[71] 이런 경우에서는 공동우물을 개량할 때에 그 수익자와 비용부담자 사이에 어긋남이 발생하게 된다. 즉 경비부담은 상층농이 무거웠을 가능성이 높은[72] 데 비해, 주요 수익자는 하층 농가였던 것이다.

촌락 상층농은 다른 계층과 비교하여 근대적 의료기관 이용이 많았고, 또 자제를 학교에 통학시키는 비율도 높았다. 따라서 그런 기회를 통하여 근대적인 위생의료 지식에 접할 가능성도 높았다고 할 수 있다. 상층농은 그만큼 자신이 전염되는 것을 예방한다는 개인적인 동기도 강했다고 생각된다. 단, 전염병이 가지는 '외부성' 때문에 상층농의 그런 개인적인 이해와 촌락 '유지'로서의 역할 기대, 즉 촌락에서 전염병의 발생원을 배제하기 위한 사업에 적극적으로 관여하는 것[73]은 결과적으로 모순 없이 양립하게 된다. 이는 촌락 상층농이 공동우물 개량사업에 대한 자금 제공에 응했던 이유다.

고 있다. 촌락구성원의 심정을 방역사업에 이용하려는 당국의 의도가 보인다.

71) 조선농촌사회위생조사회 편, 『朝鮮の農村衛生』, 岩波書店, 1940, 121-123쪽 참조. 단, 강원도 강릉군 사례(앞의 『生活狀態調査(其三) 江陵郡』)에서는 조사농가 30호 전부가 공동우물을 이용하고 있다. 공동우물의 이용 상황은 지역에 따라서 상당히 차이가 있었다.

72) 전라북도는 '모범위생부락' 사업에 관해 "많은 경비가 드는 것은 피하고…"라고 규정하면서도 "단, 독지가가 거출하는 경우에는 이 제한을 받지 않는다"고 부기하고 있다. 촌락 '유지'에 의한 자금 제공이 당초부터 상정되고 있었던 것이다(앞의 『全北之衛生』, 210쪽 참조). 또 실제로 '유지의 의연금'에 의해 공동우물 수리를 한 사례가 보고되고 있다(앞의 『優良部落事績』, 178쪽 참조).

73) 촌락 '유지'에 관해서는 松本武祝, 『植民地權力と朝鮮農民』, 社會評論社, 1998 참조.

맺음말

식민지 시기 조선 농촌 의료제도의 특징으로 첫 번째로 꼽아야 할 것은 근대적 의료기관 이용도가 낮았다는 점이다. 식민지 시기를 일관하여 병원 이나 의사 수는 늘어났으나 그것은 주로 도시지역에 배치되었으며 농촌지 역에는 그 시설의 분포 자체가 희박하였다.

덧붙여 태반의 농촌 주민에게 근대적 의료기관의 의료비는 대단히 고 액이었다. 총독부는 순회 진료와 시료(施療)라는 방식을 채택하였으나 온 정주의적인 정책 영역을 탈피하지는 못했다. 농민을 대상으로 하는 사회보 험제도가 도입되지는 않았던 것이다. 농촌지역은 물적이건 제도적이건 근 대적 의료기관으로부터 소외되어 있었다고 할 수 있다.

시각을 바꾸면, 식민지 시기의 조선 농촌은 병원·의사라는 '규율권력' 장치로부터 상대적으로 자유로웠던 셈이 된다. 그렇지만 조선 농촌이 위생· 의료 분야의 '규율권력' 총체로부터 자유로웠던 것은 결코 아니었다.

주로 경찰조직이 담당하고 있던 방역사업 혹은 지방행정기관이나 민간 단체에 의해 실시되었던 위생에 관한 '계몽'사업은 널리 농촌지역까지 대상 으로 삼고 있었다. 이 사업을 통해 경험한 공포와 호기심 혹은 그 사업을 매개로 전달된 과학적 지식은 일상생활의 '규율화'를 촉진하는 데 충분할 만큼의 동기를 농촌 주민에게 부여하였던 것이다.

그런데 병원 등 근대적 장치를 매개로 한 '규율화'는 그 장치 안에서 경험 에 따르는 무의식 속에서 강제로 작용한다. 조선 농촌에서는 그런 경험이 희박한 채로 위생·질병에 관한 감각이나 지식만이 설득력을 가지고 침투하 고 있었다. 이 점이야말로 식민지적 상황으로서 가장 중요한 특징이라고 생각한다. 그리고 그런 경우 '규율화'는 무의식 속에서 강제로서가 아니라, 오히려 개인 수준에서의 내성적인 자기계발 혹은 가족이나 촌락이라는 인간관계를 계기로 하는 상호계발이라는 형태로 발현하게 된다.

식민지 시기에는 사회진화론적 발상에 입각하여 개개 조선인의 '실력양성'의 총화로서 조선 민족의 '실력양성'이 초래되고, 그것을 장래의 독립 달성으로 연결짓는다는 전략, 즉 이른바 '실력양성운동론'이 민족운동론 속에서 유력한 하나의 조류를 형성하고 있었다. 내성적인 자기/상호계발이라는 농촌 주민의 심성은 이 운동론과 친화적이었다고 할 수 있다. 거꾸로 근대적 의료기관으로부터는 소외되었으면서도 위생·의료분야에서의 감각이나 지식만이 침투하는 농촌 상황이 '실력양성운동론'이 널리 수용되어 가는 사회적 배경의 하나가 되었다고 할 수도 있다.

총독부나 지방행정기관은 촌락 차원에서의 이런 '규율화' 움직임을 조직화함으로써 농촌지역에서의 위생사업을 효율적으로 추진하고자 했다. 공동우물 수리 사업에서 보이는 것처럼 지방행정기관은 소액의 상징적 비용만을 부담함으로써 조선 농촌 주민의 동원에 '성공'했던 것이다.

2장
식민지 시기 조선에서 조선인 하급직원의 의식구조

머리말

　최근 조선에서 식민지 근대를 주제로 삼은 연구가 많이 발표되고 있다. 거기에는 윤해동 논문의 이른바 '회색지대'가 준거해야 할 분석지점으로 자주 인용되고 있다.[1] 윤해동의 논문에 의하면, '회색지대'라는 것은 "저항인가, 협력인가"라는 종래의 이항대립적인 구도에는 끼워맞추기 힘든, 식민지배에 대한 조선인의 다양한 대응 영역을 함의하고 있다. 그것은 정확히 식민지배 아래서 근대를 통과해온 조선인에게는 특유한 경험이라고 할 수 있다. 이 장에서도 이 분석 시각을 답습하게 되었다.

　이 장은 부·군·도청(府郡島廳)과 면사무소 등의 지방행정기관에 판임관(判任官) 혹은 촉탁(囑託)·고원(雇員)·이원(吏員)으로 근무하는 조선인 하급직원(이하 '조선인 직원'으로 표기)의 의식구조를 분석대상으로 삼는다. 이미 '조선인 직원'을 분석대상으로 하는 주목할 만한 몇 개의 연구가

---

1) 윤해동, 「식민지 인식의 회색지대 — 일제하 '공공성'과 규율권력」, 『당대비평』 13호, 2000(『식민지의 회색지대』, 역사비평사, 2003 재수록) 참조.

제시되어 있다.[2] 이들 연구의 논점을 정리하면 대개 다음의 세 가지가 된다.

① '조선인 직원'은 학교 취학과 시험공부(보통문관 시험)를 거쳐 '근대적 능력'을 획득한 실무관료다.[3] ② 1930년대 이후 '조선인 직원'이 증가함으로써 식민지 당국의 의지가 조선인 사이의 관계를 거쳐 지역사회에 전달·수행되는 정황이 발생했다.[4] ③ 해방 후 한국의 제헌국회와 읍면의회에서 식민지 시기 읍면 이원(吏員)을 경험한 사람이 일정한 비율을 차지하고 있다.[5]

즉 학교·수험·직장이라는 근대의 규율권력 장치를 경험함으로써 '근대적 능력'을 획득한 '조선인 직원'이 대량으로 형성되고, 그들이 점차 총독부 지방행정기관의 관료로서 식민지배의 말단기구에서 주요한 담당자가 되었던 점, 그리고 그들은 그 경험을 활용하면서 해방 후 한국에서도 정치적 발언권을 확보하고 있었다고 하는 역사적 사실이 확인되고 있다.

그와 함께 '조선인 직원'의 의식수준에 맞춘 분석도 시도되고 있다. 그때 그들의 의식구조는 두 개의 대립적인 벡터(vector)로 분해되어 분석되고 있다고 할 수 있다. 하나는 '근대적 능력'을 획득하는 과정에서 '황민화' 이데올로기를 불가피하게 내면화=혈육화[6]하는 벡터이고, 다른 하나는 "일본 제국주의에 대한 협력을 통하여 민족차별로부터의 탈출을 기도한다"[7]는

---

2) 橋谷弘, 「一九三〇·四〇年代の朝鮮社會の性格をめぐって」, 『朝鮮史研究會論文集』 第27集, 1990; 並木眞人, 「植民地期朝鮮人の政治參加について―解放後史との關聯において」, 『朝鮮史研究會論文集』 第31集, 1993; 권호준, 「1930년대 일제의 조선인 하급 행정관료에 대한 정책」, 고려대 사학과 석사논문, 1995; 최봉대, 「1950년대 지방자치제와 농촌 지역 사회의 정치적 지배집단 형성―경기도 3개군 관내 읍면 지역 사례 연구」, 『사회와 역사』 54집, 1998; 並木眞人, 「植民地期朝鮮政治·社會史研究に關する試論」, 『朝鮮文化研究』 第6号, 1999 참조.
3) 橋谷弘, 앞의 논문; 並木眞人, 앞의 「植民地期朝鮮人の政治參加について」 참조.
4) 並木眞人, 앞의 논문, 36쪽 참조.
5) 並木眞人, 앞의 논문, 48쪽; 최봉대, 앞의 논문, 184-187쪽 참조.
6) 橋谷弘, 앞의 논문, 146쪽 참조.
7) 並木眞人, 앞의 논문, 45쪽.

민족의식의 벡터다. '조선인 직원' 한 사람 한 사람이 이처럼 모순되는 두 개의 지향성을 껴안고 있었다고 할 수 있다.

지금까지의 이른바 '친일파' 연구는 해방 후 한국의 지배층을 형성했던 인맥의 역사적 배경을 밝히고, 나아가 현대 한국의 지배체제를 비판한다는 역사적 과제를 담당해왔다.[8] 단, ① 분석대상이 문학자, 교육자 혹은 종교가 등의 사회적 지도층(이론가)에 한정되는 경향이 있고, ② 첫머리에서 지적한 이항대립적인 구도를 암묵의 전제로 삼아 이들 인물의 기회주의적인 행위가 윤리적 규탄의 대상이 되며, ③ 그런 기회주의가 개개 인물의 개인적인 자질로 환원되어 해석되는 난점이 지적되고 있다.[9]

이에 대해 '조선인 직원'에 대한 최근의 연구는 분석대상을 소수의 지도층으로부터 다수의 하급관료층으로 확장함으로써, '친일'로 불려온 현상을 개개인의 자질 문제로 환원하는 것이 아니라 식민지배 하의 구조적인 문제로 새로이 파악하는 계기가 되었다. 그리고 '조선인 직원'의 의식을 내재적으로 분석함으로써 그들의 굴절되고 도착된 '민족의식'의 존재 형식의 일단을 명확히 했다고 할 수 있다.

이런 양의적인 의식의 존재 형식을 반영하기 위한 표현으로 '친일(파)' 대신에 '부일협력(자)'이라는 용어가 사용되고 있다.[10] '조선인 직원' 등에 의한 '부일협력'이 구조적으로 발생하는 것이야말로 조선에서의 식민지 근대를 특징짓는 현상의 하나가 된다.

그래서 이 장에서는 '조선인 직원'의 의식구조에 주목하여 조선에서의

---

8) '친일파' 연구는 임종국의 선구적인 연구에 의해 시작되었다. 임종국, 『친일문학론』, 평화출판사, 1966; 일본에 번역된 것으로는 林鐘國, 『親日派―李朝末から今日に至る賣國賣族者たちの正體』, 御茶の水書房(コリア研究所譯), 1992가 있다.
9) 並木眞人, 앞의 「植民地期朝鮮政治・社會史研究に關する試論」, 115쪽 참조.
10) '부일협력(론)'에 대해서는 並木眞人, 앞의 「植民地期朝鮮政治・社會史研究に關する試論」; 並木眞人, 「朝鮮における'植民地近代性'・'植民地公共性'・對日協力―植民地政治史・社會史研究のための豫備的考察」, 『國際交流研究』第5号, 2003이 상세하다.

식민지 근대가 갖는 특징의 일면을 명확히 하는 것을 과제로 삼는다. 이런 과제 자체는 결코 새로운 것은 아니지만, 아래의 논점을 설정함으로써 연구의 폭을 확장할 수 있으리라고 생각한다.

앞서 말한 '부일협력'론은 종래 '친일'로 파악되어온 심리·행위 가운데 '굴절된 민족의식'을 읽어냄으로써 성립된 분석개념으로서, 앞서 말한 '회색지대'의 영역을 '저항'과 '협력'을 양극단으로 하는 선분으로 도식화하여 상정하면, '조선인 직원'의 의식과 행위는 '협력'의 근방에 위치된다. 그러나 '조선인 직원'의 의식구조를 분석하는 문제틀로서는, '협력' 근방에서 '저항' 쪽으로 확대해볼 수 있지 않을까 생각하는 문제 의식을 가지고 있다. 그 근거로서 아래 네 가지의 논점을 지적해둔다.

첫째, 권호준의 연구에 의하면, 하급 행정관료의 급여·승진 등의 대우와 관련하여 조선인과 일본인 사이에 제도상의 차별이 있었고, 이에 대해 조선인 쪽에서 대우개선 요구가 나오고 있었다.11) '조선인 직원'이 그들 나름의 민족모순에 직면하여 그 시정을 요구하고 있었다는 사실에 주목할 필요가 있을 것이다.

둘째, 학교, 시험공부 혹은 직장이라는 규율권력 장치에서의 경험을 통하여 취득한 '근대적 능력'이 정책입안 능력이라는 방향으로 발휘될 때에는 식민지 행정 권력과의 사이에 긴장관계를 초래시키는 계기가 될 수 있었던 것은 아닐까?

푸코가 학교·병원 등의 제도를 규율권력 장치라고 명명하고 '근대적 주체'가 형성되는 장으로 주목했던 사실은 잘 알려져 있다. 근래에는 '식민지 조선에서의 〈근대〉'의 특질을 적출해낸다는 시각에서 그 실태에 관한 분석이 이루어지고 있다.12) 이때 중요한 논점은 식민지 조선에서는 헤게모니를

---

11) 권호준, 앞의 논문, 26-45쪽 참조.
12) 김진균·정근식 편, 『근대주체와 식민지 규율권력』, 문화과학사, 1997 참조.

매개로 '근대'가 성립하고, 규율권력 장치를 경험하고자 하는 사람들의 욕망이 높아지게 됨에도 불구하고, 실제로 경험할 수 있었던 사람이 공간적으로든 계층적으로든 제한되어 있었다는 점이다(서장 참조). 그런 점에서 '조선인 직원'은 관료기구 속에서는 말단에 위치해 있지만 조선인 중에서는 선발된 소수의 존재라는 점에서, 자타가 모두 '엘리트'로 인지하는/되는 존재였다. '조선인 직원'에게 규율권력 장치는 하급관료로서의 경험·능력의 체득 및 '엘리트'로서의 역할의식의 형성이라는 두 가지 효과를 초래하게 되었다. 그리고 이들 두 가지 효과가 결합됨으로써 '조선인 직원' 속에 정책 입안에 대한 지향성이 생겼다고 생각되는 것이다. 나아가 그들에 의한 구체적인 정책 제안 혹은 그 전제가 되는 현상에 대한 인식을 피력하게 되면, 식민지 권력의 중추가 제시하는 정책 체계를 보완하는 범위를 넘어서서, 경우에 따라서는 대립하는 국면이 생기는 것도 상정할 수 있는 것이다.

셋째, '조선인 직원'이 복수의 이데올로기를 내면화하고 있었다고 상정할 수 있다. 앞서 나온 기존 연구[13]에서는 '조선인 직원'이 내면화하고 있던 이데올로기로는 오로지 '황민화' 이데올로기만 상정되고 있다. 전시기에 '조선인 직원'이 양적으로 확대되었다는 실태에 입각하면, 그들 분석의 틀 자체에는 오류가 없다. 그러나 결과적으로는 그 때문에 이데올로기 내면화의 프로세스가 친일화 과정과 동일시되어 분석될 수밖에 없게 되어 있다. 대상 시기를 1920~1930년대로 소급하는 경우에는, 전시기와는 달리 내셔널리즘이 대안적 헤게모니로서 세력을 떨치고 있고, 그것이 '조선인 직원'의 의식에도 영향을 주고 있었다고 상정할 수 있다.

또 이 시기 조선의 내셔널리즘에는 크게 3개의 흐름이 존재했다. '실력양성운동론'을 제창하는 부르주아민족주의 우파, 대중투쟁·무장투쟁을 중

---

13) 橋谷弘, 앞의 논문; 竝木眞人, 앞의 「植民地期朝鮮人の政治參加について」 및 「植民地期朝鮮政治·社會史硏究に關する試論」 참조.

시하는 부르주아민족주의 좌파, 그리고 사회주의계열이다. 나아가 '실력양성운동론'이란 개개인의 수양과 근면을 통하여 산업과 문화를 발전시켜 민족의 '실력'을 고양시키고, 그것을 기반으로 장래 독립을 쟁취한다는 '선실력양성·후독립' 전략의 기초가 되는 슬로건이었다.[14]

부르주아민족주의 우파의 운동은 1920년대 후반 이후에는 탈정치화하여 민족주의 색채가 퇴색되고 자치운동으로 변질되어갔다. 부르주아민족주의 좌파는 1920년대 후반에 사회주의계열과의 연합전선을 성립시키지만, 1930년대에는 사회주의계열이 혁명적 농민·노동조합운동에 주력하기 위해 연합전선을 해체한다. 그후 부르주아민족주의 좌파는 '실력양성운동론'으로 기울어지고 있다.

'조선인 직원'이라는 속성과 민족주의와의 고유한 결합을 검출할 수는 없다. 그러나 위에서 거론한 민족주의를 '지식인 내셔널리즘'이라는 조경달(趙景達)의 정의[15]에 입각해서 말하면, '지식인'으로서의 최소한의 경험과 능력을 확보하고 있던 '조선인 직원'이, 예를 들어 신문 잡지와 학교에서의 인맥 등을 매개로 민족주의에 접할 기회는 그런 능력을 가지지 않은 대다수 조선인에 비해 훨씬 많았고, 그만큼 민족주의 사상을 내면화하는 정도도 깊었다고 할 수 있을 것이다.

넷째, '조선인 직원'이 '엘리트'라고는 해도 출신계층이라는 점에서도, 또 실제 생활양식이라는 점에서도 그밖의 대다수 조선인과 거의 다를 바가 없었다는 점이다. 그런 의미에서는 '조선인 직원'은 지역사회 질서 속에서 생활을 영위하고 있었다고 할 수 있다. 따라서 행정과 지역사회 사이에 모순과 대립이 생기면 그들은 그 결절점에 서게 된다. 이 점 또한 식민지 행정권력

---

14) 박찬승, 『한국 정치사상사 연구』, 역사비평사, 1992 참조.
15) 趙景達, 『朝鮮民衆運動の展開—士の論理と救濟思想』, 岩波書店, 2002, 368쪽 참조(허영란 역, 『민중과 유토피아』, 역사비평사, 2009).

과 그들 사이에 긴장관계를 초래한 계기가 될 수 있었다고 생각한다.

또 지역사회 질서라는 점에 관해 부연하면, 조경달은 앞의 '지식인 내셔 널리즘'에 대해 '민중 내셔널리즘'을 대치시키고, 후자의 발로로 식민지 시기 신흥종교에 주목하고 있다. 그리고 신흥종교 사상 속에서, 한편으로는 근 면·검약·저축 등의 통속 도덕의 실천을 말하는 '내성주의(內省主義)', 다른 한편으로는 촌락 질서로 성립해 있던 '평등주의적 공동체 윤리'16)를 온상으 로 재생산되는 보편적 평등성을 희구하는 유토피아 사상을 찾아내고 있 다.17)

'내성주의'는 낮은 생산력과 빈곤 문제를 사회경제적 문제로서가 아니 라 나태·낭비라는 개개인의 성향 문제로 이해하는 것이고, 그런 측면에서는 지배권력의 이데올로기와도 친화적이었다.18) 또 '지식인 내셔널리즘'이 강 조했던 '실력양성운동론'과도 상통하고 있다고 할 수 있다. 식민지 권력의 말단이고, '지식인'이고, 또 지역 주민이기도 하다는 복잡한 속성 때문에 '조 선인 직원'은 '내성주의'를 그 다의성을 유지한 채로 내면화하고 있었다고 생각할 수 있다.19) 다른 한편, 신흥종교의 유토피아 사상이 '조선인 직원'에

---

16) 松本武祝, 『植民地權力と朝鮮民衆』, 社會評論社, 1998에서는 '평등주의적 공동체 윤리'(V. 브란트)를 원용하여 조선 농촌사회에서의 평등성·공평성에 관한 규범을 분석했다. 조경달 은 그 논의에 입각하여 이 표현을 인용하고 있다.

17) 조경달, 앞의 책, 8장 참조.

18) 예를 들어 1932년 도지사회의에서 우가키 카즈시게(宇垣一成) 총독은 "다수 농민의 생활안 정에 관한 사항은 산업 및 사회정책상 필요한 문제", "지금처럼 심각한 불황의 시대에는 이 해결이 가장 긴급"하다고 지적한 뒤, "진실로 생활의 안정을 도모하려면 농민 자신이 근검 역행하여 이에 당면하는 것이 근본입니다"라고 주장하고 있다(「道知事會議ニ於ケル總督 訓示(1932年 6月 30日)」, 朝鮮總督府官房文書課 編, 『諭告·訓示·演述總覽』, 1941에서 인 용). 이 주장을 따르는 형식으로 1932년부터 농촌진흥운동이 실시된다.

19) 지수걸은 조선총독부가 "소작빈농층의 빈곤은 구조적인 착취 메커니즘 때문이 아니라 소작 빈농층의 나태와 무지의 결과라고 세뇌하여 농민의 외향화된 정치적 불만을 사사화(私事 化)하고자 했다"(지수걸, 「1932~1935년간의 조선 농촌진흥운동─식민지 '체제유지정책' 으로서의 기능에 관하여」, 『한국사연구』 46호, 1984, 147쪽)고 지적했다. 여기에서 말하는 '내성주의'의 정의와 중첩한다. 또 松本武祝, 앞의 책에서는 지수걸의 논문에서 사용한 이 기술을 차용하여 구조적 문제를 개인적 성향의 문제로 바꾸는 사고방식을 '사사화' 이데올로

게 어느 정도로 영향을 주고 있었던가를 논의 할 준비는 되어 있지 않지만, 적어도 '평등주의적 공동체 윤리'가 지역사회의 구성원으로서 '조선인 직원'의 의식에 내면화되어 있었다고 상정할 수는 있을 것이다.

본론으로 들어가기 전에, 아래에서 이용하는 자료에 대하여 간단히 소개해둔다. 지방행정기관의 직원을 주요 독자층으로 상정하여 조선지방행정학회가 『조선지방행정』이라는 월간지를 발행하고 있었다.[20]

1924년 10월호부터는 독자의 투고기사를 매월 3편 정도씩 게재하는 「행정논단」이라는 기획이 시작되었다. 다음 절에서는 이들 투고기사의 내용을 분석대상으로 삼는다.

이 기사들의 일부는 이미 몇 개의 논문이 자료로 이용하고 있지만, 본론에서는 이들 기사 전체를 분석대상으로 하였다. 위에서 말한 네 가지 논점에 접근하기 위하여 기사의 주요 취지를 몇 개의 범주로 구분한 뒤, 그 범주 상호 간의 관계를 분석한다. 이런 작업을 통하여 '조선인 직원'의 의식구조를 파악하고자 한다.

기로 명명했다(162쪽). 조경달은 필자(松本武祝)의 논문(「戰時體制下の朝鮮農民―'農村再編成'の文脈―」, 『歷史學硏究』第729号, 1999)에서 '사사화' 이데올로기를 대신하여 자신의 용법을 모방한 '내성주의'라는 용어를 사용하고 있어 모호하다고 지적하고 있다(조경달, 앞의 책, 282쪽). 지금까지 필자는 민중이 스스로에게 부과한 통속 도덕의 실천규범을 '내성주의'라고 부르고, 이를 통치권력 측이 지배질서를 유지하기 위하여 민중에게 주입을 시도한 '사사화' 이데올로기와 구별해왔다. 본론에서는 "(내성주의는) 통속 도덕으로서 본래 조선왕조 시대부터 민중에게 요구되었고, 민중 측도 (중략) 어느덧 그것을 주체적으로 내면화하려고 했다"(조경달, 앞의 책, 282쪽)는 조경달의 지적에 입각하여 두 개의 개념을 분절하지 않았고, 또 '사사화' 이데올로기라는 기이한 용법은 사용하지 않고 '내성주의'라는 용어를 사용하게 되었다.
20) 1922년 5월 창간. 1939년 7월 제18권 제7호로서 『지방행정』과 합병되었다. 이어진 잡지명은 『조선행정』이고, 권호는 『조선지방행정』의 것이 계승되고 있다. 또 松本武祝, 앞의 논문은 『지방행정』 지상의 「행정논단」 투고자·추천투표자의 속성을 분석하고 있다.

1. '조선인 직원'의 사회적 특성

1)「행정논단」투고자·추천투표자의 속성

『조선지방행정』1926년 9월호부터는「행정논단」게재 기사에 대한 독자의 추천투표가 이루어지고 있다. 기사당 득표수가 다음호에 공표되고, 투표수 1위 기사에 투표한 사람에게는 추첨으로 수십 명에게 기념품이 주어졌다.[21] 이 글에서는 모든 기사에 대하여 추천투표수가 공표되는 1928년 2월호부터 '창씨개명'이 개시되기 이전인 1939년 12월호까지를 분석대상으로 삼는다.[22]

「행정논단 투표결과 발표」기사의 기재 내용으로부터 투고자와 추천투표자(피추첨자)의 속성을 어느 정도 파악할 수 있다. 아래에서의 분석을 위한 전제로서 간단히 소개하면 다음과 같다.

〈표 2-1〉에서 보는 것처럼 투고자의 90% 이상이 조선인이고, 그 구성은 면장을 포함한 읍면직원이 50% 이상, 군청[23]·군농회 직원이 40%였다. 추천투표자의 경우(〈표 2-2〉) 조선인이 압도적이고, 또 투고자에 비해 읍면직원의 비율이 상당히 높다는 특징이 있다(단, 주소만 기재된 것이 많고, 소속불명이 압도적으로 많다).

---

21) 기념품은 수첩 등의 사무용품과 강연록이었다. 기념품을 노리는 이른바 '미인투표'(케인즈) 행위를 투표자에게 유발할 정도의 고액의 것은 아니었다고 판단된다.

22) 해당 호의「행정논단」및 다음 호에 게재되는「행정논단 투표결과 발표」란을 합쳐서 분석했다. 단, 결호 등이 있어 아래 권호는 부재. 제12권 제1호(「행정논단 투표결과 발표」란만), 제15권 제4호-11호, 제17권 제5호-7호, 제18권 제3호-6호.「행정논단」,「행정논단 투표결과 발표」양자 모두 실린 투고 및 후자만 입수할 수 있었던 투고를 분석대상으로 삼았다(후자에 대해서는 표제로부터 내용을 추정했다).

23) 투고자 가운데 부청 근무라고 명시된 경우는 없었는데, 부지역 거주자에 의한 투고가 2개 사례에 지나지 않았다는 점에서, 그런 사례는 있더라도 소수에 지나지 않을 것이라고 생각된다. 또 군청에 근무하는 투고자 가운데는 고등관 신분인 자도 포함되어 있을 가능성이 있지만 조선인 고등관 자체가 소수였으므로 그런 사례도 있더라도 소수였을 것이라고 생각된다.

〈표 2-1〉 투고자의 민족별·직장별 구성 내역

	투고자 수	구성 비율
일본인(a)	30	8.5%
조선인(b)	321	91.5%
조선인(소속 불명)	95	
조선인／읍면(면장 포함)	117	51.8%*
조선인／군청·군농회(郡農會)	91	40.3%*
조선인／기타 기관	18	8.0%*
합계(a＋b)	351	100.0%

자료: 본문 참조
주 1: 조선인 투고기사 321건 중 득표수 불명 2건
주 2: *는 직장이 판명된 조선인 투고기사 구성 비율

〈표 2-2〉 추천투표 당선자의 민족별·직장별 구성 내역

	당선자 수	구성 비율
일본인(a)	139	2.4%
조선인(b)	5,641	97.6%
조선인(소속 불명)	3,531	
조선인／읍면	1,626	77.1%*
조선인／군청·군농회	406	19.2%*
조선인／기타 기관	78	3.7%*
소계(a＋b＝c)	5,780	100.0%
불명(d)	19	
합계(c＋d)	5,799	

자료: 본문 참조
주: *는 직장이 판명된 조선인 당선자에 대한 구성 비율

추천투표 총수는 한 달 평균 3,775표였다. 추천투표자 중 조선인 읍면 직원의 비율을 투표 총수에 적용하면, 한 달 평균 2,841명의 조선인 읍면직원이 투표를 하는 것이 된다. 읍면의 수가 2,393(1935년 현재)개였으므로 하나의 읍면사무소로부터 매월 평균 1.2명이 투표한 것이 된다.

2) '조선인 직원'의 경력

「행정논단」에는 추천투표 1위가 된 투고자에 대한 소개 기사가 자주 게재되고 있어, 이 기술을 통하여 투고자의 약력을 알 수 있다. 이 자료를 이용하여 우선 '조선인 직원'의 경력이 가진 특징의 일단을 명확히 해두겠다.

모두 합쳐 투고자 60명의 소개 기사를 입수할 수 있다(단, 일본인 2명을 제외한 조선인 58명의 경력만을 분석대상으로 삼는다). 이 자료와 다른 몇 가지 자료를 이용하여 '조선인 직원'의 경력 상의 특징을 지적하면 다음과 같다. 또 기사를 투고할 때의 지위가 분명한 54개의 사례 가운데 읍면직원이 38명(면기수 2명, 면장 1명 포함), 군직원이 15명(군농회 기수 1명을 포함)으로 〈표 2-1〉에 나타난 모집단 수와 비교하면 읍면직원의 비율이 높게 되어 있다.

첫째, 투고자 연령을 알 수 있는 42명 가운데 20대가 33명으로 압도적인 비율을 차지하고 있고, 30대가 6명으로 그 뒤를 잇고 있다. 잡지 투고라는 기회에 대해 젊은 직원이 적극적으로 대응하고 있었음을 엿볼 수 있다. 또 1926년 강원도에서 개최된 지방개량강습회(510)[24]에 참가한 '중견인물이 어야 할 면서기' 88명 가운데, 20대가 66명, 30대가 20명으로서(나머지 2명은 19세와 41세) 거의 마찬가지로 젊은 직원으로 구성되어 있었다.

이와 관련하여 1937년 단 1년 동안에 읍면서기 정원 1만 5,463명의 20%에 해당하는 3,071명이 면직되고 있다.[25] 이직률이 이처럼 높은 것으로부터 '조선인 직원'이 전체적으로 젊은 사람에게 편중된 연령 구성을 가지고 있었

---

24) 아래『조선지방행정』(제18권 제7호 이후는『조선행정』)으로부터의 인용은 ( ) 안에 권호 수를 표시한다. 예를 들어 (510)은 제5권 제10호(1926년 10월호)라는 뜻.
25)「農山漁村振興運動の擴充强化に關する件」, 조선총독부,『時局對策調査會諮問案參考書』, 1938 참조.

음을 알 수 있다. 그들의 '상승지향'(후술)과 상대적인 저임금(조선인 공장노동자의 2배 정도, 숙련노동자와 동일한 수준26))이 그 배경이 되었을 것으로 생각된다.

둘째, 최종 학력이 분명한 33명 가운데 공립보통학교가 15명으로 가장 많지만, 다른 한편으로는 중등학교에 상당하는 학력자(공립농업[잠]학교 6명, 상업학교·고등보통학교 각 2명)를 합치면 10명으로 전체의 3분의 1 가까이를 차지한다(중퇴자 포함). 앞서 말한 강원도 지방개량강습회에 참가한 면서기 88명 가운데 초등학교 정도·중등학교 정도의 학력자는 각 73명, 15명이었다. 앞의 사례에서 중등학교 정도의 학력자가 많은 것은 면서기만이 아니라 군직원 등이 포함되어 있기 때문일 것이다.

1937년 현재 읍면서기 1만 5,134명의 학력 통계에 의하면, 중등학교 졸업 이상 2,115명(14%)에 비해 초등학교 졸업·중퇴자 1만 2,115명(80%), 서당 869명(6%)이었다.27) 읍면서기의 경우는 초등학교 학력자가 압도적 다수였다.

셋째, 보통문관시험(합격자는 판임관으로 임용된다)에 관한 기술이 있는 사례가 9명(합격자 3명, 수험 실패자·준비자 6명) 있고, 이와 관련하여 대학 등의 '강의록' 구독에 관한 언급이 있는 경우가 7명 있다.28) '조선인 직원'들의 승진·자격 취득에 대한 지향성을 알 수 있다. 「행정논단」 투고라는 행위 자체가 상승지향성의 발로였다고 할 수도 있다.

이런 사례의 직원들은 주로 1920년대에 초등교육을 수료하고 있다. 조선에서 1920년에 7.4%였던 보통학교 남자 취학률은 1920년대 전반에 급속히 늘어나지만 1930년이 되어도 28%에 머무르고 있다.29) 당시 조선인

---

26) 권호준, 앞의 논문, 35-36쪽 참조.
27) 앞의 「農山漁村振興運動の擴充强化に關する件」 참조.
28) '강의록'에 관해서는 大門正克, 『民衆の敎育經驗－農村と都市の子ども』, 靑木書店, 2000, 135-136쪽 참조. 식민지 조선과 대만에서 「早稻田講義錄」 구독자의 존재도 확인된다.

남자 청년 가운데서 보통학교 졸업자는 여전히 소수파였던 것이다. 그리고
〈표 2-3〉에 보이는 것처럼 읍면서기로 채용되기 위해서는 아무리 낮아도
5배 이상인 높은 경쟁률의 자격·채용시험에 합격해야만 했던 것이다.

〈표 2-3〉 읍면서기 시험의 수험자·합격자수 사례

년도	실시 군	수험자	합격자	경쟁률	권호
1929	회양군(淮陽郡)	700여	4	14.0 이상	1010
1931	상주군(尙州郡)	126	8	15.8	1010
1931	대전군(大田郡)	172	22	7.8	1104
1934	금산군(錦山郡)	71	11	6.5	1304
1937	광주군(広州郡)	51	9	5.7	1609
1937	회양군(淮陽郡)	24	3	8.0	1701
1938	영일군(迎日郡)	53	10	5.3	1712

자료: 『朝鮮地方行政』각 권호에서

조선 전체로 보면 보통학교 졸업 후에 취업('가사'[30]도 포함하여)한 사
람 가운데 관공서에 취직한 사람이 차지하는 비율은 1930년대 내내 1~2%
정도의 수준에 머물러 있었다.[31] 이처럼 '좁은 문'을 돌파하여 취직을 한
'조선인 직원'들 사이에는 더 상위의 포스트를 목표로 삼는 지향성이 농후하
게 존재하고 있었던 것이다.

3) '조선인 직원'의 출신 계층

나미키 마사토의 논문은 제헌 국회의원 209명 가운데서 해방 전에 면장
과 읍면직원을 경험한 사람이 각기 8명씩 포함되어 있음을 밝히고 있다.[32]

---

29) 오성철, 『식민지 초등교육의 형성』, 교육과학사, 2000, 133쪽 참조.
30) 대다수는 취직하고 있었다고 생각된다.
31) 오성철, 앞의 논문, 372쪽 참조.
32) 竝木眞人, 앞의 「植民地期朝鮮人の政治參加について」, 48쪽 참조.

해방 전의 지방행정직원이 해방 후의 국정에서 일정한 발언권을 확보하고 있었다고 할 수 있을 것이다.

경기도 내 3개 군의 해방 후 읍면의회 의원(제1대, 2대)의 전력에 관한 최봉대의 분석에 의하면, 의장과 부의장에서는 20~30%가, 일반 의원에서도 10~20%가 '말단행정직'([부]읍면장, 군서기, 읍면서기, 기수 등) 출신으로서, 그 수는 구장·면장 등 '말단 행정보조직' 다음으로 많았다.[33] 국회의원의 경우보다 지방행정직원 출신자 비율이 높았음을 알 수 있다.

제헌국회의원에 지방행정직원 출신자가 포함된 것과 관련하여 나미키의 논문은 "근대적인 행정운영에 대한 그들의 지식·기능이 우선시되"었던 요인을 강조하고 있다.[34] 이 요인은 지방의회에서도 마찬가지로 관철되었다고 생각된다. '조선인 직원'의 근대 행정관료로서의 능력이 평가대상이 되었다는 시각에 대해서는 필자도 동의한다. 아래에서는 지역사회 내부에서 '조선인 직원'의 역할이 지닌 또 다른 측면을 다루고자 한다.

앞서 소개한 1926년 강원도 지방개량강습회에서는 88명의 참석자 가운데서 본적과 동일한 면에 근무하는 사람이 50명, 동일 군내 타면에 근무하는 사람이 28명으로 둘을 합치면 90% 정도를 차지하고 있다(510). '조선인 직원'은 직원으로 지역사회에 관여하기 이전에 이미 다수는 지역주민이기도 했다고 할 수 있을 것이다.[35]

『조선지방행정』 제6권 제10호에는 「우량 면리원 사적(事績)」이 소개되어 있고, 그 속에는 64명의 면서기가 포함되어 있다. 서무·회계·납세 등

---

33) 최봉대, 앞의 논문 참조.
34) 竝木眞人, 앞의 「植民地期朝鮮人の政治參加について」, 48쪽 참조.
35) 김익한의 연구에 의하면, 전라북도의 어떤 면에서 1920년대 후반부터 1930년대 사이에 면서기로 취임한 18명 가운데 면내 출신자는 7명, 동일 군내 타면 출신자는 6명이었다(양자를 합치면 72%). '조선인 직원'의 자리수가 늘어남과 함께 지역 밖에서 취임하는 직원 비율이 상대적으로 높아지고 있었던 것이다(金翼漢, 「植民地期朝鮮における地方支配體制の構築過程と農村社會變動」, 도쿄대학 박사논문, 1996, 165쪽 참조).

<표 2-5> 면서기의 '유지'로서의 활동 사례

도별	성명	활동 내용
경기	김재규(金在奎)	근검저축조합 조직화
충북	김규빈(金奎斌)	근검저축 솔선·거주부락에서 실천
전북	이명의(李明儀)	청년수양단·노동야학회·근검저축계
전남	장득영(張得永)	농사개량 솔선(벼농사 시작)
경북	윤철용(尹哲鏞)	잠종(蠶種) 제조·벼 종자 채종·육지 면화 자작(自作)
경북	이하우(李夏雨)	공립보통학교 기부금 모집
경북	최상범(崔相範)	면내 유수 명망가
경북	김병곤(金炳坤)	저축계
경북	김대두(金大斗)	각 동에 야학회
경북	김상곤(金相坤)	면내 유지 등과 협력하여 자경단 조직화
강원	강수병(姜壽秉)	각 리에 농촌야학회

자료: 「全鮮優良面吏員事蹟月旦」, 『朝鮮地方行政』第6卷 第10号(1927년 10월)에서 작성

면서기의 고유 업무가 평가대상이 된 사례가 중심이지만, 농사개량이나 생활개량(근검저축) 혹은 교육 등의 분야에서 면 혹은 촌락 차원에서의 독자적인 시도가 평가대상이 된 사례도 종종 발견된다. 이 사업들은 면행정의 과제와 모순되는 것은 아니지만,[36] 면서기로서의 고유 업무라기보다는 오히려지역 '유지'로서의 활동이라는 측면이 강하게 드러나는 분야라고 생각된다.

〈표 2-5〉에서는 '면내 유수 명망가'(최상범)와 같은 사례도 거론되고 있지만, 전체적으로는 다른 인상을 받는다. 앞에서도 소개한 추천득표 제1위 투고자의 소개 기사 가운데 투고자의 경제상황을 엿볼 수 있는 기사를 살펴보면, 초등학교 졸업(혹은 중퇴) 후에 진학하지 않고 몇 년 동안 취업('가사'도 포함)한 후에 다시 진학하지 않고 독학으로 군면직원이 된 사례도 몇개 있다. 그럴 경우 경제적 어려움이 진학을 단념한 이유가 되었을 것이다. 이런 사례는 '면내 유수 명망가'라는 이미지와는 거리가 있다.

---

36) 1920년대 후반 조선총독부는 '모범부락' 장려정책을 실시하는데 이는 1930년대 농촌진흥운동으로 이어진다(이하나, 「1910~1932년 일제의 조선 농촌재편과 '모범부락'」, 연세대학교 석사논문, 1994; 松本武祝, 앞의 책, 참조).

〈표 2-5〉 투고자 이력 사항

권호	이력 사례
1101	1926년 보통학교 졸, 영락한 일가를 만회, 1930년 면서기시험합격, 보통문관시험 수험 예정
1104	1925년 보통학교 졸, 상업학교 입학, 가정사로 중퇴, 1928년 면서기
1212	생가 궁핍, 1927년 보통학교 졸, 3년간 가업, 1928년 면서기
1301	보통학교 졸업, 가사 종사, 1927년 원천종제조소 양천과 수료, 군농회 기수, 보통문관시험 수험 지향
1608	양반 출신, 1928년 고등보통학교 중퇴, 주조조합 서기, 1927년 오사카전수학교 입학, 가정사로 중퇴, 1935년 면서기
1612	1922년 사립학교 졸, 경제적으로 풍족하지 않아 농업, 1930년 농업보수(補修)학교 졸, 1931년 면서기, 1936년 보통문관시험 합격, 군고원(郡雇員)
1708	1931년 보통학교 졸, 학자금을 벌기 위해 농회 급사, 강의록(講義錄), 1936년 농회 고원, 1937년 면서기, 1937년 보통문관시험 합격 군고원

〈표 2-5〉의 사례 가운데는 '영락한 일가를 만회'하기 위하여 면서기가 되어 보통문관시험을 목표로 삼고 있는 인물이나, '양반 출신'이지만 고등보통학교를 중퇴하고 유학을 가서 다시 중퇴하고 면서기가 된 인물도 소개되어 있다. 지역사회에서 '유지'로서의 사회경제적 능력을 일단 상실한 사람에게 군면직원의 길을 선택하는 것은 지위를 회복하거나 유지하기 위한 수단으로 자리매김되어 있었음을 알 수 있다.

이상 '조선인 직원'의 출신계층과 관련하여 ① 자녀에게 초등교육을 시킬 수 있는 정도의 경제력은 가지고 있었지만 그 수준을 넘는 부유층은 아니었다는 점, ② 지역에서 사회적·경제적 지위의 몰락 위험에 노출되어 있으면서도 교육투자를 통하여 자제를 군면직원으로 만들어 지역사회에서 계속 영향력을 행사하려고 했다는 점, ③ 군면직원이 된 자제들은 지역사회에서 '유지'로서의 역할을 담당하고 있었다는 점 등 세 가지를 지적할 수 있다고 생각한다.[37]

---

37) 김영희는 보통학교 졸업 후에 2년 동안 일본에 유학한 뒤(일본 대학 중퇴) 향리로 돌아가 동네에서 진흥회 활동을 한 후에 1927년에 면서기 그리고 1941년에 면장으로 취임한 윤봉균

4) '조선인 직원'의 이력과 출신계층에 관한 사례분석

〈표 2-6〉은 1947년 총대인(總代人) 선거에 의해 선출된 한강수리조합 평의원 30명의 이력서와 신원보증서 내용을 정리한 것이다. 한강수리조합은 경기도 부평·김포군을 수익지구로 1923년에 설립된 부평수리조합을 전신으로 한다(1943년에 명칭 변경). 1947년 현재의 수익면적은 4,100정보, 조합원(구역 내 토지소유자) 수는 2,012명이었다.[38] 비교적 규모가 큰 수리조합으로, 그 평의원에 선출된 것 자체가 지역사회에서 '유지'로 인정되고 있었음을 의미한다고 할 수 있다.

〈표 2-6〉에는 평의원이 조합구역 내 토지 소유면적(1947년 현재) 순으로[39] 나열되어 있다. 거주지 란의 공백은 조합구역 내(김포, 부천군) 거주자임을 나타내고 있다. 또 이 조합은 서울과 인천의 중간 지대에 있었고, 서울과 인천에서 그다지 먼 지역은 아니었다.

1947년 선거 직전의 선거는 1943년에 있었다. 취임시기가 1945년 이전인 평의원(11명)은 그때 선임된 사람들이다. 해방되는 시점에서 일본인 평의원이 사임했으므로 그 공석을 1943년 선거에서 선임된 보충원(補充員)이 메우고 있다. 1945년에 취임한 평의원(2명)이 그에 해당한다. 나머지 16명은 1947년 선거에서 처음으로 선임된 평의원이다.

(尹鳳均)이라는 인물(1899년생)의 사례를 분석하고 있다. 1940년 윤봉균의 토지 소유면적은 2.5정보, 그 가운데 2정보는 1924년 이후 자신이 구입한 토지였다고 한다(김영희, 『일제시대 농촌통제정책 연구』, 경인문화사, 2003, 2부 3장). 위에서 지적한 논점과 중복되는 특징을 찾을 수 있는 흥미로운 사례다.

38) 한강농지개량조합, 『한강농조60년사』, 경기도 김포군, 1968, 369, 421쪽 참조. 부평한강수리조합에 대해서는 宮嶋博史·松本武祝·李榮薰·張矢遠, 『近代朝鮮水利組合の硏究』, 社會評論社, 1992; 松本武祝, 「水利組合をめぐる'公共性'の位相—植民地期朝鮮·富平水利組合の事例硏究」, 『農業史硏究』34号, 2000(이 책 6장 수록) 참조.

39) 신한공사는 구 일본인 소유지를 관리하기 위하여 설립한 조직이다. 이 글에서는 분석대상으로 삼지 않는다.

〈표 2-6〉 한강수리조합 평의원 이력(1947년 당선자)

	성명	생년	학력	거주지(1947)	~45	1945	1947	토지소유(정보)	면서기	면평의원	면장	기타
1	文斗鉉	1897	高普卒				○	1.3				교원·신문기자·면장('46)
2	張最根	1894	大卒				○	1.5				도쿄농대 졸
3	朴鍾穆	1894	大卒	서울			○	1.6				게이오대 졸, 회사 사장
4	金善長	1881	私卒		○			1.6		35	11	학무위원
5	尹鳳鎬	1915	普卒				○	1.7	41			부면장('46)
6	李贇秀	1899	?			○		2.0				半田농장 영농주임
7	姜錫鴻	1901	普卒				○	2.0				
8	元仁常	1890	商卒		○			2.0		32**		미쓰이물산·도회의원, 정미업
9	尹孝汝	1920	專卒				○	2.2				공업전수학교교원
10	李赫熙	1897	普卒				○	2.3	21			군소작위원·면장('45)
11	李炳國	1895	①	서울			○	2.3	16	34		임시토지조사국·학무위원
12	沈宜爽	1903	普卒				○	2.7	33	43		금융조합 서기·군고원
13	朴龍根	1897	?	서울	○			2.8				조선상업은행
14	趙晶彙	1891	私卒				○	2.8				농업
15	李範允	1897	商中退				○	3.2				농업(지주)
16	朴一陽	1901	?	서울			○	3.3				회사 근무
17	趙命鎬	1895	私卒		○			3.4	18	36	30	금융조합장
18	韓基鶴	1871	②		○			4.0				사립학교장·구장·금융조합 평의원
19	車周性	1910	商卒				○	4.0				금융조합·은행직원
20	朴寅德	1902	商卒	서울			○	4.0	25*			정회총대(町會總代)
21	申錫永	1889	③		○			4.3			25	임시토지조사국·군속·도평 의원
22	高恒作	1909	普卒				○	6.7				정미업·농업
23	李仁燮	1887	?	서울		○		10.0				인쇄국 기사·상업·정회총대
24	黃心淵	1879	?		○			11.2		16		학무위원
25	朴武陽	1913	中卒				○	12.0		40		농업
26	朴容載	1894	?	인천	○			19.6			32	
27	李根壽	1911	專修卒				○	23.3				주조업
28	李興善	1887	漢文	서울	○			42.1				정미비료판매
29	張基萬	1901	私卒	서울	○			94.5				농업
30	新韓公社						○	2,500.0				

자료: 漢江水利組合「評議員選任貢同評議員補充員選定拭關書類」

주 1: *府書記, **邑評議員, ① 朝鮮臨時土地調査局技術員養成所 卒, ② 農工商部養蠶學校 卒, ③ 朝鮮臨時土地調査局員養成所 卒

주 2: 경력란의 수치는 해당 직에 취임한 연도를 나타냄.

주 3: 학력란 표기 : 普 = 보통학교, 高普 = 고등보통학교, 私 = 사립학교, 商 = 상업학교, 專修 = 전수학교, 大 = 대학

태어난 해와 토지 소유면적 그리고 경력(연도 없는 경력은 모두 식민지 시기의 것이다)으로 보아 두 그룹으로 나눌 수 있다고 생각한다. 첫 번째는 소유면적이 10정보 이상인 7명으로 이루어지는 그룹이다(23~29번). 그들 가운데는 1939년 경기도 지주명부(30정보 이상)에서 확인되는 대지주가 4명이지만(23번 33정보, 26번 121정보, 28번 171정보, 29번 184정보) 모두 경기도와 인천에 거주하는 부재 대지주다.[40] 24번은 중규모의 재촌지주라고 생각된다.[41] 25번부터 27번은 명확하지는 않지만 연령으로 추정해볼 때, 1939년 시점에서는 상속받기 전이었을지도 모른다.

이 그룹에는 면서기 경험자가 1명도 없다. 면평의원이나 면장으로 선출되었던 사람은 있지만, 그들이 반드시 이 그룹에 집중되어 있는 것은 아니다. 단, 7명 가운데 5명이 식민지 시기 수리조합 평의원이나 보충원으로 선출되고 있어, 이 그룹이 아닌 경우(22명 중 8명)보다 이 그룹에서 집중적으로 선출되고 있다고 할 수 있다.

두 번째는 1920~1930년대에 부·면서기를 경험한 「행정논단」 투고자들과 같은 업무에 종사했고 같은 세대였던 그룹이다(10, 11, 12, 17, 20, 21번). 그들은 1890~1900년 전후에 출생하여 보통학교·사립학교 또는 상업학교를 졸업한 후에[42] 부·면서기나 군속으로 취직하고 있다.

그들은 토지 소유면적으로 추정하건대, 소지주 또는 자작농 상층에 속한다고 생각된다. 면에서 최상층 자산가라고 할 수는 없지만, 군·부·면 직원을 경험한 후에 면평의원·도평의원·정회총대·군소작위원 등 도나 군 차원의 명예직에 근무하고 있다는 점에는 주목할 만하다. 앞서 소개한 최봉대의

---

40) 한국농촌개발연구원 편, 『농지개혁시 피분배지주 및 일제하 대지주 명부』, 1985에 수록된 경기도 농회, 「경기도 지주명부(1938년 5월)」 참조.

41) 이 인물은 조합설립 신청 시점(1932년)에 이미 조합구역 내에 약 6정보의 토지를 소유하고 있었다(富平水利組合, 「組合設立に關する書類」, 1923〈한강농지개량조합 소장〉에 의함).

42) 21번은 '병합' 직전에 보성(普成)중학교를 졸업한 후, 임시토지조사국원양성소에 입학하고 있다. 11번은 임시토지조사국 기술원양성소를 졸업하였으나 그 이전의 학력은 알 수 없다.

논문은 식민지 시기에 '말단행정직'에 근무하던 인물이 해방 후에 읍면의원으로 다수가 선출되고 있음을 밝히고 있는데, 이 사례는 마찬가지 현상이 이미 식민지 시기에 일어나고 있음을 보여주고 있다.[43]

해방 직후 구 지배기구가 해체된 시기라면, 그들의 근대 행정관료로서의 경험과 능력이 평가될 근거는 확실히 존재하고 있었다고 생각된다. 그러나 식민지배 하에서 이미 그들이 면평의원 등으로 선출되던 근거로는 불충분하다. 오히려 그들은 근대 행정관료일 뿐만 아니라 지역 '유지'로서의 활동에도 도전하고 있었다고 이해해야 할 것이라고 생각한다.

두 번째 그룹으로 분류된 이 사람들과 앞서 말한 '조선인 직원'은 거의 중복된다. 그리고 앞에서 소개한 첫 번째와 세 번째의 논점은 이 분석에서도 확인되었다. 또 "면서기로부터 면평의원으로"라는 길이 이미 식민지 시기에 성립해 있었음이 판명됨으로써 '조선인 직원'의 '유지' 혹은 '유지' 후보자로서의 측면이 더욱 부각되었다고 생각된다.

5) '유지'의 계층성에 대하여

지금까지 '유지'라는 용어에 대하여 그 정의를 한정하지 않고 사용해왔으나, 사실은 연구자에 따라서 '유지'의 계층성을 둘러싼 이해에 차이가 존재하고 있다. 논점을 정리한 뒤에, 이 글에서의 견해를 명확히 해두고자 한다.

지수걸은 얼마 전부터 '지방유지집단'에 관한 많은 실증연구를 발표하면서 유지 연구를 선도하고 있다.[44] 지수걸은 '유지'의 요건으로 '정치적

---

43) 김익한은 사숙(私塾)을 거쳐 공립보통학교 3년을 수료한 후에 면서기가 되었다가, 1941년에 면장으로 취임한 인물(1906년생), 그리고 공립농업학교를 졸업하고 면서기를 거친 후, 1942년에 면장으로 취임한 인물(1898년)을 소개하고 있다(김익한, 앞의 논문, 162쪽).

44) 지수걸, 「일제하 충남 서산군의 '관료-유지지배체제'―『서산군사』(1927)에 대한 분석을 중심으로」, 『역사문제연구』 3호, 1999, 14쪽; 지수걸, 「구한말-일제 초기 유지집단의 형성과 향리」, 연세대학교 국학연구원 편, 『한국근대이행기 중인연구』, 신서원, 1999, 516쪽에

자원'에 주목한다. 그리고 서산군의 사례에서는 '〈공직〉과 〈재산〉을 동시에 보유하는' '일급(一級) 유지'로 40명 정도의 인물이 존재하고 있음을 확인하고 있다.[45] 여기에서는 군의 최상층급 '유지'를 염두에 두고 있는 것처럼 생각된다. 단, 다른 논문에서는 더 "폭넓은 범주 설정이 필요"[46]하다고 지적하고, 면장·구장·면평의원 등 면 차원의 '유지' 존재에도 유의하고 있다.

군과 면 각각의 차원에 고유한 '유지'층이 중층적으로 존재하고 있었다고 파악함으로써 이 논점의 차이는 해소될 수 있지 않을까?[47] 〈표 2-6〉에서 추출한 첫 번째 그룹과 두 번째 그룹의 관계도 이 중층성의 발현으로 이해할 수 있을 것이다.

단, 그럼에도 면 차원의 '유지' 이미지에서는 필자와 차이가 있다. 즉 면평의원에는 면의 최상급 인물이 아니라 촌락 대표자로서의 성격을 가지는 인물이 선출되었다는 필자의 지적에 대해,[48] 지수걸은 면평의회는 어디까지나 '면단위 유력자(유지)들의 〈면행정자문기구〉[49]'로 자리매김해야 한다고 비판한다.

1931년 면평의원 선거에 관한 평안북도 영변의 보고에는 '당선자 수별 동수'가 게재되어 있다. 이에 의하면 군내 114개 동 가운데 당선자가 한 사람도 없는 동은 16동(14%)에 지나지 않는데, 군수도 "대체로 적절히 나뉘어 선출됨으로써 장래 면 운영에 상당히 좋은 상황"이라고 지적하고 있다.[50]

는 자신의 일련의 업적이 소개되어 있다.
45) 지수걸, 앞의 「일제하 충남 서산군의 '관료-유지지배체제'」, 42쪽 참조.
46) 지수걸, 앞의 「구한말-일제초기 유지집단의 형성과 향리」, 533쪽.
47) 지수걸은 농촌진흥운동기에 총독부가 '지방유지'층을 배제하고 '중견인물'을 매개로 촌락을 직접 지배했다는 필자의 견해(松本武祝, 앞의 『植民地權力と朝鮮農民』 4, 5장)를 '유지'의 영향력에 대한 과소평가라고 비판하고 있다(지수걸, 앞의 「일제하 충남 서산군의 '관료-유지지배체제'」, 47쪽). 확실히 필자의 이 책에서는 촌락 내부의 동향에 논의를 지나치게 한정하였기 때문에 군·면 차원의 행정·'유지'층과 농촌진흥운동과의 연관성에 관한 논의가 빠져버렸다고 할 수 있다.
48) 松本武祝, 앞의 『植民地權力と朝鮮農民』, 82-83쪽 참조.
49) 지수걸, 앞의 「일제하 충남 서산군의 '관료-유지지배체제'」, 54쪽.

면 최상급의 유지 선출을 적극적으로 배제한 것은 아니지만, 적어도 촌락(단, 이 경우 행정 동리)마다 대표자를 선출하고자 하는 역학이 작동하고 있었음은 명확하다.

최봉대의 논문에 의하면 1935년·1939년에 선출된 읍회의원·면평의원과 농지개혁 때의 피분배 토지면적을 대조한 결과, 피분배 지주 출신 의원의 비율은 30~40% 정도이고, 그 가운데 40~70%의 피분배면적은 1정보 미만이었다.[51] 해방 직후 토지 방매의 영향을 보완할 수 없기 때문에 토지소유를 과소평가하고 있는 경향은 없지 않지만, 그럼에도 면평의원의 출신계층이 영세지주·자작농 상층에까지 확산되고 있었음을 충분히 추정할 수 있다. 이 계층과 〈표 2-6〉에서 추출한 제2그룹의 계층이 겹치고 있다고 생각된다. 그리고 이 계층은 촌락 차원의 유력자층에 해당할 것이다.

이 계층도 '유지'로 파악할 수 있다는 점을 새삼 지적해두고 싶다. 해당 계층에 속하는 세대의 자제가 취학과 군·면직원으로서의 경험을 쌓음으로써 '정치적 자원'을 축적하고, 면평의원 등의 명예직에 취임하며, 또 명예직 경험을 통하여 면 차원 나아가 군 차원의 '유지'로 인식되어간다. 그러한 동태적인 과정으로서 군·면 차원의 '유지' 실태를 파악할 수 있지 않을까?[52]

---

50) 「自治制下最初の選擧を了りて」, 『朝鮮地方行政』第10券 第7號, 1931년 7월, 57, 61쪽 참조.

51) 최봉대, 앞의 논문, 172-174쪽 참조.

52) 板垣龍太, 「植民地期朝鮮の地域社會における'有志'の動向―慶北尙州の支配機構の變容と持續」(『東アジア近代史』第6號, 2003)에는 "지역에서 어떤 사업을 하기 위해 결집한 임시적인 집단"으로 '유지'를 파악하는 동태적인 방법론을 제시하고 있다(11쪽 참조).

2. 「행정논단」기득수리권 논문 분석

1) 자기계발과 계몽

군면직원은 격무에 박봉이었기 때문에 그 인사제도 개선을 요망하는 기사가 「행정논단」에 빈번하게 등장하고 있다. 〈표 2-7〉에 나타나는 것처럼 투고 전체의 약 30%가 그에 해당한다.

그 중 특징적인 것은 그 가운데 4분의 1을 '연수제도 확충'을 요구하는

〈표 2-7〉「행정논단」조선인 투고기사의 논제별 분류(319건)

	건수	평균득표수
사무 합리화	31(9.7%)	1,298
군면직원 연수·채용·승진	96(30.19%)	
인원배치 확충	25	1,444
대우개선	25	1,387
채용·승진제도 개정	23	1,094
연수제도 확충	23	1,410
행정·재정제도 개선	103(32.3%)	
재정·세제 정비	26	898
조직 개편	32	1,288
지역 진흥	25	1,090
농촌진흥운동	20	**1,616**
지역주민 계몽	37(11.6%)	
초등교육 확충	13	1,303
생활개선을 위한 지도	14	688
농업교육 확충	10	**1,627**
사회적 공정함을 위한 제도 개정	52(16.3%)	
세제 개정	16	1,246
평의원 선출방법 개정	11	1,466
농촌에서의 자원·소득분배 시정	25	**1,695**

자료: 본문 참조
주: 평균득표란의 강조 문자는 319건 평균득표 1,306을 20% 이상 상회하는 것을 표시

기사가 차지하고 있다는 점이다. 이를 해석하면, 투고자들은 과중한 노동과 저임금이라는 제도적 문제를 개별 직원의 노력, 즉 '자기계발'에 근거한 사무 능력 향상과 승급·승진을 통하여 극복하려는 성향을 갖고 있었다고 할 수 있다. '채용·승진 제도 개정'을 요구하는 기사도 같은 비율로 게재되고 있지만, 이들은 자신의 '자기계발' 노력을 실제의 대우개선과 연계시키기 위한 전제조건의 정비를 요구한 것으로 파악할 수 있다.

어디까지나 '자기계발'을 통하여 제도적인 문제의 해결을 도모하는 '조선인 직원'이 가진 성향의 유래는 다음 세 가지 측면에서 찾을 수 있을 것이라고 생각한다.

첫 번째는 당시의 이데올로기 정황이다. 「머리말」에서 말한 바와 같이 '선실력양성·후독립' 전략에 바탕을 둔 '실력양성운동론'은 1920년대에는 부르주아민족주의 우파, 1930년대에는 부르주아민족주의 좌파의 슬로건이었다. 탈정치화한 뒤의 부르주아민족주의 우파의 '문화운동'에서도 '선실력양성'이라는 발상은 계승되었다. 여기에서 말하는 '실력'은 면학, 근면 혹은 수양이라는 곧 '자기계발'에 의해 양성되는 것으로 이해되고 있었다.[53] 사회주의자와 비타협적 민족주의자는 '선실력양성'이라는 전략 자체에 대해서는 적대적이었지만, '정치의식의 각성'이라는 맥락에서는 '자기계발'이라는 계기를 부정하지 않았다.[54] 민족주의 운동가로 활약하는 지식인들에 의한 '실력양성'을 둘러싼 주장이 '조선인 직원'의 의식에 영향을 주었을 것임은 충분히 상정할 수 있다.

두 번째로는 직원의 출신에 관한 점이다. 앞에서 소개한 것처럼 투고자 가운데에는 가사 사정으로 인한 학업의 좌절을 자조 노력으로 극복한 몇

---

53) 박찬승, 앞의 책 참조.
54) 오성철은 사회주의자가 신식교육에 대해 보인 기대감을 분석하고 있다(오성철, 앞의 책, 189-190쪽 참조).

가지 사례가 포함되어 있다. 단, 당시의 취학률을 감안하면, 공립보통학교에 취학하는 것만으로도 지역사회에서 중간층 이상의 계층에 속하는 사람만이 누릴 수 있는 '특권'에 속했다. 그러나 주관적으로는 "재능과 노력으로 불우한 가정환경을 극복하고 현재의 지위를 획득했다"는 자기인식이 있었고, 그것이 자부심과 연결되어 있었다고 할 것이다. 또 지역사회가 공유하는 '내성주의' 규범이 그 자부심을 강화하고 있었다고 할 수 있다. 그리고 그 자부심이 한층 더 자기계발=입신출세 지향에 동기부여를 하고 있었다고 이해할 수 있다.

그리고 세 번째로 '입신출세'라는 게임에 일단 참가해버리면, 학교·수험제도·직장이라는 일련의 장치를 매개로 계몽이라는 시선에 자신을 거듭하여 노출시킴으로써 이윽고 자기계발이라는 규율이 체화되었다고 할 수 있다.

그런데 '조선인 직원'의 자기계발이라는 내성적인 시선이 지역사회를 보는 시선으로 반전하면, 지역 주민에 대한 계몽이라는 지향이 모습을 드러내게 된다. 〈표 2-7〉에 드러나는 바와 같이 초등·농업교육의 필요성이나 생활지도의 확충 등 주민(특히 농민)의 계몽이라는 과제에 관한 주장이 많이 게재되어 있는 것이다.

이 점과 관련하여 투고기사 가운데서 보이는 특징적인 기술 두 가지를 소개하고자 한다. 어떤 한 기사에서는 쇼와공황 하 농촌경제 파탄의 요인을 "독점적 카르텔, 트러스트에 의한 공업상품계의 압박과 고리대 악질 브로커 등의 횡행도량(橫行跳梁)(이) 아직 질서 통제 없이 봉건적이고 유치한 농촌경제를 무참히 유린…"이라고 상투적으로 기술하면서도 구조 문제로 분석한 것을 토대로 정부에 의한 사회정책을 기대하고 있지만, 또 농촌경제의 회복은 "농촌민의 자각 있는 발분 노력과 맞물려" 비로소 실현 가능하게 된다고 주장하고 있다(1110). 다른 한 기사에서는 '화전민'을 "채무 때문에 농지를 상실하고 살아나갈 길이 없는 자, 수지를 맞추지 못해서 생계가 곤란한 자, 의외의 재난으로 재산을 탕진한 자"로 자리매김하면서도, 그것을 "인생 생활의 낙오자, 조선 사회에서의 하나의 치욕"으로 표현하고 있다(1205). 두 기사 모두 일단은 농민이나 화전민의 곤궁함의 원인을 구조적인 것으로 분석하면서도, 앞의 기사에서는 해결책의 절반을 '농민의 자각적 노력'에 맡겨버리고 있고, 뒤의 기사에서는 그 현상을 '낙오자', '치욕'이라는 가치판단으로 평가하고 있다.

이러한 '내성주의'에 바탕을 둔 '조선인 직원'의 주장이 식민지 지배권력의 이데올로기로부터 유래하는가, '실력양성운동론'에서 유래하는가, 혹은 지역사회 차원의 규범으로부터 유래하는가를 분절적으로 논의해서는 곤란하다. 어쨌든 '내성주의' 이데올로기가 영향력을 가지고 유통되고 있었고, 그에 더하여 '조선인 직원' 자신이 "각고면려(刻苦勉勵)를 통하여 입신출세를 쟁취한" 경험을 가지고 있었으므로, 구조적 시각에 근거한 문제 해결을 위한 탐구가 방해를 받고 있었다. 그 결과 '조선인 직원' 자신이 농민에게 각고면려를 고취하는 계몽자로서 모습을 드러내게 되었던 것이다.

그때 특징적인 것은 자기계발이라는 내성적인 시선과 계몽자로서 농민을 접하는 시선 사이에 미묘한 차이가 발생한다는 점이다. 즉 자신들은 보통교육을 경험하고서 '입신출세'한―그 때문에 더 '상급' 직위에 취직할 가능성이 주어지고 있었다―'조선인 직원'이 농민에게는 더욱 실용적인 내용의 교육(종결교육으로서의 초등교육)을 장려하고 있는 것이다.[55] 농민은 '지식이 빈약하고', '무지몽매하며', '어리석은 자들의 집합'이라는 인식이 있었고, 그 때문에 "이야기만으로 지도를 받아서는 그것을 깨우칠 정도의 머리를

---

55) 오성철, 앞의 책, 297-310쪽; 오성철, 「植民地朝鮮の普通學校における職業教育」, 『植民地教育史研究年報』 第3号, 2000, 90-95쪽. 보통학교에서의 농업과 및 그 교육내용에 대해 분석하고 있다.

가지지 못했"으며, 따라서 '문자교육은 가계부 기입 정도'로 좋고 '농촌에 바탕을 둔 교육의 실제화'야말로 중요하다는 것이 그들 주장의 근거가 되고 있었다(1106, 1408, 1409, 1411).

1920년대 말 이후 민족주의 좌파·우파가 모두 농촌계몽운동에 적극적으로 몰두하게 된다.[56] 또 총독부도 1932년부터 시작한 농촌진흥운동에서 농민에 대한 계몽사업을 실시하고 있다. 근대 계몽주의는 '문명'과 '미개'라는 이원론적 세계관에 의해 성립된다. 조선인 지식인 및 지배권력에 의한 계몽의 시선은 조선 농촌의 사회와 문화에서 '인습', '미신', '야만'을 찾아내게 된다.[57] 식민지 권력의 말단이자 '지식인'이기도 했던 '조선인 직원'도 이런 시선을 공유하고 있었다고 생각된다. '조선인 직원'의 '엘리트'로서의 자부심이 그에 덧붙여져서, 앞서 말한 농민 멸시를 전제로 한 주장이 나왔다고 할 수 있을 것이다.

사실은 '교육 실제화'는 총독부가 몰두한 과제이기도 한데, 1929년에는 보통학교에 '직업과'가 필수과목으로 신설되었다. 그것은 식민지적인 직업 구조('근대' 부문의 미발달)와 조선인 사회의 입신출세 소망 사이에 발생하는 간극을, 후자를 냉각시킴으로써 해소하고자 하는 정책이었다.[58] 또 일본 본국에서도 동일한 정책이 실시되었는데, 그것은 중등교육을 대상으로 한 것이었다. '교육 실제화' 정책에는 종주국-식민지라는 위계질서가 노골적으로 반영되어 있었던 것이다.

학교·직장이라는 규율권력 장치의 경험을 통하여 자기계발이라는 규율을 체득했던 '조선인 직원'은 이윽고 계몽의 언설을 스스로 만들어내는

---

56) 조선일보사에 의한 '생활개선운동'(1929년 개시), 동아일보사에 의한 '브나로드운동'(1931년 개시)이 잘 알려져 있다.
57) 조경달, 앞의 책, 262-263쪽 참조.
58) 오성철, 앞의 책, 311-315쪽. 또 이 책에 따르면, 조선인 지식인은 그 '실용주의적 교육관' 때문에 '교육 실제화' 정책에 대하여 긍정적인 입장에 섰다고 한다(320쪽 참조).

장치로 기능하게 되었다. 단, 그 언설은 식민지 제국에서의 중층적인 위계질서의 재생산에 대하여 식민지 측에서 주는 것이었다고 할 수 있다.

2) 제도=물적 동기부여에 대한 주목

앞서 말한 자기계발과 계몽에 대한 '조선인 직원'의 지향성은 구체적으로는 인사제도의 개선 혹은 교육제도의 확충을 그 내용으로 하는 투고로 표현되고 있다. 기타 영역의 투고에서도 기본적으로는 제도의 개선·개정이라는 문제의식에 기반을 두고 투고가 이루어지고 있었다고 할 수 있다.

그런데 투고 속의 지적으로서 "군 고원(雇員), 면 이원(吏員)은 대개 무산자가 대다수, 빵 문제를 해결하기 위해 봉직"(705), 혹은 "응용지식이 부족하고, 상의하달의 역할에 지나지 않는"(1810)다는 문제가 제시되어 있다. 이 투고자들의 '조선인 직원'관에 의하면 행정·재정제도에 대하여 정책적인 시각에서 그들이 적극적으로 문제제기를 하는 것이 반드시 자명한 것은 아니었던 것이 된다.

그러나 실제로는 행정·재정제도의 개선·개정에 관해서 정책 제언을 하는 투고자와 그것을 평가하고자 하는 추천투표자가 많이 존재하였으므로, '빵 문제를 해결'하는 이상의 관료로서의 직업의식과 '상의하달'이 아닌 '응용상식'을 가진 '조선인 직원'도 확실히 존재하고 있었다고 할 수 있다.

'조선인 직원' 중에 이런 성향과 능력을 가진 사람들이 형성되는 계기로는 아래 두 가지를 지적할 수 있다. 하나는 '조선인 직원'이 지방행정기관에서의 일상 업무와 연수 경험을 통하여 근대관료로서의 능력, 즉 설정된 정책과 제의 수행을 위하여 상정되는 물적인 동기부여라고 하는 목적합리적인 방식을 제시할 능력을 연마할 수 있었다는 점이다.

그리고 다른 하나는 앞 절에서 확인한 것처럼 '조선인 직원'은 자신이 출생한 지역사회의 구성원이고, 나아가 '유지' 혹은 그 후보자로서의 역할 기대를 지니고 있었다는 점이다. 추천득표 1위 투고자의 기사 가운데는 "자신의 면을 위하여 뭔가 이익을 도모하고 싶다, 행복하게 하고 싶다"(1002)라는 투고자의 발언이, 또 "전원에 머무르며 농촌 개척 장려에 나날이 힘쓰고 있다"(907), "벽지에 머무르며 전심으로 농촌개발에 몰두하고 있다"(1006), "향토를 자신의 무덤으로 정했다"(1011)라는 이력이 각기 소개되어 있다. '조선인 직원'은 이런 '향토애'에 뿌리를 박고서 지역사회 개발과 안정을 지향하였고, 그것이 종종 제도 제안이 되어 드러났다고 할 수 있다.

다시 〈표 2-7〉로 돌아가면, 평균 득표수를 훨씬 상회하는 상위 3개 분야는 모두 농업·농촌 문제와 밀접하게 관련되어 있다. 지역사회에서의 가까운 분야에 대한 문제제기를 환영한다는 추천투표자의 성향을 엿볼 수 있다. 이것은 일반 군면직원의 성향과도 겹치고 있었을 것이다.

그런데 여기에서 주목하고자 하는 것은 '조선인 직원'의 제도 제안이라는 행위가 어떤 의도하지 않은 효과를 초래하고 있었다는 점이다. 상징적인 기사로서 「행정논단」 기사 가운데 최고 득표수를 얻은 "농촌진흥책으로 잠종을 무상 배포해야 한다"(1208)는 기사(득표수 4,994표)를 소개한다. 그다지 독창적인 제안이라고 생각되지는 않지만, 정책수법의 목적합리성이라는 점에 한정하면 대단히 명확한 주장이 된다. 이 기사 다음 호에는 「당로자(當路者)의 비판」59)으로 "아무리 세농이라고 하더라도 확실한 자각이 생겨서 근검역행으로 생업에 힘쓰면, 억지로 조금의 잠종을 무상 배포하지 않더라도 훌륭하게 양잠할 수 있는 것이다"(경기도 촉탁 조원환[曺元煥])라는 요지의 비판 기사가 게재되었다.

어디까지나 물적인 동기부여라는 수단을 사용하여 정책과제를 수행하

---

59) 「행정논단」 투고논문에 대해서는 그 다음 호에 「당로자의 비판」으로 도청이나 군청의 관리 등이 비판적인 코멘트를 붙이게 되어 있었다.

고자 하는 투고자의 근대관료로서의 접근방법에 대하여 '당로자'의 코멘트는 노골적인 '내성주의'의 발로에 머물고 있다.

제도 개선·개정에 관한 군면직원들의 제안에 대해 '당로자'들이 비판을 하고자 하는 경우에, 그것은 '목적합리성'이라는 맥락에 대응하는 내재적 비판, '목적합리성'은 승인하면서도 행정적·재정적인 자원과 능력의 부족을 근거로 하는 현실주의적 비판 내지는 지배권력의 이데올로기에 바탕을 둔 외재적 비판 중 하나가 된다. 두 번째와 세 번째 비판은 서로 보완하는 효과를 가지고 있고 친화적이다. 결과적으로 제안의 목적합리성의 수준이 높아질수록(양잠장려에는 잠종 무상 배부가 효과적!) '당로자의 비판'으로는 세 번째 비판이 표출되게 되는 것이다.

'자기계발'을 지향하는 '조선인 직원' 사이에서도 지배권력의 이데올로기인 '내성주의'는 널리 공유되어 있었다고 할 수 있다. 단, 앞서 본 것과 같은 대조적인 두 가지 결과가 같은 잡지에 동시에 게재되는 것을 본 '조선인 직원'들은 자신 속의 모순을 알게 됨과 동시에 지배권력의 이데올로기에 대한 위화감을 가지게 되었던 것이 아닐까?

3) 사회적 불공정에 대한 주시

앞에서는 주로 군면직원의 능력 향상 혹은 산업·지역 진흥이라는 정책과제를 분석대상으로 했다. 이런 과제 설정 그 자체에는 '조선인 직원'과 식민지 권력 사이에 문제의식의 어긋남은 없었다고 생각된다. 여기서는 정책과제 수준에서 식민지 권력에 대해 비판적 함의를 가진 투고를 다뤄보고자 한다.

투고 가운데는 "소작인의 고혈을 빨아서 사욕을 채우려는 자 역시 적지 않다"(901), "유식계급이라고도 할 수 있는 학교 졸업자는 그다지 농사에 대한 흥미를 가지지 않고, 땀 흘려 일하는 근로정신이 부족하여 아무 하는 일 없이 무위도식하는 형편"(1001), "부자는 대개 성질이 완고하고 무위도식하여 진실로 시대의 진운에 대한 이해가 결핍한 경향"(1007)이라는 지적이 보인다. '조선인 직원' 가운데 지주와 지식인에 대한 비판적 시선이 존재하고 있었음을 시사하고 있다. 이런 비판은 다른 측면에서는 "농민 중견층의 저락은 결코 국가 사회의 건전한 발달을 표시하는 바가 아니다"(1109)라는 규범과 결합하게 된다.

위와 같은 농촌사회 현상에 대한 비판은 그것을 개선하기 위한 구체적인 정책제언으로 드러나고 있다. 〈표 2-7〉에 보이는 것처럼 농촌사회에서의 자산·소득의 불평등과 그에 따르는 사회적 불공평을 시정할 것을 주장하는 기사가 그에 해당한다.

구체적으로 먼저 세제에 관해서는 호별세 등 부담의 군 간(특히 도시와 농촌 사이) 격차의 해소, 호별세 역진성의 완화, 호별세 감축과 지세 증징이라는 주장이 눈길을 끈다. 대체로 자산가(대토지소유자), 특히 도시지역 자산가의 세 부담을 무겁게 하고 중간층과 영세농민의 세 부담을 경감함으로써 소득분배의 불평등을 시정하겠다는 의식을 강하게 지녔다고 볼 수 있다.

또 평의회 (피)선거권에 관한 투고도 많이 있다. 면평의회, 군농회, 학교평의회의 위원은 직접세 납세액을 기준으로 한 제한선거로 선출되고 있었다. 이 평의회들이 '유명무실한 형식 기관'으로 떨어져 있는데, 이후에는 '가장 적절한 인물'(이상 1405)이 선정되어야만 한다고 주장했다. 그리고 "도리어 무산계급에서 경앙할 만한 인물이 발견되는 경우가 많다"(912), "중산계급 사람으로 평의회원으로서의 학식과 명망 있는 적재를 찾아내는 경우가 상당히 많다"(1007)라는 '관찰'에 근거를 두고 납세액에 의한 제한의 완화·철폐를 주장하고 있다.

나아가 농촌에서의 자원분배의 불평등성이라는 현상 자체를 시정하기 위한 재분배정책이 제안되고 있다. 구체적으로는 소작료 수준의 적정화, 소작지 분배방법의 시정 혹은 고리대의 제한 등이 주요 논점을 이루고 있고, 정책수단으로서는 「조선농지령」 등 소작제도 관련 법이나 채무 정리를 위한 법제 등을 정비·강화할 필요성이 강조되고 있었다.

중등교육과 고등교육 진학이 허용될 정도로 경제적 조건의 혜택을 받지 못한 환경에서 각고면려하고, 경우에 따라서는 농업종사라는 '은둔' 시대를 거쳐서 입신출세를 달성한 '조선인 직원' 자신의 이력이 '유식계급', '부자'에 대한 비판을 담보하는 우월의식의 근거가 되고 있었다고 할 수 있다.

덧붙여 말하면 '유식계급', '부자'에 대해 비판적인 규범, 바꿔 말하면 지역사회 구성원 사이에 공평성·공정성을 요구하는 규범, 다시 말해 「머리말」에서 논의한 '평등주의적 공동체 윤리'는 '조선인 직원'에게 고유한 것이 아니라 그들과 같은 수준 혹은 더 하층에 속하는 농촌 주민에게 부정형적이면서도 폭넓게 공유되고 있었다고 생각된다.

그런데 앞에서 논의한 지역진흥·산업진흥이라는 정책과제와는 달리, 여기에서 주목한 과제에서는 물적인 동기부여를 위한 행정·재정자원의 뒷받침 없이 정책수행이 가능한 경우가 많다. 그럼에도 이 제안에 대해 식민지권력 측이 충분하게 응한 것은 아니었다.[60] 결과적으로 그 투고들은 식민지통치에 수반되는 사회적 기반의 '계급성'을 폭로하는 효과를 초래했다고 할 수 있다.

앞 절에서 소개한 것처럼 지수걸은 '공직'과 '재산'이라는 '정치적 자원'을 보유하는 것이 '유지'가 되기 위한 조건이었음을 지적하고 있다.[61] 그러

---

60) 소작령/농지령에 관한 투고가 5회(1109, 1401, 1402, 1405, 1501), 호세·호별세에 관한 투고가 7회(712, 906, 1501, 1607, 1610, 1702, 1703)에 걸쳐 게재되고 있다.
61) 지수걸, 앞의 「일제하 충남 서산군의 '관료-유지지배체제'」, 42쪽 참조.

나 '정치적·자원'을 실체적·고정적으로 파악할 것이 아니라, 정치적 행위가 이루어지는 사회적 맥락에서 전략적으로 선택되어 발화되는 언설이 초래하는 효과로 파악하는 것도 가능하지 않을까? 특히 '유지'의 형성 과정을 동태적으로 파악하고자 하는 경우에는 불가결한 시각이라고 생각한다.

위 사례에 의거하여 말하면, '조선인 직원'은 군 차원의 '유지'와 같은 기성의 '정치적 자원'(공직·재산)은 조금밖에 보유하지 못했다. 그러나 그들은 현행 식민지 통치제도를 비판적으로 되돌아보게 하는 제도적 제안을 함으로써, ① 군 차원의 '유지' 계층과 자신들이 속하는 계층을 차별화하고, ② 자신들과 더 하층의 이해를 대표하며, ③ 자신의 윤리성을 강화하는 효과를 얻을 수 있었다. 그 결과 지역사회 속의 사회적 영향력을 높일 수 있었던 것이다.

마무리를 대신하여

최정무는 지배권력 측이 강요한 세계관과 가치관을 식민화된 측이 자기의 것으로 수용해버림으로써 자신의 고유 문화와 정체성을 멸시하게 되는 현상을 '의식의 식민지화(colonialization of consciousness)'라고 명명하고 주목했다. 그리고 그런 현상을 초래한 계기로 모방(mimicry)이라는 현상에 주목하고 있다.[62] 2절에서 다룬 '조선인 직원'들은 근대 관료로서의 모방의 산물이었다고 할 수 있다. 그리고 1항에 말한 "피계몽자가 계몽자로 모습을 드러내는" 현상은 정확히 모방 과정 그것이었다. 또 2, 3항에서 분석한 '조선인 직원'에 의한 제도 제언은 모방에 의한 효과의 표출이었다. 다만

---

62) Chungmoo Choi, "The Discourse of Decolonization and Popular Memory : South Korea", in Tani E. Barlow(ed.), *Formation of Colonial Modernity in East Asia*, Durham: Duke University Press, 1997, pp. 350-351.

전자에서는 모방이 식민지 지배질서를 재생산하는 계기인데[63] 반해, 후자에서는 그것이 초래한 효과가 다의적이었다고 할 수 있다.

다의적인 효과로 세 가지를 지적할 수 있다. 첫 번째로 정책과제와 목적합리적인 정책수단을 구체적으로 제시할 수 있는 근대 관료로서의 의지와 능력을 가진 인재가 양성되었음을 의미한다. '조선인 직원'은 식민지 권력의 말단 행정담당자로서의 역할을 수행하고 있었던 것이 된다.

두 번째로 이 인재들에 의한 제도=물적 동기부여에 관한 여러 가지 제언은 행정·재정 상의 자원과 능력의 결여를 '내성주의'에 의해 은폐하고자 하는 지배권력 이데올로기의 허망함을 비추어 균열을 만들어내는 계기가 되고 있다. 이 국면에서는 '조선인 직원'의 근대 관료로서의 자기 형성 그 자체가 결과적으로 식민지 지배질서를 상대화하여 파악할 수 있는 시각을 그들에게 부여하는 효과를 초래하였다고 할 수 있다.

세 번째로 자산가를 우대하여 지배 기반으로 이용한다는 식민지배의 계급성을 비판하면서 더욱 공정한 통치제도를 제안하는 '조선인 직원'을 만들어냈다. 이 제안이 어디까지나 체제 내부에서의 발언이었음은 말할 나위도 없다. 그러나 첫머리에서 말한 '회색지대'라는 분석틀을 적용하면, 이 제안의 내용은 '협력' 근처에서 '저항'의 영역으로 스며나오고 있다고 평가할 수 있을 것으로 생각한다.[64]

여기에서 확인해두어야 할 논점은, 모방은 개별 구체적인 일상생활 중

---

[63] '부일협력'론의 맥락에서 보면, '조선인 직원'의 주관으로는 '실력양성운동론'에 의해 뒷받침된 민족의식의 발현이었다고 평가하는 것도 여전히 가능하기는 하다.

[64] 이 제안은 원래 저항의 메시지 그 자체는 아니고, 저항의 언설로서 독자들이 읽을 수 있는 계기를 잠복시키고 있었을 따름이다. 따라서 『조선지방행정』이라는 잡지에서 일상적으로 접하고 그 내용을 이해할 능력을 가진 사람만이 '저항'의 언설로 요해할 수 있었던─모든 독자가 똑같은 요해에 도달하는 것도 아니다─것이다. '저항'이라고 하더라도 운동론적인 시각으로 보면 그 평가는 제한적인 것이 되지 않을 수 없다. 그럼에도 또 지배체제 내부에서 이런 언설이 유통되고 있었던 사실이 갖는 의미를 강조해두고자 한다.

에서 수행되는 것이고, 따라서 어떤 개인이 근대 관료로서 말하자면 순수 배양되는 것은 아니라는 것이다. '조선인 직원'의 사례에 근거하여 말하면, 그들은 자신이 구성원인 지역사회의 관습이나 규범 혹은 역할 기대를 몸에 익히면서, 동시에 모방을 통해 자신을 근대관료로 만들어갔던 것이다. 이 결과 '조선인 직원'은 어떤 때는 근대관료의 시각으로부터 구래의 관습이나 규범을 비판하고, 또 어떤 때는 지역사회의 규범에 의거하면서, 또 근대관료로서의 리더십을 이용하면서 식민지 통치제도를 비판하는 시각을 확보할 수 있었던 것이다.

앞서 소개한 최정무의 논문에 강한 시사를 준 호미 바바(Homi. K, Bhabha)의 논문은 식민지 피지배자에 의한 모방이 조소/모조품(mockery)을 동반한다는 것, 그것이 결과적으로 모방이라는 행위에 양면성(ambivalence)을 초래하는 사실의 중요성을 지적하고 있다.[65] '조선인 직원'이 획득한 위의 두 가지 시각은 정확히 바바가 지적한 양면성의 한 사례를 보여주고 있다고 생각한다.

식민지 권력은 그때까지 의거해온 '내성주의'만으로는 전시체제를 구축할 수 없었다. 전시 하의 통제·동원정책은 대단히 방대한 물량의 제도(즉 물적 동기부여 내지는 강제장치)에 뒷받침됨으로써 비로소 수행할 수 있었다.

2절의 분석대상에서 제외한 1940년의 「행정논단」에는 창씨개명과 관련하여 그것을 추진하려면 신고주의와 등기의 무료화가 필요하다는 것(1904), 혹은 호적 사무 폭주에 대응하기 위한 고원(雇員) 증대(1906)가 제안되고 있다. 또 통제정책과 관련하여 미곡조사원의 대우 개선(1905), 혹은 물품배급제도 개선을 위한 읍면 단위의 배급소 설치 제안(1909) 등이 나오

---

65) Homi. K, Bhabha, "Of Mimicry and Man : The Ambivalence of Colonial Discourse", in *The Location of Culture*, London and New York: Routledge, 1994, p. 86.

고 있다. 즉 지방행정의 말단을 담당하는 '조선인 직원'에게는 통제·동원정책에 대해 근대관료로서 어떻게 목적합리적으로 대응할 것인가가 최우선의 과제가 되어 있었다.

그러나 그 결과로 그들은 자신을 포함한 조선인에게 '황민화' 이데올로기를 주입하는 기능의 일부를 담당하게 되었고, 또 전시통제·동원정책이 반드시 지역사회에 공평성을 초래한 것도 아니었다.[66] 근대관료로서 능력 있는 관리(能吏)가 되려고 하면 할수록, '조선인 직원'은 지역사회의 규범이나 관습과의 괴리를 자각하지 않을 수 없는 상황에 빠졌던 것이다.

---

66) 이타가키 류타는 한 농촌 청년의 일기를 소재로 도시/농촌 인식에서의 양가적인 생각 등 1930년대 조선 농촌에서 맞딱뜨린 '경험'의 중층성을 부각시키고 있어 흥미롭다(板垣龍太, 「'新舊'の間で一日記から見た一九三〇年代農村靑年の消費行動と社會認識」, 『韓國朝鮮の文化と社會』第二号, 2003 참조).

3장
식민지 하의 조선인은 어떻게 통치되었는가?
─일본 '제국'의 의도하지 않은 통합원리

머리말

자주 언급되듯이, 일본 '제국'에 의한 조선 식민지배의 특징 가운데 하나는 그 '동화주의'에 있었다. 그리고 동화의 중심에는 천황제가 항상 설정되어 있고, 동화정책의 궁극의 모습은 전시기의 '황민화정책'으로 표출되었다. 국민국가의 통합원리로도 충분한 정당성을 획득할 수 없었던 천황제는 '제국' 지배 하의 타민족을 통합하는 원리로서는 지나치게 보편성을 결여하고 있었다. 일본에 의한 조선 식민지배는 물리적인 폭력장치의 부단한 출동에 의해 겨우 성립할 수 있었다.

더욱이 일본 국내에서는 현재 식민지배의 제도화된 폭력성을 의도적으로 부정하는 논의(예를 들어 '종군위안부'를 둘러싼 그것)가 세대를 넘어 재생산되고 있다. 또한 "나쁜 일도 했지만, 좋은 일도 했다"는 식의 논의에 의해 식민지배를 정당화하고자 하는 시도가 아직도 일정한 영향력을 가지고 있다. 이런 현실을 볼 때, 일본이 식민지 하의 조선을 얼마나 폭력적으로 통치하고 있었는가를 확인하는 작업은 지금부터라도 되풀이하여 시도하지 않으면 안 될 것이다.

　단, 이 글의 과제는 그 작업과는 대척점에 놓여 있다. 일본 '제국'이 협애한 통합원리밖에 제시할 수 없었고, 그 때문에 대단히 난폭한 지배밖에 할 수 없었다는 점을 강조하면 할수록, 그러면 왜 조선인은 그런 식민권력에 의해 어떻게 해서 결과적으로는 통치되었던가 하는 의문이 떠오르게 된다. "일본이 조선인을 어떻게 지배했던가"라는 것과 "조선인은 어떻게 지배되었던가"라는 것이 반드시 동일한 현상의 다른 말이 되는 것은 아니지 않을까 하는 의문이 이 논의의 출발점에 있다.

　일본과 마찬가지로 조선도 19세기 후반에 근대적인 국민국가로 재편성하고자 하는 시도를 개시하였다. 그러나 결과적으로 그 시도는 중도에 좌절되었고 일본의 식민지로 편입되고 말았다. 조선인은 최종적으로 본격적인 여러 근대적 제도(행정제도, 경제제도, 교육제도 등) 경험을 식민지 권력으로부터 처음으로 받게 되었던 것이다(그것은, 예를 들어 참정권이나 의무교육의 결여 등과 같이 근대국가의 제도로서는 불충분한 것이었지만). 식민지배로부터 탈각하여 근대국가를 형성한다는 최종적인 목표는 공유하면서도 식민지 권력에 의해 주어진 이 제도들에 대한 태도를 둘러싸고 조선인 내부에서도 전략적으로 심각한 대립이 발생하였다.

　종래 민족해방운동사의 입장에서는 이런 제도들에 적극적으로 관여했고 있던 조선인에 대해 '개량주의자' 나아가 '친일파'라는 부정적인 평가를 내리는 경향이 강했다. 그러나 일반적인 조선인에게는 이 제도들을 이용하여 개인적으로 사회·경제적 이익을 획득하는 것은 일상적인 일이었을 것이다. 그런 상황을 감안한다면 '개량주의'도 전략론으로서는 일정한 효과를 가지고 있다고 할 수 있는 것은 아닐까? 적어도 필자 자신은 '개량주의자'와 '친일파'를 '변절자'라고 윤리적으로 비판할 수 있는 입장에 있지는 않다.[1]

---

1) '친일파'에 대해서는 並木眞人, 「植民地期朝鮮人の政治參加について」, 『朝鮮史研究會論文

단, 국민국가를 형성하기 위한 '근대화'를 식민지 권력에 의해 주어진 여러 제도들을 통하여 이루고자 하는 '개량주의자'의 전략은 그(그녀)들에게 항상 긴장감을 강요하는 것이 되었다. 특히 천황제라는 특수 일본적인 근대와 그 제도들이 불가분의 관계에 있었기 때문에 그 긴장은 어쩔 수 없는 것이 될 수밖에 없었다.

도식적으로 묘사하면, 조선인의 일상생활을 식민지배라는 상황이 감싸고, 나아가 그 외피를 근대라는 커다란 구조가 둘러싸고 있다고 표현할 수 있을 것이다. 식민지배라는 상황(여기에서는 지배하고 있다는 상황 그 자체가 중요하므로 일본 '제국' 통치원리의 알맹이는 일단 묻지 않는다)이 '근대화'를 위한 조선인의 시도를 모두 자승자박으로 몰아넣는 필터로 기능했던 것은 아닐까? "조선인은 어떻게 지배되었는가"라는 질문에 대한 잠정적인 대답이 이것이다. 이 점에 대해서 아래에서는 대표적인 두 가지의 사고양상을 대상으로 조금 더 구체적으로 논의하고자 한다.

1. 실력양성─권력론 없는 주체성론

전시체제 하 일본보다 1년 늦은 1938년에 조선에서 '국민정신총동원운동'이 개시되고(이하 '정동운동'으로 표기), 나아가 1940년에는 조선판 '신체제운동'으로 '국민총력운동'이 개시되었다. 1945년에 국민총력연맹이 출판한 『조선에서의 국민총력운동사』[2])에는 조선에서의 '정동운동'과 관련하여 다음과 같은 구절이 있다.

集』第31号, 1993 참조.
2) 森田芳夫 편, 『朝鮮に於ける國民總力運動史』, 國民總力朝鮮聯盟, 1945.

(전략) 농산어촌진흥운동에는 그 근본에 한 가지 해결해야 할 문제를 가지고 있었다. 그것은 지나치게 개인생활의 재건을 기준으로 삼고 있다는 것이었다. (중략) 그 농산어촌진흥운동 시대에 항상 내세워진 모범은 덴마크의 자작농 98%였다. 그러나 개인이 아무리 부유해진다고 하더라도 덴마크처럼 약한 민족이 되어서는 안 된다.(17쪽)

'농산어촌진흥운동'이라는 것은 쇼와공황에 의해 피폐해진 농가경제 갱생을 목표로 조선총독부가 1932년부터 벌인 관제 운동이다(이하 '진흥운동'으로 표기). 농가경제가 곤궁한 근본적인 원인을 조선 농민의 나태와 낭비에서 찾고, 따라서 농민을 대상으로 한 근로·검약의 '계몽' 활동을 통하여 '개인생활을 재건'하는 것을 운동의 주요한 과제로 설정하고 있었다. 식민지 배가 초래한 구조를 무시하고 조선 농민 개개인의 성향에서 문제의 기원을 찾는 식민지 관료의 태도는 결코 즉흥적인 것이 아니라 그들(감히 남성명사를 사용한다)의 조선인에 대한 뿌리 깊은 멸시로부터 유래된 것이라고 생각한다.

단, 여기에서 유의해야 할 것은 근면·검약이라는 개별적인 노력에 의하여 궁핍함을 극복하고자 하는 움직임이 조선인 내부에서도 확산되고 있었다는 점이다. 이 시기에 한해서 보더라도, 민족지를 발간하는 신문사 등이 중심이 되어 조선인 지식인을 동원한 농민계몽운동이 전개되었다(동아일보사에 의한 '브나로드운동'이 유명하다). '진흥운동'도 총독부 주도에 의한 위로부터의 형식적인 운동에 그친 것이 아니라, 당시 조선 농촌사회에 일정하게 공명하는 움직임이 일어나고 있었다고 파악해야 할 것이다.

조선 사회를 개량하기 위하여 조선인의 개별적인 노력에 호소하고자 하는 운동론은 이 시기만이 아니라 19세기 말 이후 되풀이되어왔다. 구한말의 '애국계몽운동', 1910년대의 '구사상·구관습 개혁론' 그리고 1920년대 전반의 '문화운동' 등이 그것이다. 최근 연구에서는 이들 일련의 운동론에 대해 '실력양성운동론'이라는 호칭이 주어져 있다.[3] 또는 1920년대 초 이래 '교육열'이라고 표현될 정도로 조선인 사이에서 초등교육기관 입학자 수가 급속히 증가하고 있는데, 그 배경에는 교육을 계기로 사회적·경제적 지위를 향상시키려는 개인적인 동기 부여만이 아니라 이러한 '실력양성운동론'이 강하게 영향을 미치고 있었다고 생각된다.[4] 구한말 단계에서는 도시지역의 지식인에 제한되어 있던 영향력이 점차 지방의 명망가에게로, 더욱이 1930년대 초에는 앞서 말한 것처럼 일반 농민에게까지 서서히 확산되고 있었던 것이다.

이런 일련의 운동을 지지했던 사상은 널리 보면 서구에서 생긴 사회진화론이 조선 사회에 토착화한 것이라고 할 수 있을 것이다. 서구에서는 계급사회를 정당화하는 담론으로 정착했던 사회진화론이 19세기 말 조선에서는 구미와 일본·중국에 대항하면서 국민국가를 형성하기 위한, 나아가 1905년 이후에는 민족독립을 위한 전략론으로서 독자적으로 전개되었던 것이다.[5]

그런데 앞의 인용문 중에서의 덴마크에 대한 언급은 약간은 당돌한 인상을 주지만, 농업국으로서 풍부한 국민경제를 만들었던 덴마크에 대해서 식민지 관료가 종종 강한 관심을 보이고 있었다. 실제로 그들이 작성한 덴마크에 관한 보고가 몇 가지 공개적으로 간행되어 있다. 그뿐 아니라 조선인 측에서도 덴마크에 대한 관심은 높았다. 유럽의 강국에게 포위된 소국이면서도, 그리고 19세기 후반에는 어쩔 수 없이 영토의 일부를 독일에게 할양하면서도 정치적 독립과 풍요로운 농업을 누리고 있었다는 점에서 조선인의

---

3) 박찬승, 『한국 정치사상사 연구』, 역사비평사, 1992 참조.
4) 오성철, 『식민지 초등교육의 형성』, 교육과학사, 2000 참조.
5) 전복희, 『사회진화론과 국가사상—구한말을 중심으로』, 한울아카데미, 1996 참조.

선망을 받았던 것이다.

당시 조선인은 '실력양성운동론'의 맥락과도 연계되어 덴마크 성공의 열쇠로서 '국민고등학교'라는 독자적인 교육제도에 주목했다. 국민고등학교를 인격수양기관으로 이해하고, 거기에서 강고한 의지와 육체를 획득한 젊은 인재가 덴마크를 발전으로 이끌었다고 이해했던 것이다.

제2차 세계대전 개전 직후 덴마크는 독일에게 점령되어버렸다. 그렇지만 앞의 인용문에 나온 '약한 민족'이라는 덴마크에 대한 형용은 소위 수사적 표현(rhetoric)이고, 덴마크에서 모범을 찾았던 '진흥운동'에 대해 식민지 관료가 심각한 반성을 한 흔적은 없다. '진흥운동'의 한계가 인식된 뒤에 그 다음 농촌정책이 전개된 것이 아니라, 전시체제의 강화가 '개인생활의 재건'이라는 '개인주의적'인 슬로건을 시대에 뒤처진 것으로 만들었을 따름이다. '진흥운동'의 한계를 몸으로 느끼고 있었던 것은 오히려 그에 호응하여 농가경제 재건을 조직하고 있던 조선 농민들 자신이었던 것이다.

'진흥운동'에서는 근로와 검약의 중요성이 강조되었다. 예를 들어 아침 일찍 일어나 마을 안의 풀을 베어 그것으로 퇴비를 만들어 농작물 증산을 이루었다는 따위의 사례가 미담으로 종종 거론되었다. 그러나 조금만 생각해보면 쉽게 알 수 있는 것처럼, 마을 안의 모든 농민이 그 미담을 흉내 내면 마을 안의 풀은 금세 없어져버릴 것이다. 혹은 될 수 있으면 고용노동을 자가노동(특히 여성노동)으로 바꾸고, 고용자에 대한 점심과 간식을 간단하게 할 것이 권장되었는데, 그 결과 생계에서 차지하는 피고용 임금수입의 비율이 높은 하층농민은 그 이전보다 빈궁해져버렸다.[6]

요약하면 쇼와공황기의 조선 농촌은 개별 농민에게 근로와 검약을 강조하는 사소한 행위가, 마을 안에 부존하는 지역자원의 분배를 빠듯하게 하거나 종래의 워크 쉐어링(work sharing) 질서를 불안정하게 할 정도로

6) 松本武祝,『植民地權力と朝鮮農民』, 社會評論社, 1998 제5장 참조.

취약한 경제구조를 내포하고 있었던 것이다. 좀 더 논리적으로 정리하면, 농업 외 노동력 시장의 미발달에 기인하는 식민지적 농촌 과잉노동인구의 누적이 이런 제로섬(zero-sum) 상황을 만들었다고 할 수 있다.

'실력양성운동론'은 그 논리 구성상 개개 구성원의 인격과 능력의 총화가 국민국가 전체의 성격을 결정한다는 국가유기체설의 사고를 전제하고 있다. 국가유기체설이 국민국가의 지배 이데올로기로 기능하는 경우에는 국가권력의 노골적인 존재를 은폐하는 역할을 수행한다. 다른 한편 그것이 국가권력을 지니지 못한 피지배민족 내부에서의 계몽 → 개혁 이데올로기로 기능하는 경우에는 국가권력 구축을 위한 전략론을 무력화시키는 역할을 수행하는 것이 아닐까? 조선의 '실력양성운동론'의 경우, '선실력양성·후독립'이라는 슬로건을 가지고 '독립'(=국가권력의 장악)에의 전망은 간신히 드러내고는 있었다. 그러나 '독립'은 어디까지나 '실력양성'이 달성된 후의 과제(혹은 '실력양성'의 결과)로 파악된 것에 지나지 않고, '실력양성'의 과정 그것이 국가권력과의 관련성이 요구된다는 시각은 논의에서 완전히 빠져 있었다.

게다가 '독립'의 전제가 되는 '실력'의 지표에 대한 절대기준의 명시가 불가능했기 때문에, '실력'이 늘고 있다는 체험에 근거한 조선인의 자기인식도 그럼에도 불구하고 여전히 식민지 그대로라는 현실에 의해 끊임없이 허무화되지 않을 수 없었다. 그러나 '실력양성운동론'은 그런 조선인에 대해서는 허무감을 떨쳐내고 '실력양성'을 목표로 더 한층 노력을 쌓아나가야 한다는 주장 이상의 그 무엇도 할 수 없는 형편이었다.

그러나 현실에서는, '진흥운동'에 관해 말한 것처럼, A라는 농민의 '실력양성'을 위한 노력과 B의 노력이 지역사회 속에서 양립 불가능한 사태가 조선 농촌에서 벌어지고 있었고, 양자가 더 한층의 개별적인 노력을 시도하는 것 자체가 곤란하게 되어 있었다. '실력양성운동론'이 안고 있던 이론적

한계가 실천의 현장에서 드러나버린 것이다.

그런데 1937년에 현영섭(玄永燮)이라는 인물이 "이 작은 책을 일본 국민으로서 살고자 하는 성실한 조선인 청년 여러 형제자매에게 바친다"라고 하면서 『조선인이 나아가야 할 길』이라는 저서를 출간했다. 조선인 자신에 의한 '내선일체'론의 대표적인 저작이고, 또 왕년에 "맑시스트와 아나키스트들을 도덕적으로 지지했던 남자"(185쪽)의 '전향'의 글이기도 했다.[7]

현영섭은 이 저서에서 "불만(병합에 대한 것－인용자)을 표기하기 전에 우리 조선인들의 생활을 검토하면 현재 개혁해야 할 많은 결함을 아직도 가지고 있다는 것을 자각해야 한다"(21쪽), "자신들 일상생활의 변혁이 사회·정치·경제의 여러 제도개혁보다 더 필요하다"(25쪽), 혹은 "이 진보하는 시대에 뒤떨어지지 않기 위해서는 당분간 내지인(일본인－인용자) 이상으로 우리 조선인들은 결사적으로 공부하지 않으면 안 된다. 맹렬하게 노동하지 않으면 안 된다. 조선 농민의 노동 일수가 내지 농민의 그것보다 훨씬 적기 때문에 하나도 둘도 셋도 노동하는 것밖에 방법이 없다"(57쪽)라고 하여, 일상생활 속에서 개개 조선인이 노력하는 것이 중요하다는 것을 되풀이하여 강조하고 있다.

현영섭이 '실력양성운동론'을 어떻게 인식하고 있었는가는 명확하지 않다. 그러나 마르크스주의의 영향을 일단은 받으면서도 결국 "인간의 의지와 행위가 역사의 창조적 구성요소다"(92쪽)라는 역사관을 가짐으로써 '유물변증법 비판'으로 전향한 현영섭의 주장이 '실력양성운동론'의 그것과 겹치는 것도 당연한 것이라고 할 수 있을 것이다.

단, 그럼에도 "조선인 맑시스트들이 가족 이외에 사회경제라는 것을

---

7) 玄永燮, 『朝鮮人の進むべき道』, 綠旗聯盟, 1938 참조. 현영섭에 대해서는 宮田節子, 『朝鮮民衆と「皇民化政策」』, 未來社, 1985(이형랑 역, 『조선민중과 '황민화'정책』, 일조각, 1997) 참조.

강조하고, 조선에 사회적 훈련, 경제적 관심을 이식하는 데서 다소간의 기여를 했다고 할 수 있다"(114쪽)라는 지적에서 엿볼 수 있는 것처럼(또 현영섭은 조선인의 '가족주의'를 이기주의의 상징이라고 강조하고 있다) 현영섭은 '사회'와 '경제'가, '가족'이라는 사회 최소단위의 총화로서 드러나지 않는 '구조'로서 존재하고 있다는 인식을 가지고 있었다. 따라서 현영섭이 개개 조선인의 노력 축적에 의해 조선이 사회로서 '진화'해간다고 하는 '실력양성운동론'의 안이함을 공유할 수는 없었을 것이다.

여기에서 현영섭은 '진흥운동'과 관련하여 조선 농민이 직면했던 것과 동일한 고민을 그의 두뇌 속에서 추체험했을 것이다. 그런데 그는 대단히 간단하게 이 어려운 질문을 해결해버렸다.

현영섭은 "국가와 사회는 개인에 선행하여 존재하고 있는 것이다. 한 개인이 없더라도 사회는 훌륭하게 존재하지만, 국가사회는 그것을 구성하는 개인의 여하에 의하여 좌우된다"(55쪽)라고 사회와 개인의 상호관계를 재정의한다. 게다가 "'자신의 일은 자신이 하라'는 높은 가르침은 자기 멋대로 해버리라는 것이 아니라, 주어진 의무를 감수하고 그것을 최선의 노력으로 자신의 힘으로 수행하는 것을 의미한다. 책임 관념의 강함이다. 이것은 유교의 '수신'에도 있는 것이지만, '제가'라고 것에만 전심했던 사람들('가족주의'를 고집하는 조선인을 가리키고 있다—인용자)에게는 인격 도야가 중요한 것은 아니었던 것이다"(58쪽)라고 자신의 주장을 펼쳤다.

말하자면 '사회구성원으로서의 의무'라는 형태로 개개 조선인이 양성해야 할 '실력'의 방향성을 미리 제시할 수 있다면, 거기에는 벌써 개개인의 노력과 전체 구조 간의 불일치가 생긴다는 모순점을 소멸해버리게 되는 것이다.

단, 여기에는 커다란 전략상의 단절이 있다. 현영섭이 말하는 '의무'라는 것은 "우리는 진정한 일본 국민이 되기 위하여 모든 방면에서 실력을 양성

하고, 청순한 인격자가 되기 위하여 자신과도 격투해야만 한다"(63쪽)라는
것이었다. 이 절의 첫머리에서 소개한 『조선에서의 국민총력운동사』에서
는 앞의 인용에 이어 "덴마크적 민생보다는 더욱 강력한 일본적 국민감정과
국가적 훈련이 희구되어야만 했다"(18쪽)라는 지적이 있다. 의도하지 않게
현영섭의 결의와 마찬가지인 견해가 표명되고 있다. 현영섭은 결국은 조선
인의 민족적 독립이라는 '실력양성운동론'이 추구해왔을 과제를 포기까지
했지만 그것에 내재된 모순을 해소시킬 방도는 없었던 것이다.

그는 "진정으로 일본 국가를 사랑하지 않고서 가면을 쓰고 살고 있는"
조선인을 '위선자'라고 부르며 비판했다(117-118쪽). 그러나 예를 들어 '진
흥운동'에서 모순에 직면한 조선 농민의 대다수는, 현영섭처럼 말하자면
관념적인 결벽증으로 고민하는 것이 아니라, '위선자'로서 개별 구체적인
상황과 싸우면서 전시 하를 꿋꿋이 살아나가고 있었다고 생각된다.

그런 의미에서는 현영섭의 '변절'이 당시의 사상 상황을 대표하고 있었
다고는 할 수 없을지도 모른다. 그러나 그는 조선인의 개별적인 노력의 총화
에 의해 조선의 '독립'이 달성될 수 있는지 없는지를 고민해보았던 하나의
상징적인 인물이었다고 생각된다.

2. 구조개혁론―주체 없는 '근대화'론

개개인의 개별적인 노력의 중요성을 강조하는 '실력양성운동론'자(및
현영섭)와는 대조적으로 일관되게 구조론적인 시각에서 조선의 농업 문제
를 포착하고자 하는 입장을 취하는 조선인 지식인도 존재했다. 아래에서는
인정식이라는 인물의 저작을 분석함으로써, 후자의 입장이 어떤 언설로 이
루어져 있었는가, 그리고 식민지 권력과는 어떤 관계를 맺게 되었는가를

정리하고자 한다.

인정식이라는 이름은 현영섭의 저작 중에도 "내지(일본―인용자)의 저널리즘계에 진출해 있는" '맑스주의자'(88쪽)의 한 사람으로 등장하고 있다. 1937년 최초의 저서『조선의 농업기구 분석』8)(이하『분석』으로 표기)의 서문에서 인정식은 "엄밀히 과학적인 입장에 입각한 학파"(서문 2쪽)의 시각에서 조선의 농업 문제를 논의할 것임을 선언하고 있다. 인정식은 이 시기에 조선의 대표적인 마르크스주의 지식인이었다. 이 저서는 1939년에『조선의 농업기구』라고 제목을 바꾸었고, 또 1940년에는 증보판이 출판되었다(아래에서는『증보판』으로 표기).9)

그런데 이『증보판』은 조금 기묘한 내용으로 되어 있다. 1~3장 및 부장(付章)은 몇몇 어구를 제외하면 1937년 초판과 완전히 동일한 문장이 실려 있음에도 불구하고, 그 서문은 "만약 이 책이 금후 내선일체의 촉진을 위하여, 나아가 신동아건설의 완수에 얼마간이라도 참고가 될 수 있다면 저자의 망외의 영광이다"(서문 7쪽)라는 식민지 권력에 영합하는 서술로 채워져 있다.

인정식의 입장 변화를 단순히 '전향'으로 정리해버리는 것은 부적절할 것이다. 오히려 마르크스주의 경제학자로 조선 농업을 비판적으로 분석하는 입장과 식민지 권력에 의해 추진된 전쟁동원정책에 적극적으로 개입해 가는 입장이, 인정식의 내면에서 반드시 결정적으로 대립하고 있었던 것은 아니었을 것이라고 추찰된다.

『분석』에서 인정식은 자신의 저서를 총괄하여 "조선의 농촌사회는 외래 자본주의(특히 일본 자본주의를 가리키고 있다―인용자)와의 불가피한 접촉에 의하여 자본제적 유통 및 축적의 궤도 내부에 급격하게, 더욱이 종속

---

8) 印貞植,『朝鮮の農業機構分析』, 白揚社, 1937.
9) 印貞植,『朝鮮の農業機構(增補版)』, 白揚社, 1940.

=편입되어 그 봉건제 해체를 위한 자극과 충동을 부단히 받아왔음에도 불구하고, 오늘에 이르기까지 본질적으로는 여전히 봉건적=반농노적인 수취관계의 제 특징을 확보·유지하면서 오로지 비자본주의적 울타리로서의 역사적 과제에 충실하고 있다"(232쪽)고 말하고 있다. 여기에서 말하는 '봉건적=반농노적인 수취관계'라는 것은 "구래의 봉건적=영세농적 생산양식이 여전히 구태 그대로 존속·답습되고, 나아가 토지집중(대토지소유자로의 토지소유의 집중―인용자)의 급속한 발전과 함께 더욱 확대·심화되지 않을 수 없었던" 생산관계이고, 그것을 기반으로 성립한 '50~90%의 고율을 가진 바, 봉건적 지대=소작료'를 그 특징으로 하고 있다(이상 233쪽).

인정식은 '농업의 자본제적 발전'을 저지하는 요인으로서 '잉여노동의 전부를 포함'하는 고율의 '봉건지대'의 존재에 특히 주목하고 있다. 그리고 봉건지대의 "표준적인 고율성은 실로 봉건적인 여러 토지관계와 예속관계를 기초로 하는 것으로서, 단순히 소작인 간의 경쟁에 기인하는 것은 결코 아니다. 이 경쟁은 이 고율성이 점점 높아져가는 경향에 대해서는 명확히 부분적인 설명 이유는 되는 것이지만, 이 경쟁이 이미 정지했다고 가정되는 경우에도 여전히 지속되는 표준적인 고율성 그 자체에 대해서는 어떤 해명도 주는 것이 아니다"(이상 194쪽)라는 독특한 견해를 제시하고 있다. 즉 소작료 '고율성'의 요인은 농지의 수급관계라는 시장에서 결정되는 표층의 부분과 대토지소유자와 영세농민 사이에 성립하는 '봉건적' 관계(그것은 반드시 물리적 폭력으로 담보되는 것이 아니라 사회적·관습적인 역관계로서 파악되고 있다. 222-224쪽 참조)에 의해 규정되는 기층적인 부분의 두 가지 차원으로 나뉘어 파악되고 있는 것이다.

그런데 중일전쟁이 장기화하는 가운데 일본 '제국' 안의 식량수급이 핍박받기 시작하였다. 특히 1939년 서일본과 조선에 들이닥친 한발은 미곡 수급 균형을 그때까지의 과잉 경향으로부터 부족 경향으로 크게 전환시켰다. 이와 더불어 조선에서는 1934년에 중단되었던 '산미증식계획'이 '증미계획'으로 명칭을 바꾸어 1940년에 다시 개시되고 있다. 그해 4월에 출판된 인정식의 『증보판』에는 앞서 말한 바와 같이 『분석』이 다시 수록되고, 거기에 3개의 시론적인 논문이 추가되어 있다. 인정식은 그 가운데 마지막 문장에서 '증미계획'을 "농업의 집약화를 주"(343쪽)로 하는 '내발적인'(345쪽) 미곡증산계획이라고 규정한 뒤에, "예기한 실적을 거두기 위해서는 무엇보다 우선 구래의 소작관계를 일방적인 이익만을 편들지 않고 더욱 합리적으로 재조정하는 것이 선결조건이다"(349쪽)라는 주장을 전개한다.

또 같은 해 11월에 인정식은 『조선의 농업지대』라는 저서를 출판한다[10](이하 『지대』로 표기). 그중에서 그는 "황민화를 철저히 완수하기 위해서는 조선인이 내지인과 동일한 국민적 자격 및 의무를 수행하는 것이 필요하다"(36쪽)고 말하고, '개병제'와 '선거제'의 도입을 '불가결한 과제'라고 규정한다. 그리고 "그 기초적인 전제로 우선 의무교육제가 시행되어야 한다"(37쪽)고 주장한다. 나아가 인정식은 왜 이제까지 의무교육제가 시행되지 않았는가라는 논리를 전개하고, "문제의 핵심은 항상 농민의 생활수준에 기인하고 있다"고 결론짓는다. 따라서 인정식에 의하면 "농민의 생활수준을 높이기 위해서 농촌의 여러 소작관계를 국가적으로 재조정하는 것"(37쪽)이 '황민화정책'의 출발점으로 규정되지 않으면 안 된다는 것이다.

1943년에 출판된 『조선농업 재편성의 연구』[11](이하 『연구』로 표기)에서는 위에서 말한 조선 농민의 생산력 수준과 생활수준의 향상이라는 논점을 정책과학적으로 더욱 명확하게 분석하고 있다. 즉 "국가적인 입장에서 말하면, 우선 농업생산력을 유지·확충하고 아울러 농가생활의 안정화를 도모하는 것이 유일한 최대의 관심사"(111쪽)라는 전제를 표방한 후에, 현

---

10) 印貞植, 『朝鮮の農業地帶』, 生活社, 1940.
11) 印貞植, 『朝鮮農業再編成の研究』, 人文社, 1943.

행으로는 지주-소작농 간 분배관계가 〈농산물의 총수(확)고(總收[穫]高)－고율소작료=불안정적 생활비 + 축소적 재생산비〉(114쪽)로 되고 있기 때문에 위에서 말한 '국가적 입장'을 실현할 수 없다고 현상을 비판한다. 그리고 〈총수확고－(안정적·향상적 생활비 + 확대재생산비) = 적정소작료〉(140쪽)라는 관계가 성립하기 위하여 분배관계를 변혁하지 않으면 안 된다고 주장한다. 현물형태에서의 발상이 농후하고 농산물 가격 논의가 빠져 있으며, 혹은 당시 왕성하게 논의되고 있던 '적정 규모'라는 시각[12]이 충분히 반영되어 있지 않다는 의문은 쉽게 제기할 수 있지만, 어쨌든 그 두 가지 등식의 대비를 통하여 '봉건적'인 농업구조를 '근대화'하는 것이야말로 전시체제를 유지하는 데 대단히 중요한 정책과제라는 것을 간결하게 보여주었던 것이다.

조선 농촌에 대량으로 양산되고 있는 영세농민은 "농번기에 있어서조차 경지(경작?―인용자)해야 할 경지가 없기 때문에 유휴하지 않을 수 없는, 소위 반실업적인 농민으로 전화시킨다. '조선 농촌의 유례없이 나태한 자'는 이리하여 조성되고 있다"(『지대』, 8쪽)라는 구조론적인 시각을 획득하고 있는 인정식에게 근면 등의 개별적인 노력으로 사회개량을 달성하고자 하는 '실력양성운동론'은 넌센스에 지나지 않았다. 마찬가지로 인정식에게는 "농촌진흥운동은 주지하는 바와 같이 구래의 농촌사회의 여러 봉건적 생산사정과 영세경작적 과소농제를 조금도 본질적으로 검토 내지 변혁하지 않고, 다만 이러한 농촌사회를 노동집약적인 노동제일주의 하나만으로 진흥하고자 하는 정책"(『연구』, 82쪽)이었던 것이다.

---

12) 바로 앞 장에서 인정식은 "경영 규모가 외연적으로 설령 적정화했다고 하더라도 다른 한편 소작관계가 마찬가지로 적정화하지 않는 한 결코 건전한 농가는 발달할 수 없다"(106쪽)는 것을 근거로 "소작관계의 적정화는 경영 규모의 적정화보다도 더욱 중요한 우월적 의의를 가진다"(108쪽)고 주장하고 있다. 이 주장은 앞서 언급한 인정식의 소작료론, 즉 소작료의 고율성은 시장의 수급관계가 반영하는 표층 부분과 '봉건적'인 사회관계에 의해 규정되는 기층 부분으로 구분하여 분석해야 한다는 논의 구성과 대응하고 있다.

현영섭은 앞의 책에서 의무교육 실시를 위하여 "재력이 없으면 조선인에게 술과 담배를 먹는 것을 금지시켜도 좋다"(179쪽)는 비장한 결의를 말하고 있다. 이와 비교할 때 위에서 말한 인정식의 의무교육 실시를 위한 정책론은 지극히 논리정연한 것으로서 구조적이다.

인정식은 농업구조의 '근대화'라는 자신의 목적을 전쟁 수행이라는 식민지 권력의 목적을 수단으로서 거꾸로 최대한 이용함으로써 달성하려고 생각하고 있었던 것이다. 목적과 수단의 관계가 이런 형태로 성립하는 한에서 전쟁동원정책을 적극적으로 지지하는 자신의 언설은 불가결한 전술로서 마르크스주의자 인정식의 내면에서 정당화될 수 있었을 것이다. 그리고 개개의 조선 농민을 '구조' 속에 집어넣어버림으로써 이론적으로건 실천적으로건 주체를 가진 조선인을 그 한 사람으로 한정하는 것이 가능하게 되었다. 그의 내면에서는 식민지 권력과 싸우면서 전술과 진심 사이에서 고뇌하는 조선인은 이 마르크스주의 지식인 한 사람만으로 충분하리라 생각했을 터이다.

그런데 식민지 권력이 어떤 방식으로 적정 소작료 수준과 농업 경영 규모를 실현해갈 것인가? 이 점에 관해서 인정식은 구체적인 아이디어를 제언하지 않고 있어, 그의 논의의 약점으로 지적될 수 있다. 아래에서 소개하는 그의 논의에는 이 약점이 단적으로 드러나 있다.

인정식은 『연구』에서 전시 하의 대량 이촌을 논하고 있으나, 그 속에서 "의무교육이 실시되지 않고 있는 조선 사회에서는 도회의 공업이 요구하는 근대적인 공장노동력은 초등학교 졸업자가 아니면 안 되는데 그들은 다수가 안정 농가 출신으로서 빈농의 자제들은 완전히 무교육자이다", "안정 농가에서 장남과 차남이라는 방식으로 다수의 청소년이 이촌하면 지금까지의 안정 농가는 이제 불안정으로 떨어"(192-193쪽)진다는 문제점을 지적하고 있다. 그러나 그것은 "어쩔 수 없다"(193쪽)고 평가하고, 인정식은 오히려

"농업의 기계화 이외에는 방법이 없다"(194쪽)고 설명을 전개하고 있다.

초등학교 이상의 학력을 가진 '안정 농가'의 자제가 농촌에 머무르지 않고 도시로 전출해버리는 현상에 대해서는, 농촌에서 말단 행정의 담당자로 기대되고 있던 이른바 중견 청년을 잃는 것과 연결되는 것으로서 농정당국은 위기감을 가지고 있었다. 또 사건에 의하면, 초등교육 이상의 학력을 가진 농가 자제의 상당한 부분이 농촌을 떠나는 풍조 속에서[13] 무슨 사정으로 본가에 머무를 수밖에 없었던 농촌 청년들이 공유하고 있었을 어떤 종류의 우울한 심리야말로 '봉건적인' 농업구조를 타파해야 한다는 인정식의 주장에 대해 가장 강하게 감응하고 있었던 것은 아닐까 하고 생각한다.

이처럼 인정식은 자기가 주장하는 정책적 과제를 농촌지역의 말단에서 받아들여서 수행해주었을지도 모르는 주체의 존재를 적극적으로 평가하지 않고, 이러한 주체의 부재화조차도 오히려 농업구조의 '근대화'라는 그의 목적(이 경우 기계화=노동 과정의 '근대화'라는 보다 한정된 목적) 달성의 한 과정으로서 전향적으로 파악해버리는 것이다.

이와는 대조적으로 현영섭은 "보통학교를 나오면 이제 농업은 싫다고 하는 나태한 학생이 아직 있다면 의무교육은 실시할 필요가 없을지도 모른다. 교육을 받는 것은 입신출세를 위한 것이 아니라 천황폐하에게 봉사할 자격을 얻는 것이라는 생각을 가지도록 사회의 공기가 변하지 않으면 안된다"(앞의 책, 178쪽)고 말하고 있다. 천황을 정점으로 하는 직능국가론이 가지는 위험성은 당연한 것이지만, 학교에서 지식을 몸에 익힌 자가 농촌에서 수행해야 할 사회적 역할을 적극적으로 설명하고 있다는 점에 한정시켜 말하면, 오히려 현영섭의 주장이 인정식의 주장보다 농촌에 머무르는 중견

---

13) 어떤 촌락의 조사에 의하면, 1939년 현재 소학교 수업·졸업자 52명 가운데서 촌락에 농민으로 정착한 사람은 거우 2명에 지나지 않는다. 조사 촌락이 부산 근교에 위치한다는 조건을 감안하더라도 이촌 경향이 강함을 엿볼 수 있다(日滿農業硏究會東京事務局, 『朝鮮農村の人口排出機構』, 1940 참조).

청년들의 공감을 얻었을 것이라고 생각한다.[14]

되풀이되지만, 전쟁 수행이라는 식민지 권력의 목적을 수단으로 최대한 이용함으로써 인정식은 농업구조의 '근대화'라는 자신의 목적을 달성하고자 하였다. 그러나 원래 농업구조의 '근대화'라는 과제는 궁극적인 목적이될 수는 없다. 한 사람 한 사람의 농민에게 어떤 상황이 초래되었는가 하는 논의 없는 구조개혁론은 있을 수 없는 것이다. 그러나 그것을 논하는 순간, 인정식은 농업구조 '근대화'의 결과로 초래될 농촌에서의 보건위생, 교육혹은 문화의 충실이 '징병제'와 "군국(軍國)의 모(母)라고도 해야 할 그녀들('농촌부녀자'—인용자)의 좋은 후생" 때문임을 언급하지 않을 수 없었다(『연구』, 140쪽, 『잡기』, 194쪽).

인정식의 계획과는 관계없이 식민지 권력은 당연하게도 자기의 목적을추구한다. 식민지 권력은 농업구조의 '근대화'라는 수단을 통하여 조선인을'국민'화하고, 전쟁수행이라는 목적을 달성하고자 했던 것이다. 인정식으로서는 구조론을 고집하고 구조개혁 그 자체를 자기목적화하는 것 이외에는그가 껴안고 있던 모순이 드러나는 것을 달리 방지할 도리가 없었다고 할수 있다.

그러나 그의 이런 입장은 앞서 그가 농업기계화론에 관해 말한 것처럼정책론으로서는 현저하게 균형을 잃은 결론을 도출하게 만들었다. 덧붙여말하면, 기계화를 포함하는 '조선농업재편성'론이 실제로는 노동력 배치의'합리화'라는 명목 아래 실시되었던 이른바 '강제연행'과 표리일체의 관계에있었고, 자신의 의지와 관계없이 '인적 자원'으로서 '합리적'인 노동력 배치

---

14) 인정식은 이 저작과 같은 해에 『조선 농촌잡기』라는 저서를 출판하고 있다(印貞植, 『朝鮮農村襍記』, 東都書籍, 1943, 이하 『잡기』로 표기). 이전의 거시적인 구조론 또는 정책론과는달리 이 책은 "일상에서 마주치는 수많은 중요 문제"(자서)를 다루고 있다. 그 가운데서 인정식은 실감을 기울여 '유력한 민간지도자'(119쪽)가 조선 농촌에 수많이 존재하고 있는 점에주목한다. 이 저작에서는 이러한 실감이 충분히 활성화되지 않은 채, 구조론적인 시각만으로정책론이 전개되고 있다.

의 대상이 되어버린 한 사람 한 사람 조선인의 고뇌를 배려하지 않음으로써 비로소 성립하는 논의였던 것이다.

결론을 대신하여

이상으로 식민지체제 아래서 조선인 지식인에 의해 전개되었던 '실력 양성운동론'과 '구조개혁론'이라는 두 가지 논의를 소개했다(양자 모두 논자가 자신의 입장을 그와 같이 정의했던 것은 아니지만). 전자는 사회진화론의 영향을 강하게 받은 것이고, 후자는 마르크스주의의 입장에 선 것이었다. 조선인 개개인이 무엇을 해야 하는가라는 논점에 대한 입장에서는 양자의 논의가 완전히 대조적이기는 하지만, 단, 양자 모두 '근대화'라는 것을 특히 중요한 전략적 목표로 삼고 있다는 점에서는 전적으로 일치한다.

조선인이 널리 공유하고 있었을 발전단계론적인 '근대세계'관에서는 동일한 극동의 후발국이면서도 우연히 조선보다 한발 앞서 '근대화'에 성공한 일본이 자국의 바로 앞을 달리고 있고, 그 훨씬 전방에는 구미 선진국이 멀리 걸어가고 있다는 도식이 묘사되고 있었다고 생각한다. '근대화'를 향한 조선인의 동기 부여는 무엇보다 구미 선진국과의 커다란 격차라는 인식으로부터 출발하고 있었다고 파악할 수 있다.

그렇다고 할지라도 그 '근대세계'에서 국민국가의 형성은 중요한 과제로 되어 있었으므로, 식민지 피지배라는 문제를 해결하는 것은 조선인에게 가장 긴요한 문제가 되지 않을 수 없었다. 단, 식민지 종주국인 일본도 구미 선진국과의 격차라는 점에서 실은 은밀하게 조선인과 같은 세계관이 공유되고 있었다.[15] 때문에 일본 '제국'은 '근대' 그 자체를 식민지배의 통합원리

---

15) 조선인의 결점을 찾아내어 침소봉대로 폄하하는 이른바 '조선사회정체성론'적인 발상은

로 채용할 수가 없었다. 궁여지책으로 일본은 특수 일본적인 근대의 산물인 천황제를 끄집어내서, '제국'이면서 '제국' 내의 타민족을 '국민'(=천황의 신민)화함으로써 이 난제를 극복하려고 했던 것이다.

다시 도식적으로 표현하면, '근대화'로 향한 조선인의 강렬한 에너지의 벡터는 일본 '제국'에 의한 '국민'화라는 필터를 통과함으로써 다양한 방향으로 확산되어버리고, 그 결과 그 에너지는 조선인 내부에서 자기부정과 전선의 분열이라는 형태로 낭비되었다고 할 수 있지 않을까? 결과적으로 일본 '제국'이 제국임을 스스로 방기하고 피지배민족을 '국민'화하는 것을 목표로 삼았던 것이 오히려 '제국'으로서의 통합을 강력한 것으로 만들었다는 역설이 성립한다.

그런데 전후 조선인은 남북분단이라는 난제를 떠맡으면서도 두 개의 국민국가를 성립시키는 데 성공한다. 이로부터 비로소 조선인은 '근대화'로 향한 에너지를 '국민'으로서 거리낌 없이 발휘할 수 있게 되었다. 식민지시대의 우울함이 엄혹했던 것만큼이나 그 에너지는 격렬했으리라. 그리고 '구조개혁론'은 '과학적'인 경제개발론을 구사하면서 독재적인 '개발주의 체제'를 담당했던 국가관료의 이론으로서, '실력양성운동론'은 국가개발을 위하여 자기 수양에 노력하는 순량한 국민의 규범으로서 각기 재생되어 해방 후 남북 양국의 경제발전과 사회통합을 지지하고 있었다고 할 수 있지 않을까?

이 세계관에서 유래한다고 생각한다.

4장
전시 조선 지방직원의 부일협력

머리말

조선에서는 1942년에도 비가 적게 내려 1939년의 한발(旱魃)이 다시 내습하는 것이 아닌가 우려되었다. 조선총독부 법무국 형사과는 각 지방법원을 통하여 식량 사정에 관한 관내 치안상황에 대해 보고하게 하였다.

그 문서 가운데 다음과 같은 사신(私信)이 보고되어 있다.[1] "식량배급은 하루에 옥수수 3홉, 한 끼에 1홉입니다. 이 정도의 양으로는 먹었는지 안 먹었는지도 모릅니다. / 단오에 옥수수죽을 먹었을 때는 눈물이 났습니다." 전시 하 조선인의 비참한 식량 사정의 일단을 읽을 수 있다. 또 개인 서신에까지 눈독을 들이며 감시하는 엄격한 총독부 검열세도의 실태 혹은 한 통의 서신에서 지배체제 동요의 조짐을 찾아내는 총독부 관료의 세심함을 엿볼 수도 있다.

이 장에서 주목하고자 하는 것은 전시 하에서 아직도 조선인이 '단오'를

---

[1] 朝鮮總督府法務局刑事課, 「昭和七年度現下食糧事情ヲ繞ル治安對策」(國家記錄院 소장), 1942, 181쪽에서 인용. 수신자 발신자 모두 조선인이지만, 일본어인지 조선어를 번역한 것인지는 확인할 수 없다.

염두에 두고 일상생활을 하고 있었다는 당연하다고 보면 당연한 사실이다. 이에 관해서는 이미 미야타 세츠코(宮田節子)가 "조선 민중이 가진, 저항이라고 하기에는 너무나도 일상적이고 토착적이며 보편적이고, 그 때문에 지배자에게는 더욱더 강경하고, 끈질기고, 다루기 어려워서 탄압도 할 수 없고, 단속할 수도 없어, 전혀 손 쓸 도리가 없는 두터운 민족의 벽"이라는 표현으로 황국신민화정책에 순치되지 않는 전시 하 조선인의 일상적인 생활공간의 존재를 시사했다.[2]

단, '두터운 벽'이라는 개념을 상정할 경우, 조선인이 식민지 권력의 경제통제나 언론통제로부터 자유로운 존재가 아니었다는 사실을 어떻게 평가할 것인가라는 문제에 다시 봉착하게 된다. 이 모순을 회피하기 위한 하나의 시도로서 여기에서는 조선인의 일상생활에 대한 식민지 권력의 개입 수법에 주목하고자 한다.

전시통제가 식민지 권력이 독점하는 폭력장치에 의해 담보되고 있었다는 점은 말할 나위도 없다. 다만 식민지 권력은 한편에서는 언제나 폭력 행사를 시사하면서도, 다른 한편에서는 조선인의 일상적인 생활 질서가 강고하게 재생산되고 있음을 인식하고 그 질서에 대해서 헤게모니 효과를 미칠 수 있는 방법에 부심하고 있었다고 생각된다.

구체적으로는 조선 농촌의 일상적인 생활공간인 촌락에 대한 정책적인 개입에 주목하려 한다. 소농 가족을 단위로 구성되는 지역의 사회질서라는 점에서 전시 하 촌락 질서는 조선시대 이래의 전통적 질서를 잇고 있었다. 다른 한편으로 농촌은 조선 인구의 과반수가 거주하는 지역으로서, 또 식량

---

2) 宮田節子, 『朝鮮民衆と「皇民化」政策』, 未來社, 1985(이형랑 역, 『조선민중과 황민화정책』, 일조각, 1997), 118쪽에서 인용. 단, 미야타의 '민족의 벽'이라는 표현에는 유보가 필요한 듯하다. 위 사신을 쓴 사람은 '단오'를 '조선 민족의 관습'이 아니라 지역의 관습으로 인식하고 있었다고 생각된다. 그것을 '민족의 벽'으로 분절하고자 하는 최초의 의도는 오히려 식민지 권력으로부터 유래한다고 할 수 있을 것이다.

과 노동력의 공급원으로서 강력한 통제와 동원의 대상이 되었다.[3] 촌락이라는 장에서는 식민지 권력에 의한 개입의 특징이 선명하게 드러난다고 생각한다.

뒤에서 서술하는 바와 같이, 지방행정기관은 조선의 전시동원체제에 불가결한 역할을 수행했다. 특히 지방행정 말단에서 촌락 질서에 대한 개입의 매개체가 되었던 읍면직원의 역할이 중요했다고 생각한다. 읍면직원은 학교[4]와 직장이라는 규율권력 장치의 경험을 통하여 근대적인 관료기구의 말단을 담당하는 능력을 획득한 집단이라는 점에서 지역 농민과 달랐다.[5] 하지만 읍면직원은 지역 내에 거주하였고, 다수가 그 지역 출신자이기도 했다.[6] 따라서 전시동원정책이 유효하게 기능하기 위해서는 읍면직원 스스로 동기를 부여하는 데 충분할 정도의 목적합리성과 함께, 읍면직원이 촌락 농민으로부터의 합의 형성을 예감하기에 충분할 정도의 촌락 질서에 대한 친화성을 동시에 겸비해야만 했다.

그런데 식민지 지배에 대한 조선인의 대응을 "저항인가, 친일인가"라는 이항대립적인 구도로 파악하는 종래의 연구를 대신하여 최근에는 대응의 다의성을 읽어내려는 연구가 시도되고 있다. 이때 식민지 권력에의 접근을

---

3) 최근 조선의 전시농업·농촌통제에 관한 연구가 몇 편 발표되었다. 松本武祝, 『植民地權力と朝鮮農民』, 社會評論社, 1998; 김영희, 『일제시대 농촌통제정책 연구』, 경인문화사, 2003; 이송순, 「일제 말기 전시 농촌통제정책과 조선 농촌경제 변화」, 고려대학교 박사논문, 2003.

4) 1937년 현재 읍면서기 15,134명의 학력 통계에 의하면, 중등학교 이상자 2,115명(14%)에 반해, 초등학교 졸업·중퇴자 12,115명(80%), 서당 869명(6%)이었다. 「農漁村振興運動ノ擴充強化ニ關スル件」, 朝鮮總督府, 『時局對策調査會諮問案參考書』, 1938 참조.

5) 1930년 남자 초등교육(보통학교) 취학률은 28%에 지나지 않았다. 오성철, 『식민지 초등교육의 형성』, 교육과학사, 2000 참조.

6) 金翼漢, 「植民地期朝鮮における地方支配體制の構築過程と農村社會變動」, 東京大博士論文, 1996 참조. 또 읍면직원의 대부분은 조선인이 차지하고 있었다고 생각된다. 어떤 통계(1943년의 것으로 추정된다)에 의하면, 읍면리원 35,818명 가운데 조선인은 35,597명(99.4%)을 차지한다(「朝鮮に於ける地方公共團體吏員內鮮人別數調」, 水野直樹 編, 『植民地統治資料四卷』, 柏書房, 1998, 253쪽 참조). 이전부터도 읍면직원은 대부분 조선인이었다고 추찰된다.

통하여 민족차별로부터의 탈출을 도모한다는 굴절된 민족의식을 '친일'행
위로부터 분절하기 위하여 '부일협력'이라는 분석 개념이 중시되고 있다.7)
윤해동은 이 '부일협력' 개념에 입각하여 '부일협력'과 '일상적 저항'이 교차
하는 지점을 '회색지대'로 설정하고, 그 영역에서 조선인 행위의 다의성을
더욱 강조하고 있다.8)

〈그림 4-1〉 정책에 대한 대응의 매트릭스

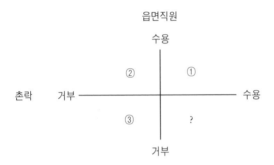

앞서 말한 읍면직원이 가지는 전시동원정책에 대한 설득력이라는 관점
과 '회색지대' 논의에 입각하면, 〈그림 4-1〉과 같은 매트릭스를 상정할 수
있다. 식민지 권력의 개입이 읍면직원, 나아가 촌락 질서에 대하여 헤게모니
효과를 미쳤을 경우에는 ①의 영역이 나타난다. 읍면직원이 가장 잘 '부일협
력자'답게 행동할 수 있었던 영역이기도 하다.9) 그러나 식민지 권력의 개입

---

7) 竝木眞人, 「植民地期朝鮮人の政治參加について―解放後史との關聯について」, 『朝鮮史
   研究會論文集』 31集, 1993 참조.
8) 윤해동, 「식민지 인식의 회색지대―일제하 '공공성'과 규율권력」, 『당대비평』 13호, 2000
   참조.
9) '부일협력' 개념이 '친일' 행위의 재해석이라는 연구사상(硏究史上)의 역할을 담당해왔기 때
   문에 민족의식과 표리일체의 개념으로 취급되어왔다. 그러나 읍면직원의 '부일협력'과 '굴절
   된 민족의식'의 관련에 대해서는 논의가 여지가 있을 듯하다. 읍면직원으로서는 자신이 근무
   하고 생활하는 지역사회와의 관련 속에서 '부일협력' 행위를 의식하고 있었다고 생각하는
   것이 오히려 자연스럽지 않을까?

은 항상 양자에 대해 동시에 헤게모니 효과를 미쳤던 것은 아니었고, 그 결과 ②나 ③과 같은 영역이 나타나게 된다. 아래에서는 구체적인 사례를 통해 식민지 권력-읍면직원-촌락 질서의 삼자 사이의 관계를 분석한다.

〈표 4-1〉 1943년도 읍면직원의 예정 연간행사 내역

농작업에 대한 지도·권장	29
농작물 공출에 관련된 조사·장려	30
농업실태조사	6
노동력동원에 관련된 조사	4
농산물 이외의 증산·공출·회수 장려	9
병역과 관련된 지도·사무	10
배급	2
납세 업무	9
기타	14
총수	113

자료: 「府邑面事務ノ簡小化ニスル件」, 『朝鮮行政』 1943년 5월호, 327~330쪽에서 작성

본론으로 들어가기 전에 전시 하 조선 농촌에서의 동원체제에 관해 개관해둔다. 〈표 4-1〉에서는 읍면직원이 증산, 공출, 회수(回收), 징용, 징병 등 전시동원을 위해 필요한 방대한 실무를 담당하고 있었음을 알 수 있다. 업무량의 증대에 따라 1930년대 말 이후 읍면리원의 수가 증원되고 있다 (〈표 4-2〉).

〈표 4-2〉 읍면리원 수 및 구장수 추이

연도	읍면리원	구장
1935	17,290	30,937
1937	17,636	31,551
1939	20,131	32,825
1940	22,885	39,083
1941	23,452	50,248
1942	25,580	51,618

자료: 朝鮮總督府, 『朝鮮總督府統計年報』 각 년도에서 작성

〈표 4-2〉에서는 1940년 이후 '구장' 수도 증가하고 있음을 알 수 있다.

조선시대에 농민의 생활과 생산의 장이었던 촌락에는 최말단 행정기관으로서의 역할도 부여되어 동리라고 불렸다. 동리수는 7만을 넘었으나, 식민지 시기에 통합되어 3만 미만으로 감소되었다(각각 구[舊]동리, 신[新]동리로 불린다). 신동리에는 명예직 구장을 두었다.

구동리를 통합한 후에도 총독부는 촌락에 대한 관심을 놓지 않았다. 1932년에 개시된 농촌진흥운동에서는 촌락에 대한 조직화 정책에 중점이 두어졌다. 1938년에는 일본 국내의 운동을 따라서 국민정신총동원운동이 개시되고, 농촌지역에서는 촌락이 최말단조직이 되었다. 1940년 일본 국내의 대정익찬운동(大政翼贊運動)에 호응하여 국민총력운동이 개시되고, 촌락마다 부락연맹이 조직되었다. 같은 해 국민총력운동의 일환으로 앞의 두 가지 운동을 통합한 농산어촌보국운동(農山漁村報國運動)이 개시되고, 그 실행계획으로서 부락생산확충계획이 촌락마다 만들어졌다.

국민총력운동에 관해 총독부는 대정익찬운동과 같은 정치운동은 아니라는 점과 행정기구와 표리일체의 관계에 둔다는 점을 강조함으로써,[10] 그것이 '관제운동'이라는 것을 감추지 않았다. 읍면직원은 '운동'의 국면에서도 동원체제를 담당한 셈이었다.

촌락 차원에서는 행정단위로서의 동리와 부락연맹의 역할 중복이 문제가 되어, 구장이 부락연맹 이사장을 겸임하는 것으로 조정이 시도되었다.[11] 1940년 이후 구장 수가 급증한 것은 이 때문이다. 지방행정에서도 그때까지의 신동리를 대신하여 촌락=구동리가 최말단기구로 자리매김되었던 것이다.

---

10) 朝鮮總督府, 『半島の國民總力運動』, 1941, 6쪽.
11) 한긍희, 「일제하 전시체제기 지방행정 강화정책—읍면행정을 중심으로」, 『국사관논총』 88집, 2000, 234쪽 참조.

1. 지주-소작관계에 대한 개입

지주-소작관계를 안정화시키는 것은 조선총독부 농업정책의 중요 과제 중 하나였다. 특히 1932년 시작된 농촌진흥운동의 일환으로 '갱생지도농가'를 지정한 총독부는 이들 농가의 불안정한 경작권이 '갱생'에 방해가 된다고 인식했다.

〈표 4-3〉 소작쟁의 해결 건수 내역

		1933년	1934년	1935년	1936년	1937년	1938년	1939년
건수 합계		1,735	6,437	24,664	27,903	30,245	21,084	15,025
구성비	당사자간 해결	17.1%	14.4%	14.4%	23.2%	29.0%	28.6%	28.6%
	재판 판결에 의한 해결	0.5	0.1	0.7	1.0	2.2	1.4	2.3
	조정자에 의한 해결	82.5	85.6	85.0	75.8	68.8	70.0	69.1
조정자 구성비	재판소	17.7	4.4	2.5	2.9	3.4	3.9	3.2
	소작관(보)	0.9	0.4	0.3	0.1	0.0	0.4	0.1
	소작위원회	29.6	28.8	24.6	28.0	31.1	40.8	41.8
	군부도직원	17.8	19.7	24.9	25.9	19.0	19.1	20.9
	읍면직원	11.9	11.6	28.2	30.4	30.4	29.9	27.1
	경찰관	29.6	44.5	27.0	22.8	19.0	9.0	7.0
	기타	1.4	0.3	1.0	5.0	5.1	2.3	3.9

자료: 朝鮮總督府, 『朝鮮農地年報』(제1집), 41~42쪽에서 작성
주 1: '부·군·도직원', '읍면직원'에는 각각 부윤, 군수, 도사(島司), 읍면장도 포함됨
주 2: 복수의 조정자가 관계된 쟁의가 있기 때문에 조정자 구성비 합계는 100%를 넘음

같은 해 총독부는 「조선소작조정령」을 공포하고(1933년 시행), 또 부·군·도 별로 소작위원회를 설치하여 소작쟁의에 대한 조정제도를 정비했다. 또 1934년에는 실체법인 「조선농지령」을 제정했다. 1920년대 이래 거의 매년 수백 건 정도 수준에서 발생하고 있던 소작쟁의 건수가 〈표 4-3〉에 나타난 것처럼 두 가지 법령 제정 후에 급증하고 있다. 오히려 법령 제정이 건수 증가를 재촉했다고 할 수 있다. 또 1933년 이후 급증한 쟁의에는 규모가 적은(지주 한 사람 대 소작인 한두 사람) 소작권 관계 쟁의가 압도적으로 많았고, 대부분 소작인 측의 문제제기에 의한 것이었다는 특징이 있다.

「조선농지령」에는 소작지 임대차 기간(최저 3년), 임대차 갱신 거부·조건 변경의 사전 통지기간(3개월 또는 1년), 임대인에게 정당한 사유가 없는 한 임대차 갱신 등 경작자 측의 권리를 배려한 조항이 설치되었다. 소작농민은 이런 실체법과 조정제도를 이용하여 자신의 권익을 보전하고자 하였다. 대부분의 쟁의가 신청자 측의 '요구 관철' 혹은 '일부 관철·상호 양보'라는 형태로 해결되고 있어, 소작농민에게는 유용한 제도였다고 할 수 있다.

여기에서 쟁의의 해결자에 주목해보면, 조정자에 의한 것이 가장 많다. 단, 1930년대 후반에는 당사자에 의한 해결 건수의 비율이 30% 가까이 차지하게 된다. 판결과 조정을 합쳐도 재판소의 역할은 한정적이었다. 조정자의 내용을 보면, 소작위원회와 행정·경찰의 비율이 압도적으로 높다. 또 소작위원회는 위원장(군수)과 평균 4명 이상의 위원으로 구성되고 있지만, 그 가운데 2명은 대부분의 경우 군 내무부 직원과 경찰서장이었다.[12] 소작위원회는 실질적으로는 행정기관에 준하는 기관이었다. 소작쟁의 조정에서 지방행정이 수행한 역할은 대단히 큰 것이었다고 할 수 있다.

더욱이 조정자로서의 행정의 내용에 주목해보면, 다음과 같은 특징을 찾아낼 수 있다. ① 부·군·도 직원이 관여한 건수 비율이 감소하고 있어 그 사이에 증가한 소작위원회가 관여한 건수 비율과의 대체관계가 상정된다. ② 읍면직원의 관여 건수 비율이 1935년에 급증하였는데, 그후 그 수준을 거의 유지하고 있다. ③ 경찰관이 관여하는 건수 비율은 1930년대 후반에 급증하고 있다.

그런데 어떤 지역의 상황을 파악하여 그 가운데서 소작쟁의라고 정의할 수 있는 사건을 선정할 수 있는 장치가 있어야만 비로소 총독부의 통계작

---

12) 朝鮮總督府農林局, 『朝鮮農地年報(第一輯)』, 1940, 78쪽. 이들 두 위원 외에는 '농업'을 직업으로 삼는 위원이 많았다(한 위원회에 거의 한 명).

성이 가능하게 된다. 읍면은 그 장치에서도 가장 말단에 놓여 있었다. 이와 관련하여 1936년경부터 읍면에 '소작상담소'를 설치하여 읍면직원이나 주재소 직원을 배치하는 곳이 나타나는 것이 주목된다.[13]

지주-소작관계와 관련한 사건의 정보를 수집하여 해결을 당사자에게 위임하는가 아니면 행정이나 소작위원회의 개입을 필요로 하는가라는 판단을 내리는, 그리고 적당한 처리 절차를 유도하는 이런 일련의 작업을 실시하기 위한 장치가 지방행정의 말단에 제도화되어 있었다고 할 수 있다.

그렇다면 여기서는 부·군·도나 읍면 차원의 지방행정 직원이 지주-소작관계에 적극적으로 개입할 수 있었던 그 힘의 원천에 대해 생각해보고자 한다. 그 전제로서 소작조정을 위한 법령 시행은 일본 국내(1924년 「소작조정법」)보다 늦었지만, 실체법인 「조선농지령」은 1938년의 「농지조정법」보다 앞선다는 점에 유의하고자 한다. 조선에서는 조정제도를 실체법에 의해 보완할 수밖에 없었던 것일까? 다음 사례는 이 논점에 대해 시사적이다.

○ 만경강 하천부지의 경지를 둘러싼 소작쟁의 사례[14]

1933년 5월, 소작 해제에 불복하는 소작인 측의 소작조정 신청에 근거하여, 익산군청에서 개최된 소작위원회(위원장은 익산군수)에서 조정이 이루어졌다. 소작인 측이 수확을 함부로 하고 건조 중인 볏단을 훔쳐갔기

---

13) 朝鮮總督府法務課民事係,「第四回各道小作官會同諮問答申書」(한국국가기록원 소장), 1938년에 합철되어 있는 「各道諮問事項答申」의 기술에 의하면, 경기·충남·경남·강원의 4도에서 소작상담소가 설치되는 것을 확인할 수 있다. 다른 도의 동향은 알 수 없다.

14) 전라북도의 중규모 하천인 만경강의 하천 개수공사를 준비하기 위하여 하천부지를 국유지로 편입하였는데, 공사가 개시되기 전에 하천부지의 경지가 임대되어 그 경지를 수익지로 하고 있던 익옥수리조합에게 관리가 위탁되었다. 익옥수리조합은 경지를 임대하여 수리조합비의 상당 부분을 소작료로 징수하였다. 차입자 중 한 사람이었던 甲斐三二와 그것을 재임차한 조선인 소작인 10명 사이에서 일어났던 소작쟁의다. 여기서의 기술은 益沃水利組合,「自昭和七年度至昭和九年度萬頃江河川敷占用關係書類」(전북농지개량조합 소장)에 바탕을 두고 있는데, 이 자료는 익옥수리조합 직원의 복명서로서 소작조정 과정의 당사자 발언이 모두 정확하게 기술되어 있는 그런 자료는 아니다.

때문에 계약대로 소작료를 징수할 수 없었으므로 계약을 해지했다는 것이 '지주' 측의 주장이었다. 이에 대해 위원장은 수량 절반·수리조합비 반액 부담이라는 소작료는 부당하지 않은가라는 의문을 제기하고, "본건은 이유 없으므로 소작권을 해제하는 것으로 인정한다"고 결론지었다. 게다가 "일찍부터 신소작인도 소작준비를 하고 있는" 것을 이유로 신·구 소작인 사이에 절반을 제안하였으나, 소작인 측이 이를 거부하여 조정은 성립되지 않은 채 끝나고 있다.

　1개월 후, 전주지방법원 군산지청으로 장을 옮겨서 다시 조정이 시도되었는데, 조정부장(판사)은 "상당한 사유가 있어 소작권이 해제된 것으로 인정한다"고 앞의 것과는 상반된 결론을 도출하고 있다. 그때 "소작권은 소작인의 권리가 아니라 지주의 권리"라는 판시(coment)를 부가하고 있다. 이에 대해 소작인 측이 "가족 전부가 아사하는 방법밖에 없어 본인들은 함부로 소작하는 수밖에 없다"고 반론하자, 법을 어기면 제재를 받는다고 타이르면서도 "신청인 등은 이후 여러 가지 행동을 해서 문제를 악화시킬 우려가 있"음을 이유로 신·구 소작인 사이에 절반이라는 타협안을 제안했다. 이 안에 대해 '지주'와 소작인 측 모두 동의하여 조정이 성립하고 있다.(이상 사례 소개)

　"소작권은 소작인의 권리가 아니라 지주의 권리"라는 조정부장의 발언은 근대적 토지소유권의 원칙을 언명한 것일 터이다. 그러나 그것은 "본인들은 함부로 소작하는 수밖에 없다"는 소작인 측의 소위 '생존권'을 주장한다는 반응을 유발함으로써, 자신을 '법에 의한 제재'마저도 불사하겠다는 입장으로까지 몰고 갔다.

　소유권을 침범하면 법의 처벌을 받는다는 것 역시 근대사회의 원칙이다. 그러나 두 가지 원칙을 계속하여 언급함으로써 근대적 소유권이 실은 국가가 독점하는 폭력장치에 의해 담보되고 있다는 (공공연한) 비밀을 국가 권력의 일단을 짊어진 사람이 우연히 표명한 것이 된다.

또 조정부장은 소작인 측이 실제로 실력행사를 하는 경우에는 이 두 가지 원칙의 표리일체성이 폭로되어버리는 점을 배려하여, 그때까지의 원칙론으로부터 일신하여 대단히 현실적인 절충안을 제시하는 데 이르고 있다. 일단 폭로한 사적 소유권과 국가권력 사이의 비밀 관계를 다시 은폐하려는 의도까지도 드러내버렸던 것이 된다.

그리고 얄궂게도 그 절충안은 소작권 해제를 부당하다고 인정하면서도 신소작인의 생존권까지 배려하여 결론을 내린 소작위원회 조정안과 동일한 것으로 되어 있다. 소작위원회에서 일단은 조정되지 않은 채 끝난 조정을 성립으로 이끌었다는 점에서 조정부장의 원칙론에는 효과가 있었는지도 모른다.[15] 그러나 국가권력의 정통성이 결여된 식민지에서 권력 측으로부터 나온 이런 언명의 정치적 대가는 그 파장이 클 수밖에 없다. 식민지 권력의 입장에서 보면, 소작조정 때마다 거듭되어도 좋을 언명은 아니었을 것이다.

이 솔직함이 조정부장의 개성에 의한 것이었다고 해석할 수도 있다. 그러나 「조선농지령」 제정 이전에 지주-소작인의 계약관계를 규율하는 법률은 기본적으로 민법밖에 없었으므로 솔직한 법조인이라면 위와 같은 언명을 할 수밖에 없었을 것으로 생각된다.

이에 비해 행정관은 위의 소작위원장(군수)처럼 처음부터 현실적인 대응을 하는 것이 가능한 입장에 있었다. 단, 현실적인 조정안이 당사자에게 수용되지 않았을 경우에는 법적인 해석으로 소급하지 않을 수 없었다는 것은 말할 나위도 없다. 더욱이 행정관 자신도 아래와 같은 약점을 가지고 있었

---

15) 추측에 지나지 않지만, 조정을 수용하는 판단을 내릴 때에 신청인에게는 모내기 시기를 놓쳤음에도 여전히 신소작인에게 점유를 허락하고 있는 사태 쪽이 더욱 심각한 것은 아니었을까?

다고 할 수 있다.

첫째, 지주-소작인 사이의 비대칭적인 역관계 하에서는 소작인 측의 '이의'가 표면화되기 어려운 점이다. 위의 조정 때에 '지주' 측은 "육십 여 명의 소작인들이 전부 이의 없이 알고서 계약하고 이를 이행한 것이므로 정당하다고 인정한다"고 발언하고 있다. 웬만하게 특이한 사건이 일어나지 않는다면 행정은 개입하려 하지 않는 것이다.

둘째, 첫째 사항과 관련하여 지주-소작인 사이의 역관계가 변화하는 과정에서 지역의 관행 또한 유동화되어버림으로써 조정 때에 의거하기 곤란하게 되었다는 점이다. 촌락구성원 사이에 간신히 공유되고 있던 발상이나 이념을 구체적인 관행으로 복원·창작하는 작업이 요구되었던 것이다.

셋째, "소작관행 개선으로 솟아올랐던 혈기도 중학교 설립 기성회를 생각하는 순간 갑자기 냉각되어가는 것을 군직원은 몸이 얼어붙으면서 느낀 것이다"[16]라는 시니컬한 지적이 보여주는 바와 같이, 행정관 자신 또한 지방의 유력자산가인 지주에 대해서는 약점을 가지고 있었던 것이다.

이리하여 「조선농지령」(이하 「농지령」)이라는 실체법의 제정은 법조인에게도 행정관에게도 의미 있는 것이 되었다. 법조인에게는 민법의 원칙으로까지 소급하여 지주-소작관계에 개입할 필요가 없게 됨으로써 앞서 말한 사적 소유권과 국가권력 사이의 비밀관계를 폭로하고 은폐하는 수치스러운 언명을 회피할 수 있게 되었다.

다른 한편, 행정은 첫째, 민법과 「농지령」 사이에 마련된 차이의 효과로서 소작농 및 지주에 대해 계몽자로서의 지위를 확보할 수 있게 되었다. 이것은 "소작인의 자각이 아직도 구태를 탈피하지 못함과 아울러 지주 측에게도 충분히 자각되지 않았으므로, 그 개선에 지장이 적지 않다면 본도(本道)에서는 한편으로 소작농의 각성을 도모함과 아울러 다른 한편으로 지주관리

---

16) 野田耕作, 「園頭幕閑談/頭と肚と熱と力と」, 『朝鮮行政』 1940년 5월호, 43쪽 참조.

자에 대해서 적극적으로 그 개선을 촉진하고 있다"[17)는 설명에 잘 드러나 있다. 행정관의 계몽자로서의 발언권은 앞서 지적한 첫 번째와 세 번째의 한계를 극복하는 계기가 되었다고 할 수 있다.

둘째, 소작관행 재구축의 실마리가 된 점이다. 이와 관련하여 두 가지의 구체적인 논점을 들고 싶다. 첫 번째는 소작계약의 갱신시기에 관한 관행에 대해서. 위에서 소개한 소작쟁의 사례에서 신청인은 "춘분 경과 후의 소작이동은 공공질서와 미풍양속에 반하는 무효행위"임을 강조하고 있다. 조선시대 말기의 소송사건 가운데서도 동일한 신청을 찾아낼 수 있다는 점으로 보더라도,[18) 오랜 세월에 걸친 이런 인식은 관행으로 공유되고 있었다고 생각된다. 임대차 갱신 거절·조건 변경을 위해서는 기간 만료 3개월 또는 1년 이내에 상대방에게 통지할 의무가 있다는 「농지령」제18조에 의해 실질적으로 이 관행은 법적으로도 인정되었다고 해석할 수 있다.

다른 하나는, 갱신을 거절할 때의 요건으로 「농지령」에 규정된 '임대인에게 정당한 사유가 있는 경우'(제19조)를 둘러싸고. 전라남도에서는 「소작쟁의 해결상의 방침 대요」를 만들어 그 중에 소작지 반환요구가 인정되는 경우로 ① 소작인이 계쟁지 이외에 상당한 경작지를 가지든가 겸업수입이 있어서 계쟁지를 반환하더라도 생활에 지장이 없거나, 지주가 생활이 곤란한 친족이나 경지가 과소한 농가의 갱생을 위하여 소작지를 철회하는 경우 혹은 자작 목적으로 토지를 구입한 농가가 자작할 수 없어서 생활이 곤란하게 된 경우 ② 소작인 당사자가 광대한 소작지를 고용노동력을 사용하여 경영하고 있어서 계쟁지를 경작 과소 농가에게 분양하는 경우 등 두 가지를 특별히 정해두고 있다.[19) 앞의 조정 사례에서 소작위원장이 보여주고 있던

---

17) 「諮問事項答申案(京畿道)」, 朝鮮總督府法務局民事係, 앞의 「第四回各道小作官會同諮問答申書」수록, 999쪽.
18) 정승진, 『한국근세지역경제사─전라도 영광군의 사례』, 경인문화사, 2003, 103쪽 참조.
19) 「諮問事項答申案(全羅南道)」, 앞의 「第四回各道小作官會同諮問答申書」수록, 1044-1045

경작자의 '생존권'에 대한 배려가 더욱 구체화·체계화되어 드러나고 있다고 할 수 있다.

단, 이 「대요」가 상정하고 있는 바와 같은 사례는 많지 않고, 각 당사자의 '생존권'을 동시에 배려해야 하는 사례가 오히려 일반적이었을 것으로 생각된다. 그런 경우에는 앞의 조정 사례가 그러했던 것처럼 '절반'이라는 해결책이 종종 채택되었을 것이다. 앞의 〈표 4-3〉에서 쟁의건수의 20% 이상을 항상 차지하고 있는 '일부 관철·양보'라는 것은 이런 해결방식을 말하는 것이라고 생각된다.[20]

〈표 4-3〉의 수치는 1939년으로 끝나지만, 소작조정사건 수리건수는 1941년까지 확인된다. 그에 의하면 1938년 1만 1,069건을 정점으로 1939년 8,253건, 1940년 7,546건, 1941년 4,851건으로 감소하고 있다.[21] 소작쟁의 건수도 1939년 이후 계속 감소하고 있었다고 추정된다. 1930년대 말 이후에 소작쟁의가 급감하는 것은 전시 하의 농촌노동력 유출에 따르는 소작지 수급관계의 변화에 의한 것이라고 해석할 수 있다.

그에 더하여 소작쟁의 조정 사례가 축적되고 그 정보가 지역의 농민과 지주 사이에 공유됨에 따라 조정 결과가 말하자면 판례화되어가는 것도 또 하나의 요인이 되었던 것이 아닐까? 당사자들이 그 '판례'들을 염두에 둠으로써 쟁의로 발전하기 이전에 이해대립을 '내밀히 해결'하는 사례가 증가했을 것이라고 생각되는 것이다. 그리고 그 국면에서는 읍면직원에 의한 이른 단계의 행정적인 개입이 수행한 역할도 컸다고 할 수 있을 것이다.

쪽.

20) 전남 순천지방법원의 소작조정 자료를 정밀하게 검토한 이철우의 연구에서도, 소작지의 절반이라는 형태의 조정 사례가 여러 가지 있었음이 소개되어 있다(Lee Chulwoo, "Law, Culture and Conflict in a Colonial Society: Rural Korea under Japanese Rule", Ph. D. Dissertation, the University of London, 1996, p. 386).

21) 朝鮮總督府農林局, 「小作調停事件受理及終局狀況」, 『朝鮮總督府調查月報』第13卷 第4 號, 41쪽 참조.

2. 시간관리를 통한 농민생활에 대한 개입

1942년부터 1944년까지 경성제대에 근무했던 사회학자 스즈키 에이타로(鈴木榮太郞)는 재직 말기에 「조선의 연중행사」라는 초고를 남겼다. 스즈키는 연중행사를 "농촌 사람들의 오랜 경험 속에서 합리화된 1년 동안의 생활계획표"[22]로 규정한 뒤, 거기에서 몇 가지 '사회적 기능'을 찾아내고 있다.

식민지 하 조선의 연중행사에 대해 주목한 것은 스즈키가 처음은 아니다. 앞서 말한 '농가갱생계획'의 일환으로 총독부는 농가 지도를 위하여 '농가갱생연중행사'라는 일람표를 작성하고 있다.[23] 그때 휴일은 "종래에 일반에게 지나치게 많은 감이 있"고, 시장행·교제·관혼상제도 "시간 낭비의 폐풍이 있다"고 현상을 비판하면서 날짜 단축을 요구하고 있다.

사회적 기능이라는 관점에서 연중행사로부터 '합리성'을 찾아낸 스즈키의 시각은 근검에 의한 농가갱생이라는 방침의 강요에 머무르고 있던 농촌진흥운동기 총독부의 연중행사관과는 다르다. 게다가 스즈키는 "조선의 농촌은 동족조직을 해체하여 이에(家)와 촌락을 강화할 필요가 있다"는 주장에 근거하여, "연중행사도 그에 발맞춰 재편성해야 한다"는 점을 강조하고 있다.[24] 이 주장 자체는 근거가 희박하지만 스즈키는 연중행사의 사회적 기능에 대해 '합리성'을 확인함으로써 이를 더욱 '합리화'한다는 과제를 제시할 수 있게 되었다고 할 수 있을 것이다.

아래에서는 연중행사 속에서도 특히 농사력(農事曆)에 주목한다. 연중행사의 '합리성'에 관한 스즈키의 인식과 제안에 상당하는 것이 농사력과

---

22) 鈴木榮太郞, 『朝鮮農村社會の硏究(鈴木榮太郞著作集 V)』, 未來社, 1973, 329-330쪽 참조.
23) 「農家現況調査書/農家更生五年計劃書樣式竝記載例」, 朝鮮總督府, 『農村更生の指針』, 1934 참조.
24) 鈴木榮太郞, 앞의 책, 352쪽 참조.

관련된 농업기술정책 속에 드러난다는 점, 그것이 정책과제가 말단행정에 까지 침투하는 데에 중요한 계기가 되었다는 점을 확인하고자 한다.

1) 조선 재래농법에 대한 시각

쇼와공황으로 인한 미곡과잉 문제로 조선 농정의 가장 중요한 과제였던 미곡증산=대일공출정책은 좌절된다. 앞서 말한 바와 같이 1932년 이후 농가경제 복구에 농업정책의 주안점이 놓이게 되었다.

경기도 소작관이었던 히사마 겐이치(久間健一)는 이 시기 농업정책의 전환을 '증산적 지도정신'에서 '경영적 지도정신'으로의 전환이라고 자리매김했다.[25] 히사마는 '증산적 지도정신'의 결함으로 "경영의 한 가지 생산적 부분에 대해서만 분립적으로 지도"하는 데 그치는 점을 지적한다.[26] '경영적 지도정신' 하의 증산정책에서는 '분립적 지도'를 해소하는 것이 과제가 되었다.

그런데 식민지 말기 조선총독부 농사시험장[27]의 기사로 근무했던 경력을 가진 아라시 요시카즈(嵐嘉一)는 당시의 식용 밭작물에 대한 기술정책이 미곡이나 면화에 대한 정책과 비교하여 지체되어 있었음을 논하고 있다. 그리고 그 요인의 하나로 기술자들의 아카데미즘을 존중하는 풍조 때문에 "관행기술 따위는 일률적으로 낡고 개선되어야 할 것으로서 제대로 평가되지 않은 채 퇴출되고 있던"[28] 점을 지적하고 있다. 다른 한편 아라시는 "현지의 관행농법 속에서 합리적인 것을 발굴"함으로써 식용 밭작물 기술연구를

---

25) 久間健一, 「農業における指導精神の展開(中)」, 『朝鮮行政』 1939년 2월호, 29쪽 참조.
26) 久間健一, 위의 글, 35쪽 참조.
27) 1929년에 설립 초기부터의 명칭인 권업모범장을 농사시험장으로 바꾸었다.
28) 嵐嘉一, 「總合考察」, 農林省熱帶農業研究センター編, 『舊朝鮮における日本の農業試驗研究の成果』, 1976, 768쪽 참조.

추진한 '통찰력을 가진 사람'으로 다케다 소시치로(武田總七郞)와 다카하
시 노보루(高橋昇) 두 연구자의 이름을 들고 있다.

　　조선총독부 권업모범장의 기사였던 다케다는 1917년에 「전작 시험에
관한 의견」이라는 수기를 제출하여 전작연구의 중요성을 총독부 당국에
호소했다.29) 조선총독부는 1917년 조선 전도를 대상으로 작부방식 조사를
실시하고 있다.30) 그 결과 논 144종, 밭 1,224종에 이르는 다양한 작부방식
이 '발견'되었다. 이 조사에는 다케다도 관계하고 있었다고 생각된다. 1920
년에는 다케다가 초대 지장장(支場長)이 되어 '권업모범장 서선지장(西鮮
支場)'이 개설되고, 이후 조선의 전작시험연구소 가운데 중심적인 역할을
수행하였다.31)

　　1919년 권업모범장 기사가 된 다카하시는 1928에 서선지장장이 되어
패전 때까지 재임한다. 1944년에는 농사시험장의 조직개편으로 시설의 핵
심 위치인 본장 총무부장을 겸임하고 있다.32)

　　다케다는 조선 북서부지역의 전작에 광범위하게 채용되고 있던 '2년3
작법'을 "그 작물 종류의 선택이나 그 재배의 방법까지 실로 지극히 교묘하
고, 모든 점에서 철저하고 학술적인 점은 놀랄 만한 일"33)이라고 높이 평가
했던 인물로 알려져 있다. 다카하시는 1930년대 말에 앞서 언급한 1917년
「작부방식조사」 원표를 재집계하여, "벼과와 콩의 전환도 역시 농가가 의식
했든 의식하지 않았든, 구미 학자가 말하는 원리를 실행하고 있는 점은 하나
의 놀랄 만한 사실"34)이라는 결론을 내리고 있다.

29) 小早川九郞, 『朝鮮農業發達史政策論』, 友邦協會, 1959, 269쪽 참조.
30) 「農作物作付方式調査」(朝鮮總督府殖産局農務課調査), 朝鮮總督府庶務課, 『調査彙報』
　　第6號, 1924 참조. 이 자료 속에는 조사연도가 명기되어 있지 않지만, 高橋昇, 「朝鮮主要農産
　　物の作付方式と土地利用」(高橋昇著, 飯沼二郞·高橋甲四郞·宮嶋博史 編, 『朝鮮半島の農
　　法と農民』, 未來社, 1998, 56쪽)에서의 기술로 연도를 판명했다.
31) 嵐嘉一, 앞의 논문, 767쪽 참조.
32) 高橋昇, 앞의 책, 권말 약력 참조.
33) 武田總七郞, 『實驗麥作新說』, 明文堂, 1929, 67쪽.

아라시는 이들 '통찰력을 가진 사람'을 예외적인 존재라고 이해하고 있다. 그러나 두 사람은 모두 총독부 농업기술 행정의 핵심적인 지위에 있어, 선구적인 예외라고 평가하는 것만으로는 문제가 있다고 생각된다. 실제로 〈표 4-4〉에서 보는 바와 같이 총독부와 도의 농사시험장에서 논의 뒷갈이나 밭의 윤작·간작·혼작 등 농작물 작부방식에 관한 연구 건수가 1920년대 후반 이후 증가하여 1930년대에는 총 건수의 10% 이상을 차지하고 있다.

〈표 4-4〉 농사시험장에서의 연구성과 수 추이

연도	합계(a)	작부방식에 관한 시험			b/a(%)
		논농사	밭농사	계(b)	
1906~1910	49	0	0	0	0.0
1911~1915	142	1	0	1	0.7
1916~1920	260	2	9	11	4.2
1921~1925	218	5	8	13	6.0
1926~1930	368	12	16	28	7.6
1931~1935	341	16	23	39	11.4
1936~1940	296	9	24	33	11.1
1941~1945	133	7	1	8	6.0
	1,807	52	81	133	7.4

자료: 韓國農村振興廳試驗局, 『1905~1960農事試驗研究所結果要覽』, 1962년에서 작성
주: 경작작물(벼·보리·콩류·섬유특용작물·삼베류)만을 대상으로 함

당시의 농업기술 행정은 그때까지의 '분립적 지도'의 한계를 작부방식 분석과 개량을 통해 극복함으로써 히사마가 말하는 '경영적 지도정신'의 요구에 부응하려 했다고 할 수 있을 것이다. 그때에 중요한 사실은 조선 재래 농법의 작부방식에서 과학적인 '합리성'을 찾아내려는 다케다나 다카하시의 인식이 기술자 사이에서 공유되어 있었다고 생각되는 점이다.

앞서 말한 다케다나 다카하시의 언명은 어떤 의미에서는 지력 재생산이나 생태학의 시각에서 조선의 재래농법을 관찰했을 때, 그 합리성에 대한 솔직한 감탄이었다고 할 수 있다. 그러나 이 언명은 언뜻 보아 무질서하게

---

34) 高橋昇, 앞의 논문, 96쪽.

보이는 현상을 그 배후에서 지배하고 있는 과학적 원리를 찾아낼 수 있다고 하는, 근대과학과 그것을 체현하는 기술자 자신의 존재의의에 대한 주장이기도 하다. 그리고 그것은 재래농법의 작부방식에 대해 과학적인 입장에서 개입할 수 있는 근거가 되었던 것이다.

2) 농사력을 통한 농민생활에 대한 개입

1941년 조선총독부는 맥류와 조(粟)를 대상으로 '식량전작물(食糧田作物) 증산계획'을 시작한다(5개년계획). 1939년의 한발을 계기로 1940년에는 '조선증미계획'이 개시되었다. 보리와 조의 증산으로 조선에서의 미곡 수요를 대체하고, 대일 미곡공출을 유지·확대하는 것이 총독부의 정책 의도였다.

1941년 5월 잡지기사에는 "본부(本府; 총독부―역자) 당국에서는 획기적 식량 전작물 증산계획을 수행하는 데 맞춰, 각 도에 가급적 빨리 계획에 의한 각종 시설을 포함한 경종법 개선기준을 수립하게 하고…"라는 기술이 보인다. 또 1943년 3월 각 도 농무과장회의 결정사항에는 '식량증산에 관한 지대별 경종법 개선기준의 확립'이라는 항목이 제시되어 있다.[35]

여기에서 말하는 '지대별 경종법 개선기준'이 어떤 내용인지는 분명하지 않다. 단, 그것을 유추할 수 있는 것으로써 1941년 경상북도에서 '과학적 농업건설 계획'의 일환으로 설정된 '지대별 생산개선 기준'에 대한 구체적 내용이 알려져 있다.[36]

경상북도는 기상, 지질, 토양, 경지(전답 면적 비율과 1호당 반별)를 기준으로, 도내 23개 군을 5개의 농업지대로 구분했다. 게다가 수도작·맥

---

35) 『朝鮮金融組合調査彙報』1941年 5月號, 1943年 3月號.
36) 小野寺二郎, 『朝鮮の農業計劃と農産擴充問題』, 東都書籍, 1943.

작·면작에 관해 지대별로 '경종개선 기준'을 책정하고 있다. 작부방식에 따라 수도작('일모작답', '수리안전 이모작답', '천수답 및 대마 모판작'), 맥작 ('대두·조 등의 전작맥[前作麥]', '면, 고구마 전작맥[前作麥]', '논 이작 맥[畓 裏作 麥]'), 면작('맥 간작[麥 間作]', '감자 간작', '단작[單作]') 등으로 구분하고, 각 구분마다 품종, 작업방식 혹은 작업적기에 관한 기술이 지대별로 되어 있다. 정확히 '과학농업'의 시각에서 작부방식을 분석하여 개량을 시도한 결과가 집약되어 있다고 할 수 있다.

그런데 "전작물 수확 및 파종기는 정확히 벼의 모내기 및 수확기와 겹쳐서 노동력 부족으로 더욱 적기를 상실한다"[37]라는, 곧 작업적기의 중복기간 (輻輳)을 어떻게 완화할 것인지가 작부방식 '개선'의 필수과제가 된다. 전작물의 작업적기를 서로 조금씩 옮기는 기술적 과제를 해결하기 위해 간작·혼작 기술에 대한 관심이 늘어났다.

작부방식의 개량이나 적합한 품종 선택 등의 재배기술 개량을 거치더라도 아직 해소되지 않는 노동 피크 문제는 노동 과정의 합리화 또는 노동 강화에 의해 해소하는 수밖에 없었다. 농번기의 노동 피크에 대응하기 위하여 조선의 농민들은 전통적으로 두레나 품앗이라고 불리는 공동노동을 발달시켜왔다. 농외 노동력 유출로 인해 농촌노동력이 그때까지의 과잉으로부터 부족한 경향으로 바뀌는 전시기에는 총독부에 의해 정책적으로 공동노동을 조직화하는 노력이 시도되었다. 예를 들어 1941년에는 봄 작업을 위해 '부락에서 공동작업반을 편성'함으로써 '적기작업을 실시'하는 시책을 내놓고 있다.[38]

---

37) 永井威三郎·高崎達藏, 「農村部落及農家經營狀態に關する調査(其一京畿道南部に於ける二三の部落)」, 『朝鮮總督府農事試驗場彙報』第7卷 第3號, 1943, 321쪽. 충청남도 이남지역에서는 답이작(踏裏作) 파종이라는 또 하나의 작업이 추가되었다.

38) 朝鮮總督府農林局, 「農村勞務調整狀況(昭和十六年春季)」, 『朝鮮總督府調査月報』第13卷 第4號, 1942年 4月 참조.

그런데 1절에서 소개한 읍면의 행사예정표에 의하면, 전체 113항목 가운데 29항목이 농작업에 관한 지도·장려사항이었다. 위에서 논의한 경종법 '개선'의 기준은 읍면직원을 매개로 농민에게 전해졌던 것이다. 6월 상·중순 란에는 '보리를 적기에 수확하도록 장려'하고 '적기에 일제히 식부하도록 지도'할 것이, 10월 상·중순 란에는 '벼를 일제히 적기에 추수할 것을 장려'하고 '보리 파종을 지도'할 것 등이 나열되어 있는데, 농번기의 적기작업 수행은 읍면직원에게도 난관이었다.

「쇼와 16년도 춘계 농촌노무조정방침」에 의하면, "읍면군도에서의 공동작업계획의 수립 및 준비조사의 방법 등에 대해 간부(부락 간부를 말함─인용자) 강습을 수행하여 그 조직적 활동을 촉구할 것"으로 되어 있다.[39] 이 강습에서는 적기작업의 중요성과 그를 위한 공동작업 실시라는 과제가 강하게 관련지어져서 부락 간부에게 전달되었다고 할 수 있다.

결과적으로 모내기와 보리베기 작업을 위해 조선 전체에서 각각 8만 412개 및 6만 8,102개의 '공동작업반'이 조직되어, 식부면적의 61%, 수확면적의 38%에서 작업이 실시되고 있다.[40] 이런 '순조로운' 성과를 얻은 요인으로 앞서 말한 조선 농민의 공동노동에 관한 전통적인 경험을 들 수 있다. 단, ① '공동작업반'은 행정 경로를 통해 조직된 것이고, ② '공동작업반'에서는 전통적인 공동노동이 가진 제례와 오락이라는 요소가 배제되어 노동이 강화되었다는 점에서, 이 두 가지의 공동노동은 성격을 달리하고 있다.[41]

따라서 '공동작업반'을 조직화할 때는 공동노동에 관한 농민들의 경험이 거래비용을 절약하는 기능은 수행하고 있었다고 하더라도, 그 때문에 더욱 적극적인 동기부여가 존재하지 않을 수 없었다. 정책당국에 의한 '공동

---

39) 위의 자료, 10쪽 참조.
40) 위의 자료, 14-15쪽 참조.
41) 印貞植, 『朝鮮農村再編成の硏究』, 人文社, 1943, 165-170쪽; 이송순, 앞의 논문, 168쪽 참조.

작업반' 제안이 읍면직원에게도 농민에게도 설득적이었다는 점이야말로 동기부여로써 중요한 것이었다고 생각한다.

읍면직원에게 재래의 작부방식은 친숙하고 애착이 가는 존재였을 것이다. 다른 한편, 읍면직원은 '목적합리적'이라는 지향성을 가지고 있었다. 따라서 재래의 작부방식을 '합리적'인 것이라고 일단 평가한 상태에서 더욱 '합리적'으로 개량되었다고 간주되는 경종법이 제시되었고, 그 작부를 실제로 행하기 위해서는 노동강화를 동반하는 공동노동의 조직화가 불가결하다는 방식의 설명은 읍면직원에게 설득력이 있었다고 생각된다.

전시기의 '근로작업반'에 여성이 추가됨으로써 작업효율이 높아지고 수확량이 증대하였는데 촌락유지들은 그것을 '과학적 착취'라고 평가했다는 증언, 또 합리성·효율성을 전면에 내세운 정책에 대해서는 당시 조선 민중이 그것을 수용했다는 증언을 김영희는 소개하고 있다.[42] 읍면직원을 통해 촌락에 전달된 총독부의 농업기술정책은 촌락 차원에서 이런 수용자를 찾아내고 있었던 것이다.

3. 전시동원의 강화와 읍면직원의 대응

위에서 논의한 계기를 통해서 읍면직원을 매개로 삼아 촌락 질서에 대한 식민지 권력의 헤게모니가 강화되고 있었다고 생각된다. 단, 이제까지 다룬 것은 농지와 노동력 등 직접적으로는 촌락 내부의 자원분배를 둘러싼 문제에 대한 식민지 권력의 개입이라는 국면이었다. 그러나 머리말에서 말한 것처럼 전시기 읍면직원의 직무로는 공출·징용·징병 등 촌락 내부의

---

42) 김영희, 「일제 말기 향촌 유생의 '일기'에 반영된 현실인식과 사회상」, 『한국근현대사연구』 제14집, 2000, 115쪽; 김영희, 앞의 책, 357쪽 참조.

자원을 외부에 대해 정책적으로 공급하는 것이야말로 오히려 식민지 권력에게는 중요한 것이 되었다. 촌락 내 자원의 양은 한정되어 있었기 때문에, 이 국면에서는 읍면직원의 직무와 촌락 농민의 이익은 서로 상반되는 것이 된다. 농민들은 은닉이나 도망 혹은 유언비어라는 '일상적 저항'을 통해 동원정책에 대항하게 된다.[43]

이제부터는 곡물공출과 노동력동원이라는 두 가지 문제를 통해, 이 국면에서의 읍면직원의 대응에 대해 분석하기로 한다. 우선 이 두 가지 동원정책의 개략을 제시해둔다.

조선에서 곡물공출제도가 본격적으로 가동된 것은 1941미곡년도(1940년 11월~1941년 10월)였다. 1943미곡년도에는 ① 그때까지의 '과잉지역의 과잉식량'에서 '전 농민의 과잉식량'으로 공출의 대상을 확대하고, ② '부락책임 공출제'라는 새로운 제도를 도입하여 제도를 강화하는 작업이 수행되었다. 더욱이 1943년 산미 이후의 공출사전할당제, 1944년 산미 이행의 농업생산 책임수량의 할당 등 식량부족이 심각하게 진행되는 데 발맞추어 공출제도도 강화되어가고 있다.[44]

조선에서의 노동력동원정책은 조선 내부에서의 동원을 대상으로 한 '관알선(官斡旋)'을 효시로 한다. 1939년에는 '모집' 방식에 의한 일본 국내로의 '노무동원'이 추가된다. 1940년 이후 총독부는 연차계획('노무동원계획')을 책정함과 동시에 『조선총독부 노동자 알선 요강』에 바탕을 두고 지방행정기구를 통한 동원할당을 실시하게 된다.[45] 또 1942년에는 관알선에 의한 일본 국내로의 동원이 개시되고 있다. 나아가 1944년부터는 '국민징용

---

43) 변은진, 「일제 파시즘기(1937-1945) 조선 농민의 현실인식과 저항」, 1998, 고려대 박사학위 논문 참조.
44) 이송순, 앞의 논문, 105-116쪽 참조.
45) 안자코 유카, 「총력전체제 하 조선인노동력 '강제동원' 정책의 전개」, 『한국사학보』 제14호, 2003, 332-333쪽 참조.

령'에 근거한 징용이 개시된다.

1) 지방직원의 사보타지

1942년 부산지방법원의 보고에 의하면, 곡물공출에 관한 '군면직원의 소극적 내지 비관적 언동' 속에 다음과 같은 면서기의 발언이 소개되어 있다. "농민의 고통을 살펴서 지방의 실정을 고려할 필요가 있다. 제일선의 우리 면직원은 그 중간에서 말하면 말할수록 고통이 생긴다"(밀양면), "할당 보리 공출의 제일선 지도자인 직장에 있는 자는 농민에 대한 면목이 없다…"(합천면). 또 신의주지방법원으로부터는 "면직원 중에는 면 내의 식량 핍박을 두려워하고 농민의 입장에서 동정하여 공출 완화를 경찰관에게 탄원하는 자도 있다"고 보고되고 있다.[46]

다른 한편, 노동력동원과 관련해서는 북해도탄광기선의 부산출장소가 작성한 조선인 노동자 '모집'을 위한 '공출통지서'가 시사적이다.[47] 그 서류의 '탄광에 대한 인식 정도'라는 기재란에는 "군, 면, 경 모두 공출에 협력한다"라는 기술에 덧붙여 "군, 경찰은 탄광을 상당히 인식하고 있지만, 면 측에서는 아직 인식이 철저하지 않은 느낌이 있다"(충남 부여군), "군청과 각 면에 공출에 대한 책임감ㅁ ㅁ(판독 불능)으로 군청 및 경찰서로부터의 독려로 간신히 소극적으로 활동하고 있다는 느낌이다"(전북 익산군), "경찰서는 충분히 인식하고 있고 성의가 있지만 군, 면에 대한 위신이 없으므로 공출 성적이 양호하지 않다"(경북 안동군)는 기술이 있다.

곡물이든 노동력이든 행정 경로를 통해 위로부터 주어진 할당 수치를

---

46) 앞의 「昭和七年度現下食糧事情ヲ繞ル治安對策」, 229-230쪽, 427쪽.
47) 加藤博史 編, 『戰時外國人强制連行關係史料集Ⅲ朝鮮人中2中卷』, 1991, 762-768쪽. 작성 연도는 불명.

실제로 농가로부터 '공출'하는 것은 읍면직원의 일이었다. 어떤 조선인 관리 (도직원이라고 생각된다)는 "우리도 군이나 면에 출장가서는 떠들어대지만, 농민들의 영양부족인 얼굴을 보면 불쌍한 기분이 들어 독려도 할 수 없어요"라고 말했다고 한다.[48] 농민과 같은 지역의 주민인 읍면직원에게는 '불쌍하다'는 감정이 더욱 절실하고 심각한 것이었을 터이다. 위 자료에 보이는 것과 같은 동원정책에 대한 사보타지는 읍면직원이 취할 수 있는 하나의 선택 사항이었다.

또 앞의 조선인 도직원의 발언은 "당분간 월급을 더 받는 그들에게(일본인 관리라는 의미) 맡겨 두어라"(괄호 안은 원문)라고 이어지고 있어, "조선인으로서 차별을 받고 있다"는 인식이 드러나 있다. 관료제 위계질서의 최하위에 자리잡고 있는 읍면직원은 자신의 임무가 떠안고 있는 육체적·정신적 부담의 무게와 자신에 대한 대우 사이에서 이 사람 이상으로 큰 차이를 느끼고 있었을 것이다. 읍면직원의 사보타지는 직접적으로는 동원 목표의 달성을 곤란하게 하였고, 간접적으로는 읍면직원이 조선인으로서의 피차별의식을 갖고 있음을 시사하는 것으로서 식민지 권력에게는 심각한 현상으로 인식되었다고 생각된다.

2) 제도 개선에 관한 제안

1942년 5월 각 도에서 부윤·군수회의가 개최되었는데, 그때 부윤·군수로부터의 요망·의견이 제안되는 장이 만들어졌다.[49] 다수의 제안 가운데는 곡물공출이나 노동력동원에 관련된 것도 포함되어 있다.

---

48) 朝鮮總督府法務局刑事課, 「經濟治安週報」(한국국가기록원 소장) 第77輯, 677쪽.
49) 이 자료는 군 차원의 것으로서 읍면직원의 인식이나 행동을 직접 보여주는 것은 아니다. 그러나 이 회의에서 부와 군은 동원정책의 행정말단에서의 당사자인 읍면직원의 의견을 반영하면서 자료를 작성했을 것이라고 추정하고 있다.

곡물공출에 관해서는 우선 미곡과 잡곡 생산고의 현재고 조사에 대한 개선안이 들어 있다. 즉 읍면에 전임직원을 배치하는 등의 일을 통해서 각 농가의 정확한 수치를 얻을 수 있도록 해야 한다는 제안이다.[50] 또 곡물 매상가격 조정안이 제기되어 있다. 작목별 생산자 가격이 균형을 잃고 있고, 정맥(精麥)과 조맥(粗麥)의 판매가격에 차이가 크기 때문에 작부계획과 모순이 생기고 있어 조정해야 할 필요가 있다는 의견이 이에 해당한다.[51]

또 행정에 의한 조정의 비용을 절약하고 부락민의 연대책임 관념을 고조시키기 위해, 할당 수량의 배분을 부락 상회(常會)에 맡기고 부락 간부에게는 수량을 확보할 책임을 지운다고 하는, 공출의 수법에 관한 제안이 들어 있다.[52] 촌락이라는 사회관계를 이용함으로써 제도의 효율성과 강제성을 강화하려는 제안이다.

다른 한편 노동력동원에 관해서는, 행선지(조선 내/외, 군 내/외 등)에 따라 급여 등의 대우에 유불리가 있어 동원정책 실시에 방해가 되고 있으므로 수당이나 배급품 지급 등의 방법으로 개선할 것을 요구하는 의견이 제출되어 있다.[53]

지방행정 실무자의 입장에서 나온 이런 제도개선 요구는 현행 제도의 틀을 전제로 하면서도 농민의 공출이나 동원에 대한 부정적인 반응을 수용한 상태에서, 관료로서의 목적합리적인 판단에 기초하여 궁리된 것이라 할 수 있다. 이런 제안들의 내용은 촌락농민에게는 양의적인 의미를 갖게 된다.

---

50) 예를 들어 「昭和十七年度府尹郡守會議報告書綴江原道咸南」(한국국가기록원 소장, 이하 각 도의 「報告書綴」은 모두 같은 기관 소장), 86쪽.
51) 「同忠北咸北忠南」, 90쪽; 「同黃海全南」, 788쪽 참조.
52) 「同黃海全南」, 1216쪽 참조.
53) 「同忠北咸北忠南」, 81-82쪽, 539-540쪽; 「同黃海全南」, 766쪽 참조

즉 한편으로는 곡물공출이나 노동력동원과 관련한 농민 사이의 불공평을 시정하는 효과를 가지면서도, 다른 한편으로는 공출이나 동원에 대한 농민의 동기부여를 상대적으로 높이는 것으로써, 결과적으로 더욱 '효율적으로' 전시동원의 대상이 되는 효과를 초래할 가능성이 있었다고 할 수 있을 것이다. 또 곡물공출에 관한 제3의 제안은 1943년 미곡년도의 '부락책임공출제' 도입이라는 형태로 실현되고 있어, 실제로 일정한 '효과'를 거두게 된다.[54]

3) 제도 강화에 관한 제안

동원목표를 달성하기 위한 제도개정이라는 점에서 아래에서 소개하는 제안은 위의 2)항과 일치한다. 단, 위의 제안이 동원의 전제로서 농민 측의 동기부여에 대해서도 배려하고 있는 데 비해서 아래의 제안은 목표를 달성하기 위한 강제력을 강화하는, 말하자면 폭력장치로서의 측면을 강화해야 한다는 점에 주안점이 놓여 있는 점에서 특징적이다.

구체적으로 우선 곡물공출에 관해서는 공출 성적을 향상시키기 위해 벼가 익는 가을에 '강제보관명령'을 발령하여 자유판매를 금지하자는 제안이나, 벼 전량을 일단 공출시킨 후에 배급하자는 제안, 혹은 가족 수에 따라 1년 동안의 소비량을 산정한 뒤에 잔여의 양식을 공출하게 명령하도록 하자는 제안이 나오고 있다.[55] 다른 한편 노동력동원에 관해서는 국민징용령 등 법적 강제력을 가진 법령을 적용해야 한다는 제안이 몇몇 군에서 나오고 있는 점이 특징적이다.[56]

---

54) 松本武祝, 앞의 책, 224-225쪽 참조.
55)「同忠北咸北忠南」, 87, 563쪽;「同江原道咸南」, 239쪽 참조.
56)「同忠北咸北忠南」, 82쪽;「同黃海全南」, 765쪽;「同平南京畿」, 246, 464쪽,「同慶北平南平北」, 1203쪽 참조.

앞서 소개한 것처럼 1943미곡년도 이후의 '전 농민의 과잉식량' 공출 그리고 1944년의 국민징용령 적용으로 이들 제안은 실현되어갔다. 앞서 본 '부락책임 공출제' 도입 효과와도 맞물려 전시 말기에는 동원정책이 대단히 강화되었다고 할 수 있다.

단, 당시의 농업생산에서는 노동력이야말로 가장 중요한 생산요소였기 때문에 공출과 동원의 강화는 모순되는 측면을 가지고 있다. 이 점과 관련하여 자가노동력에 비해 농지가 과다한 농가에서는 경작이 조방화하여 생산이 정체하고, 과소한 농가는 곤궁으로 허덕이고 있다는 인식을 전제로, 행정적 조치를 통해 농경지의 적정배분을 가능하게 하는 제도를 제정하라고 제안하고 있다.[57] 마침 1942년 5월에 조선총독으로 취임한 고이소 구니아키(小磯國昭)에 의해 '적정규모' 농가를 창출하면서 동원가능한 '과잉'노동력을 분석해낸다는 정책수법에 바탕을 둔 '농촌재편성'론이 제창되었고, 이는 전시 말기의 중요한 정책과제로 자리매김되고 있었다.[58]

'농촌재편성'론은 1절에서 소개한 행정이 개별적인 지주-소작관계에 개입하여 이해를 조정하는 수법과도, 2절에서 소개한 부분적인 공동노동에 의한 생산력 유지라는 수법과도 다른, '발본적'인 정책체계로서 구상된 것이라 할 수 있다.

맺음말

첫머리에서 제시한 매트릭스에 근거하여 지금까지의 논의를 정리하면 다음과 같다. 1절에서 논의한 소작 문제에 대한 개입은 읍면직원에게도,

---

57) 「同忠北咸北忠南」, 566쪽; 「同黃海全南」, 960쪽; 「同平南京畿」, 529쪽 참조.
58) 松本武祝, 앞의 책, 227-230쪽 참조.

또한 지주·농민에게도 납득될 수 있고 실효성이 있는 제도였다고 평가할 수 있을 것이므로, ①의 영역에 놓는다. 2절의 농사력에 대한 개입은 농민에 대한 영향력이 어느 정도였는지는 충분히 확인할 수 없지만, 공동작업조직화의 비율이 높았다든지 촌락 차원의 유지가 적극적으로 수용한 사례를 확인할 수 있었기 때문에, ①의 영역으로 분류할 수 있을 것이라고 판단된다.

이에 대해, 3절의 1)과 3) 항목에서 드러난 지방직원에 의한 제안은 각각 ③과 ②의 영역에 놓을 수 있을 것이다. 1, 2절의 사례처럼 읍면직원을 개입시켜 발현되었던 식민지 권력의 헤게모니 효과는 촌락 내의 희소자원을 수탈하는 것을 기본 틀로 삼는 전시동원정책에서는 발현되기 어려웠다. 그 때문에 3절의 2)항에서 드러나는 양의적인 영역을 일부분 남기면서도, 읍면직원은 동원정책이 강화되어가는 과정에서 촌락 측에 붙을 것인가 식민지 권력 측에 붙을 것인가라는 판단을 강요받게 되었던 것이다.

③영역의 넓이를 확정하는 것은 곤란하다. 그러나 이런 영역이 존재하고 있었음은 확실하고, 그것은 식민지 권력에게는 중대한 위협이 되지 않을 수 없었다. 이 위협에 대항해야 하는 전시동원정책은 ②영역에 자신을 위치시킨 지방행정 실무자로부터의 제안을 참조하면서, 그 강제력을 다시 강화시켜가는 방향으로 진전되어갔다. 그러나 그 대가로 읍면직원들, 나아가 식민지 권력은 농민에 대한 헤게모니 효과를 다시 잃어버리는 '악순환'에 빠지게 되었다고 할 수 있다.

그런데 앞 절에서 소개한 군수회의에서의 제안 속에는 앞서 말한 '농촌재편성'론을 방불케 하는 다음과 같은 제안이 포함되어 있다. "농민에게 최소한도의 생활을 보장하고 허용 한도에서 문화 혜택을 누리도록 하는" 것을 가능하게 하는 '생활기준'을 정한 상황에서 "농촌의 인구와 경지를 적정하게 배분하여 계획생산과 합리적 영농"을 실현하고, 그에 의해 증산 문제와 이민(노동력동원) 문제를 일거에 해결하려는 제안이다.[59]

생활 보장·문화 혜택이라는 발상은 전시동원정책에 대한 목적합리적인 대안이라는 범위를 넘어서서, 체제 비판의 함의조차 느끼게 한다. 다른한편에서는 '농촌재편성'을 위한 농민에 대한 선별정책이 농민의 일상에미치는 결정적인 영향에 대한 상상력을 읽을 수는 없다. 이 제안자는 사회를시스템으로 파악한 뒤, 그 합리적 상태를 설계할 수 있고, 또 행정적 방법을통해 실현할 수 있다고 상정하고 있는 듯하다.

이런 상정은, 이전에 마르크스주의 경제학자로 활약하였고 그 뒤에 전향하여 '농촌재편성'론의 이론가(ideologue)로서 논진을 펼쳤던 인정식의논리를 더 깊이 추구한 것이었다(3장 참조). 인정식과 같은 지식인에만 머무르지 않고 지방의 행정직원에게까지 이런 발상이 공유되고 있었음을 시사하는 점에서 위의 제안은 흥미롭다. "전시체제 하에서 강대화된 행정기구를이용하여 시스템 합리적인 사회를 구축한다"는 발상은 그들에게는 기존의헤게모니가 균열됨으로써 드러난 새로운 헤게모니의 단서였다고 할 수 있을지도 모른다.

〈표 4-1〉의 ②영역에서 '활약'한 읍면직원 가운데는 해방 후 촌락 농민으로부터의 압력 때문에 도망쳐야 했던 자도 있었다.[60] 그러나 미군정기및 대한민국 성립 후, 기본적으로는 식민지 시기 읍면직원들의 '근대관료'로서의 능력은 정책적으로 온존·이용되어간다. 또 제헌국회나 읍면의회에서도 식민지 시기에 읍면직원을 경험한 자가 일정한 비율을 차지하게 된다.[61]〈표 4-1〉의 ①영역에서의 실적을 가지고 읍면직원은 '지방유지'로서의 평가를 얻었다고 할 수 있다. 또 사회의 시스템 합리성을 우선적으로 추구하는

---

59) 앞의 「同江原咸南」, 757쪽 참조.
60) 이용기, 「1940~1950년대 농촌의 마을 질서와 국가—경기도 이천의 어느 집성촌 사례를
   중심으로」, 『역사문제연구』 제10호, 2003, 154쪽 참조.
61) 竝木眞人, 앞의 논문, 48쪽; 최봉대, 「1950년대 지방자치제와 농촌 지역사회의 정치적 지배
   집단 형성—경기도 3개군 관내 읍면지역 사례 연구」, 『사회와 역사』 제54집, 1998, 184-187
   쪽 참조.

정책이념은 남북대립=체제경쟁이라는 구도 아래에서 비로소 헤게모니를 본격적으로 발휘하기에 이르렀다고 할 수 있을 것이다.

조선민주주의인민공화국에서는 1950년대 중반 농업협동화 과정에서 과거의 촌락유지가 가진 영향력이 해체되었고,[62] 늦어도 이 시기에 이르면 구읍면직원의 발언권이 소멸되었다고 할 수 있다. 이런 점에서 대한민국의 사정과는 대조적이다. 단, 시스템 합리성을 추구하는 식민지 하 전시동원체제를 기원으로 하는 이념의 헤게모니화라는 점에 한정하면, 남북한 사이에 공통점을 찾을 수 있을 것이라고 생각한다.

---

62) 김성보, 『남북한 경제구조의 기원과 전개—북한 농업체제의 형성을 중심으로』, 역사비평사, 2000, 336-338쪽 참조.

5장
전시체제 하의 조선 농촌
―'농촌재편성'의 맥락

머리말

여기에서는 전시체제 하의 조선 농촌에 대한 조직화 정책과 그 실태를 분석한다. 이때 '총력전체제'론[1]의 문제의식을 염두에 두면서 분석을 진행하고자 한다. 단, '총력전체제'론을 식민지 조선에 전면적으로 적용하는 데는 주저하지 않을 수 없다. 근년의 '총력전체제' 연구가 일국사적 시각에 머무르고 있고, 식민지를 포함한 제국적 편성을 시각에 넣은 분석이야말로 과제가 되어야 할 것이라는 의미있는 비판이 존재한다.[2] 이런 비판이 이루어지는 하나의 배경으로는 식민지사 연구자(아래에서는 조선사 연구자로 좁힌다)의 공헌이 낮다는 점을 지적하지 않을 수 없다. 종래 식민지 조선 연구에서는 '지배와 저항'이 가장 표준적인 논의 틀로 설정되어왔다. '국민'의 '자발성'이야말로 중요한 논점이 되어야 할 총력전체제 연구에 대해서는

---

1) 특히 山之內靖, 『システム社會の現代的位相』, 岩波書店, 1996; 山之內靖, 『日本の社會科學とヴェーバー體驗』, 筑摩書房, 1999; 中野敏男, 『大塚久雄と丸山眞男―動員・主體・戰爭責任』, 靑土社, 2001을 참조했다.
2) 小倉利丸・崎山政毅・米谷匡史・栗原幸夫, 「[座談會]總力戰と抵抗の可能性」, 『レヴィジョン』第二輯, 1999 참조.

당연한 일이지만 이 틀로는 대응할 수 없는 것이다.

그래서 본론에서는 종래의 '지배와 저항'이라는 틀과는 다른 시각으로 분석을 진행하고자 한다. 그렇지만 '국민'의 '자발성'이라는 난제를 식민지 조선 연구에 일거에 적용할 수 있는 준비가 되어 있지는 않다. 우선은 실마리로서 '동원과 부일협력'을 분석틀로 설정하려 한다.

'동원'은 '강제'와 '자발성'의 중간영역을 다루기 위해 선택한 용어다. 식민지 권력이 정책목표를 설정하기 위하여 전면적인 강제는 아니고, 또한 전면적인 '자발성'의 환기도 아닌 정책수단에 의해 조선인을 조직화=합의를 만들어간 국면에 주목하고자 한다. 특히 그때 농민의 일상적 생활공간인 촌락이 가진 조직화의 '장(場)'으로서의 기능에 유의한다. 한편 '부일협력'이라는 행위는 '저항'과 '자발성'의 중간에 위치한다. 단순한 기회주의적인 '친일파'화가 아닌, 어떤 전략적 판단에 기초한 식민지 권력에의 접근이라는 선택의 형태에 주목하고자 한다.[3]

그런데 전시 하 조선 농촌에 관한 정책론 가운데 가장 특징적인 것은 '농촌재편성'론이었다고 할 수 있다. 그것은 노동력동원정책과 농업구조정책을 연동시킨 것으로서, 생산력 확충 및 농민생활의 안정이라는 두 가지 과제를 추구한 것이었다. '농촌재편성'론에는 사회공학적인 수단에 기초를 둔 목적합리성의 추구라는 '총력전체제'의 특징이 명확히 드러나고 있다고 생각한다. 단, '농촌재편성'을 실제 정책으로 실시하고자 하면, 그것은 촌락 내의 인간관계를 동요시키고 전통적인 촌락 질서와 충돌하지 않을 수 없다. 그것은 나아가 전시동원정책의 조직적 기반을 훼손하는 것이 된다. 전시 하의 농업정책은 큰 모순에 직면하고 있었다고 할 수 있다. '농촌재편성' 정책의 목적합리성이 어떻게 관철되었는가/관철되지 않았는가라는 논점

---

3) '부일협력'론에 대해서는 並木眞人, 「植民地期朝鮮人の政治參加について―解放後史との 關聯において」, 『朝鮮史研究會論文集』第31集, 1993에서 배웠다.

을 통하여, 첫머리에서 제시한 '총력전체제'론의 적용가능성에 관해서 전망할 수 있을 것이라고 생각한다.

1. '내성주의'의 계보

조경달은 19세기 후반에 성립한 동학의 정통 사상이 "자신들이 만들어낸 통속 도덕을 진정으로 내면화하여 스스로를 규율"하고, "스스로의 '분(分)'을 분별하여 주어진 환경 속의 숙명에 지긋이 견디면서 오로지 애정을 가지고 근면으로 꿋꿋이 살아가는"[4] 것을 중시했던 점을 강조하고, 이런 규범의식을 '내성주의(內省主義)'라고 명명하고 있다. 이 장의 전반부에서는 키워드로 조경달의 '내성주의'를 차용한다. 후반에서 주제로 다루는 구조론과의 대비를 의식하여 이 용어를 적용하고 있다는 점을 예고해둔다.

조선 중기에 주자학이 조선 농촌에 본격적으로 보급되었다. 주자학은 '수신제가'로 상징되는 것처럼 가족 차원의 '내성주의'를 강조한다. 또 '촌계(村契)' 등으로 명명된 촌락 규약에 자주 나오는 '상부상규(相扶相規)'라는 표현이 시사하듯 촌락 차원에서도 '내성주의'가 규범의식으로 중시되었다.

노동집약적인 농업기술에 어울리는 가족노동적인 소농민경영의 성립, 농민 정착성의 제고에 동반되는 집락의 형성, 그리고 경지·임야·수자원 등의 희소화에 따르는 촌락 내에서의 자원분배 질서의 형성이라는 일련의 변화가 조선시대 중기에 일어남으로써 조선 농촌에 이른바 '소농사회'가 성립되었다. 이 시기 이후 가족구성원 간·촌락구성원 간의 상호협력=상호규제 없이는 농민들의 일상생활의 유지가 곤란하게 되었다. 이런 상호협력=상호규제를 위한 규범의식으로서 주자학 이데올로기가 '발견'되어 농촌에

---

4) 趙景達, 『異端の民衆反亂—東學と甲午農民戰爭』, 岩波書店, 1998, 64쪽.

정착하고 있었다고 생각되는 것이다.

'소농사회'는 이후 조선시대·식민지 시기를 통틀어 농촌에서 기본적인 사회관계로서 존속하고 있다. 그에 따라 '내성주의'도 조선 농촌사회에서 재생산되고 있었다고 생각할 수 있다.

동학의 정통사상이 '내성주의'를 강조하고 있었던 점은 앞서 말한 대로 다. 19세기 말에는 중국·일본을 경유하여 '사회진화론'이 조선에 수용되었고, 그후 '보호국' 시대의 '자강운동'에 사상적 영향을 주었다. '자강운동'은 '선실력양성'을 기본적인 전략으로 삼았다. '실력양성'의 수단으로 교육과 실업의 진흥이 중시되었고, 또 '인격수양'이 강조되었다. 식민지 하 1910~ 기득수리권년대에는 '자강운동'을 잇는 형태로 '선실력양성·후독립'이라는 전략론에 바탕을 둔 '실력양성운동'이 전개되었다. 거기서도 교육과 산업의 진흥을 통한 개개인의 '실력양성'이 강조되고 있다.[5]

이 운동은 도시지역에서 먼저 개시되었다. 그러나 1920년대에는 운동의 범위가 농촌지역에까지 확대되었다. 그때에는 사회진화론이 함의하는 '내성주의'와 조선 농촌의 전통적인 그것과의 사이에 공명이 일어나고 있었다고 생각된다.

2. 농촌진흥운동의 전개와 그 한계

1) 정책적 틀[6]

1931년 6월 우가키 카즈시게(宇垣一成)가 조선총독으로 취임한다. 그

---

5) 박찬승, 『한국근대정치사상사 연구』, 역사비평사, 1992 참조.
6) 여기에 대해서는 松本武祝, 『植民地權力と朝鮮農民』, 社會評論社, 1998, 제5장 참조.

는 조선에서 사회주의운동이 대중화하고 있는 것에 위기감을 느끼고 조선 농민에게 '적당한 빵'을 줌으로써 그에 대응하려 했다. 1932년 총독부·도·부·군·읍면 차원의 '농촌진흥위원회' 설치가 그 시책의 구체적 단서였다. 이와 동시에 촌락에는 '농촌진흥회'의 조직화가 추진되었다. 이른바 '농촌진흥운동'(이하 '진흥운동')의 시작이다.

그런데 일찌감치 1933년에는 '진흥운동' 방침이 크게 변경되었다. 그 변화는 '농촌진흥회'를 통하여 촌락농민 전체를 조직화하는 대신에 '지도부락'을 선정하여 촌락 내 중농층을 개별집중적으로 지도하는 방법으로 전환하는 것이었다. 이후에는 개별농가 갱생을 위한 '농가갱생계획'이 책정되었다.

식량의 충실, 현금수지의 균형 및 부채 근절이 '농가갱생계획'의 3대 목표로 설정되었다. 농산물 증산, 부업 확대, 지출 절약, 부채 감면 및 저리 차환 등이 그 목표를 달성하기 위한 과제로 강조되었다. 금융조합으로부터의 저리자금 도입 혹은 비료 원료를 위한 '농용임지' 설정 등 외부 자원의 정책적 도입도 일부 시도되었지만, 총독부에서는 기본적으로 이 과제들이 농민 자신의 근면과 검약에 의해 실천되어야 한다는 견해를 끊임없이 강조하였다.

바꿔 말하면 총독부의 견해는 세계 대공황기 조선 농민의 곤궁함의 원인을 농민 자신의 나태와 낭비에서 찾고자 했던 것이다. 이 계획은 "식민지적 경제구조 하에서의 농촌 과잉인구의 퇴적"이라는 구조적 문제의 존재를 무시한다는 전제 하에 성립했다는 점을 확인해두고자 한다.

1935년에는 '농가갱생 10개년 확충계획'이 확정되었는데, 그 목표는 이후 10년 동안 조선 농촌의 전 촌락을 '지도부락'으로 지정하는 것이었다. 그때 그 전의 '계획'과 비교하여 계획의 속도를 높이는 것뿐만 아니라 정책수단과 관련해서도 다시 변경이 추가되었다. 즉 촌락의 일부 농가를 대상으로 삼는 것에서 촌락 내의 농가 전체를 대상으로 삼는 '계획'이 책정되었던 것이다. 말하자면 '촌락 전체'의 '농가갱생계획'이 목표가 되었다고 할 수 있다.

그때 개별농가의 갱생계획을 보완하기 위하여 각종 공동시설이 촌락 내에 설치되었다. 7만 2,065개 촌락에 대한 '지방개량시설' 보유 상황 조사에 의하면, 1937년 5월 현재 보유 촌락의 비율이 높은 시설은 개량우물(49.6%), 국기게양탑(45.9%), 공동혼장용구(43.3%), 농악도구(38.3%), 부락집회소(28.8%), 경종(警鐘)(25.9%)이었다.[7]

조선총독부는 경종으로 시각을 알림으로써 촌락농민에게 노동시간의 규율화를 시도하였다. 농악도구는 전통적 공동노동인 두레 때에 연주되어 참가자의 노동의욕을 제고하는 효과를 가지고 있었다(단, 이 시기 두레는 오히려 간소화되었고 농악은 쇠퇴하였다고 한다). 전통에 따르는 관혼상제는 조선 농촌의 낭비의 상징으로 간주됨으로써 '공동 혼장용구'는 검약의 일환으로 자리매김되었다. 또 총독부는 '계획'과 관련하여 행정에서 농민을 향하는 지시사항의 전달 혹은 촌락농민 사이의 합의 형성을 도모하는 기회로 '월례회'를 중시하였는데, '부락집회소'는 그 개최장소로 상정되고 있었다.

2) '진흥운동'의 실천 과정과 그 한계

'농가갱생계획'을 중심으로 하는 '진흥운동'은 개별농가의 '수신제가'와 촌락 차원의 '상부상규'라고 하는 조선 농민이 보유해온 전통적인 '내성주의'의 형식과 유사한 운동 형식을 갖고 있었다. 또 1920년대에 농촌지역으로 확산되었던 '실력양성운동'도 개개인의 수양을 중시한다는 점에서 친화성을 갖고 있었다. 그래서 '진흥운동'은 관제운동의 형식적인 수용 이상의 영향력을 조선 농촌에 미치고 있었다고 생각된다.

단, 이미 말한 바와 같이 농촌 과잉인구의 퇴적이라는 구조적 문제를

---

7) 朝鮮總督府, 『朝鮮社會敎化要覽』, 1938, 48-50쪽. ( ) 안은 보유 촌락 비율. 기타 시설 보유율은 전부 10% 미만이었다.

해결하지 않고서 농민 자신의 '내성주의'만으로 빈곤 문제를 해결할 수는 없었다. 오히려 '진흥운동' 과정에서 '내성주의'의 실천이 구조적 문제의 소재를 드러내는 결과를 초래하게 되었다. 아래에서는 두 가지 사실을 들어서 농민의 '내성주의'가 가진 한계를 밝혀보고자 한다.

첫째, 워크 세어링(work sharing) 질서의 경직화에 대해.

'소농사회' 성립 후 조선의 촌락에서는 기본적으로 생산수단인 경지가 희소재였다. 촌락은 고용이나 경지 임차를 통하여 워크 세어링을 함으로써 모든 구성원이 최저한의 수입 기회를 얻을 수 있는 배려를 상호간에 수행해 왔다고 생각된다.

그런데 총독부는 앞서 말한 바와 같이 농민에게 근면과 절약의 중요성을 강조했다. 그때 그것을 추구하는 주체로는 기본적으로 가족구성원이 상정되어 있었다. 연고(年雇)나 임시고(臨時雇) 혹은 두레라고 불리는 전통적인 공동노동은 노동집약화와 지출절감이라는 관점에서 오히려 배제의 대상으로 자리매김되었다. '진흥운동' 과정에서는 고용노동력에서 가족노동력으로의 대체가 진행되고 있었던 것이다.

그 결과 농업 피고용임금에 대한 의존도가 상대적으로 높은 하층농의 수입기회가 감소하고, 그것을 보충하기 위해서 그들에 의한 경지 차입요구가 강해질 수밖에 없었다고 생각된다. 다른 한편으로는 이 시기에 재촌지주의 자작화 경향이 강해지고 있다. 1934년부터 1938년까지 소작권 회수 사례 398건 가운데서 '자작'을 사유로 든 것이 174건(44%)으로 가장 많아서 '이작(移作)' 146건(37%)을 웃돌고 있다.[8] 재촌지주에게 소작지의 자작화는 농산물 가격하락에 따르는 수입감소를 보충하기 위한 방법이었다. 아울러 근면을 내세우는 '진흥운동'의 취지와도 어울리는 것이었다고 할 수 있다.

이처럼 '진흥운동'으로 인한 자가노동의 강화는 결과적으로 하층·상층

---

8) 朝鮮總督府, 『朝鮮農地關係彙報』第一輯, 1939 참조.

농 쌍방의 경작지에 대한 수요를 증대시키게 되었다. 이런 경향은 촌락의 농촌 과잉인구를 현재화시킬 수밖에 없었다. 워크 세어링이라는 형태로 촌락은 간신히 과잉인구를 끌어안아왔다. 개별농가의 알량한 근면과 검약 시도조차 그 한계를 노정시키기에 충분한 변화였다고 할 수 있다. 1935년부터 1938년 사이에는 매년 건수로 2만 건, 관계인원 수로 5만 명을 넘는 소작쟁의가 발생하고 있어, 예외년도를 제외하면 그 이전의 매년 수백 건, 2,000~5,000이라는 수치를 압도하고 있다. 그리고 매년 소작권 이동이 원인이 된 쟁의가 80% 전후를 차지하고 있다.[9] '진흥운동'이 소작쟁의가 많이 발생하는 하나의 계기로 작용하고 있었다고 생각되는 것이다.

총독부는 빈발하는 쟁의에 대해 1932년「조선소작조정령」, 1934년「조선농지령」을 제정하는 등의 방법으로 대응했다. 그것은 이미 경작하고 있던 사람의 권리를 강화함으로써 쟁의를 방지하고자 하는 정책이었다. 4장에서 논의한 바와 같이, 지방직원의 개입을 통하여 소작지 '절반' 정도에 의한 워크 세어링이 시도되었다. 단, 그 효과는 농촌 과잉인구의 퇴적에 따르는 영세농민의 빈곤이라는 구조 때문에 강하게 제약되지 않을 수 없었다.

둘째, 보건위생사업의 한계에 대해.

전염병(여기서는 장티프스) 환자의 발견방법에 관한 당시의 조사에 의하면, 조선의 군지역에서는 '검병검사(檢病檢査)', '의사(의생 포함)신고'에 의한 것이 각각 45%, 46%인데 비해, 일본의 군지역에서는 10%, 84%였다. 일본 군지역의 경우, 일본 도시지역의 수치(4%, 93%)와 유사하고, 조선의 도시지역의 수치(5%, 94%)도 일본의 도시지역의 수치와 거의 동일했다.[10] 즉 조선의 군지역만이 예외적으로 '검병검사' 수치가 높았다. 이는 조선 농촌의 근대적 의료시설의 결여에 기인하는 것이라고 생각된다.

---

9) 朝鮮總督府農林局, 『朝鮮農地年報』第一輯, 1940 참조.
10) 朝鮮總督府, 『朝鮮衛生要覽』, 1929 참조.

신체에 근대적 규율화를 강제하는 규율권력 장치로서의 병원이라는 시각에서 보면, 식민지 조선 농촌은 규율권력 장치의 희박함으로 특징지을 수 있을 것이다. 단, 그렇다고 해서 조선 농민이 규율권력 그 자체로부터 자유로웠다는 것은 아니다.

위에서 말한 검병검사 자체가 조선 농민에게 전염병 및 보건위생에 관한 과학적 지식을 전달하는 기회가 되었다고 생각된다. 또 지방행정기관은 활동사진과 강연·강습회를 통하여 보건위생에 관한 '계몽'활동을 전개했다. 나아가 '실력양성운동'의 일환으로 청년단체와 종교단체에 의한 자주적인 '계몽'활동도 활발하였다.[11] 이런 활동들 또한 조선 농민이 보건위생에 관한 과학적 지식을 습득하는 기회가 되었다고 생각된다.

그런데 이미 1910년대부터 몇몇 도에서는 보조금을 지급하여 '모범우물' 설치를 시행하고 있었다. 그러나 사업 진척은 한정적이었다. 강원도에서는 1935년에 방침을 전환하여 각 읍면에 대한 기구 대여(형틀, 철판 등), 경찰관과 읍면직원의 지도, 우물 이용자에 의한 자재(시멘트 등) 공동구입과 공동부역이라는 수단을 엮는 방법을 써서 공동우물의 설치·수리사업을 추진하고자 했다. 총독부 차원에서도 미나미 지로(南次郎)의 총독 부임을 계기로 공동우물 수리사업의 "지도방침을 조성주의로부터 자력갱생주의로 바꾸"고 있다. 앞에서 본 것처럼 1937년에 촌락 차원의 '지방개량시설' 가운데서 '개량우물' 보급률이 가장 높았다. '자력갱생주의'에 의한 개량우물사업은 높은 실적을 올릴 수 있었던 것이다.[12]

이런 실적을 올린 요인으로서, 보건위생과 관련하여 기구대여라는 행정 측의 조그만 작용만으로도 활성화될 만큼의 높은 관심을 촌락농민들이 이미 보유하고 있었다는 점을 들 수 있을 것이다. 거꾸로 행정 측은 촌락농민

---

11) 본서 제2장 참조.
12) 본서 제2장 참조.

의 '내성주의'를 환기함으로써 보건위생행정을 대단히 값싸게 실시할 수 있었던 것이다.

그런데 조선 농촌에서는 "여전히 비근대적인 생활양식 및 노동형태와 직접 연결되어 있는 여러 질환…이 대단히 많다"고 당시 조사서가 지적하고 있다.[13] '내성주의'에 의해 보건위생 환경을 개선하려 해도 낮은 생활수준과 과로라는 문제가 해결되지 않는 한 그 효과는 한정적이다. '자력갱생주의'에 의한 개량우물 설치사업은 농민에게 열악한 '생활양식'과 '노동형태'를 강요하는 조선 농촌이 안고 있던 구조적 문제에 의해 미리부터 그 효과가 한정되어 있었던 것이다.

3. 총독부의 정책 전환과 조선인의 '부일협력'

1) 전시체제 하의 정책 전환

중일전쟁 이후 조선에서는 병참기지로서 물적·인적 자원의 전쟁을 위한 동원이 가장 중요한 정책과제로 자리매김되기에 이르렀다. 농촌지역에서도 전시 하 '생산력 확충' 정책의 일환으로, 앞서 논의한 바와 같은 구조적 문제에 대한 대응책이 제출되게 되었다.

1938년에 개최된 '조선총독부시국대책조사회' 석상에서 유무라(湯村) 농림국장은 '진흥운동'과 관련하여 "농촌 경지의 획득에 상당히 곤란한 지역이 있다"고 언급함으로써 농촌의 과잉인구라는 구조적 문제가 '진흥운동'의 전개를 가로막고 있다는 인식을 드러내고 있다. 이어서 농림국장은 과

---

13) 朝鮮農村社會衛生調查會, 『朝鮮の農村衛生－慶尙南道達里の社會衛生學的調查』, 岩波書店, 1940, 279-280쪽 참조.

잉인구 대책으로 만주 농업이민정책의 중요성을 강조한다.[14] 총독부에 의한 조선인 만주 농업이민정책은 15년 계획으로 1936년에 이미 개시되었다.

1939년 이후에는 모집이라는 방법을 통해 일본 국내의 각종 사업소에 대한 '노무동원'정책이 실시되고 있었다. 1940년 3월 조선총독부는 '노무자원 조사'를 실시하고 있다. 이 조사에서는 농가의 '이상적 경지면적'이 각 군마다 설정되고, 그 수치에 기초해 '이상 호수', '과잉 호수' 및 '노동출가 및 노동전업 가능 수'가 산출되었다. 이 시기 일본 국내의 이른바 '적정규모론'을 원용함으로써 농업생산력 확충과 노동력동원이라는 두 가지 과제를 양립시키려는 발상을 읽을 수 있다.[15]

그런데 1940년경에는 조선 농촌에서의 노동력 수급 상황이 과잉으로부터 부족 기조로 전환되었다. 1941년부터는 '농촌재편성'이라는 슬로건이 정책당국자 사이에서 빈번하게 사용되게 된다. 이 용어에는 노동력 수급상황이 전환된 후의 조선 농촌에서 위의 두 가지 과제를 동시에 수행하기 위한 농업구조정책이라는 의미가 포함되어 있다.

1942년 총독부는 '만주개척 제2기 5개년계획'을 시작하고 있다. 이 계획에는 새로 '분촌계획'을 채용하고 있는데, 그것은 전체적으로 노동력이 부족한 농촌에서 이민을 더욱더 대량으로 송출하기 위한 방법이었다.

1944년 3월 「타농자(惰農者) 조치요령」이, 4월에는 개정 「임시농지관리령」이 시행되어, 가족노동력에 비해 경영면적이 과소하거나 과대한 농가로부터 가족노동적 중농층으로 경작지를 집약하고자 하였다. 또 10월에는 「농업요원 설치요항」이 정해져 '농업요원'으로 지정된 '정농가(精農家)' 등이 징용·관알선 등의 대상으로부터 제외되었다. 총독부는 촌락농민을 정책적으로 구분함으로써 위 두 가지 과제를 동시에 추구하려 했던 것이다.[16]

---

14) 朝鮮總督府, 『朝鮮總督府時局對策調查會會議錄』, 1938, 139-140쪽.
15) 松本武祝, 앞의 책, 215-216쪽 참조.

2) 어느 이론가(ideologue)의 '부일협력'

1943년 인정식의 『조선 농촌재편성의 연구』(인문사)가 출판되었다 (이하 『재편성』). 당시의 '농촌재편성'에 대한 논고 가운데서 가장 체계적인 분석이었다고 생각된다. 인정식은 일본 유학 중에 마르크스주의 영향을 받아 조선인 유학생 민족운동의 중심적인 역할을 수행했다. 조선으로 돌아온 후 1937년에 『조선의 농업기구 분석』(白揚社)을 발표한다(이하 『분석』). 이 저작에서는 조선농업의 '봉건적' 성격이 강조되었는데, 이 시기 강좌파로 부터 받은 강한 영향을 확인할 수 있다. 그 후 인정식은 1938년 옥중에서 전향한다.

『재편성』은 전향 후 인정식의 주된 저서로 자리매김된다. 그 가운데서 인정식은 '진흥운동'의 문제점을 "구래 농촌사회의 봉건적 생산 사정과 영세 경작적인 과소농성을 조금도 본질적으로 검토 내지 변혁하지 않고서, 단지 이런 농촌사회를 노동집약적인 근로제일주의 한 가지만으로 진흥시키려는 정책이었다"(82쪽)고 간파한다. 그리고 전시 하에서는 "국가 입장에서 보면 우선 농업생산력을 유지·확충하고, 아울러 농가생활의 안정화를 도모하는 것이 유일한 최대의 관심사"(111쪽)이고, 그를 위해서는 '총수확고-[안정적·향상적 생활비 + 확대재생산비] = 적정소작료'(140쪽)라는 관계가 성립하도록 분배관계 자체를 변혁해야만 한다는 학설을 전개하고 있다.

구조론적인 관점에서 '내성주의'에 의거한 농업정책을 비판하는 점에서는 『분석』과 『재편성』의 논점은 일관되고 있다. 그리고 총독부에 의한 '농촌재편성'론은 '진흥운동' 때의 방침과는 달리 구조론적인 접근에 기반을 둔 정책론이었기 때문에, 인정식의 눈에 이것은 조선 농업의 '근대화'를 실현하기 위한 정책으로서 전략적으로 이용가능한 것으로 비쳐졌던 것이다.

---

16) 같은 책, 228-230쪽 참조.

마르크스주의 경제학자로서 조선 농업을 비판적으로 분석하는 입장과 총독부가 실시하는 전시농업정책에 대해 적극적으로 발언하는 입장은, 인정식에게 반드시 결정적으로 상반되는 것은 아니었다고 생각된다. 다만 인정식은 '근대화'를 통한 농가생활의 안정, 나아가 문화수준의 향상을 필요로 하는 궁극적인 근거를 '징병제'에 대한 대응(『재편성』, 140쪽)과 "군국(軍國)의 어머니라고도 할 수 있는 그녀들(농촌 부녀자—인용자)의 좋은 후생"[17]에서 찾지 않을 수 없었다. 이 점에서는 『분석』과 『재편성』 사이에 심각한 단절을 인정해야만 한다.

3) 지방직원의 부일협력

전시기에는 지방행정 단체의 조선인 직원 수가 급증한다. 학교조합 직원을 제외한 조선인 지방대우 직원, 즉 도청과 부·군·도청 직원 수는 1935년에 5,185명이었지만, 1940년에는 1만 374명, 1942년에는 1만 3,676명으로 급증한다. 또 읍면리원(조선인만의 수치는 찾을 수 없지만, 4장의 6번 각주에서 보는 것처럼 대부분이 조선인이었다고 추정된다) 수는 마찬가지로 1만 7,290명(1935년), 2만 2,885명(1940년), 2만 5,580명(1942년)으로 증가한다.[18] 이는 사무량의 증가 혹은 징병 일본인 보충 등의 객관적 상황 변화의 산물이다. 그러면 조선인들은 어떤 동기를 가지고 지방행정에 '참가' 하고 있었던 것일까?

제2장에서 분석했던 월간 잡지 『조선행정』의 「행정논단」 코너 가운데 2장에서는 다루지 않았던 1940년 기사 36개[19]를 분류하면 〈표 5-1〉과 같다.

---

17) 印貞植, 『朝鮮農村雜記』, 東都書籍, 1943, 194쪽 참조.
18) 竝木眞人, 앞의 논문, 35쪽 참조.
19) 제2장에서 말한 바와 같이, 1940년이 되면 창씨개명의 영향을 받기 시작하므로 여기서는 조선인과 일본인 사이의 분류는 하지 않는다.

제2장 〈표 2-7〉의 수치와 비교해서, 이 표의 특징으로는 두 가지 사항을 지적할 수 있다. 하나는 '군면직원의 연수·채용·승진' 구성비는 변하지 않았지만, 추천투표 수가 대단히 많아지게 된 점이다. 그리고 다른 하나는 '사회적 공정성을 위한 제도 개정' 구성비가 감소하고, 그 대신에 '지역주민의 계몽' 구성비가 증가하고 있는 점이다.

〈표 5-1〉「행정논단」(1940년) 투고기사의 논제별 분류(36건)

	기사수	구성비(%)	평균득표수
사무의 합리화	3	8.3%	835
군면직원의 연수·채용·승진	11	30.6%	1,837
행정·재정제도의 개선	11	30.6%	963
지역 주민의 계몽	7	19.4%	884
사회적 공정성을 위한 제도 개정	4	11.1%	1,187

자료: 본문을 참조

2장 각주 35번에서 지적한 것처럼, 1920년대 후반 이후 근무지역이 아닌 지역 출신 직원의 비율이 증대하고 있는데, 기득수리권년대 후반 이후의 급증기에는 그 경향이 더욱 강해졌던 것으로 추정된다. 다른 한편으로 전시기에는 급속한 공업화의 진전에 따라 보통학교 졸업 이상의 학력을 가진 사람에 대한 민간부문에서의 취업기회도 증대하고 있었다. 그 결과 전시기 군청과 읍면직원들 사이에서 자신의 직업을 몇 가지 가능성 가운데서 하나의 선택지로 이해하는 의식이 높아지고 있었다고 생각된다. 예를 들어 1943년 어떤 면장은 "올해에만 19명(면리원―인용자) 가운데 5명이 바뀌었습니다"라면서 면리원의 낮은 직업의식을 비판적으로 논하고 있다.[20]

낮은 직업의식이라는 점과 관련해서는 전시 경제통제를 기화로 한 관공리의 '부정'이 식민지 권력에게는 심각한 문제로 인식되고 있었다. 예를

---

20) 「座談會正しい面行政―大物面長に訊て―」, 『朝鮮行政』 1943年 7月號, 27쪽 참조.

들어 1944년 1월부터 6월 사이에 검사국에 보고된 '경제범죄'에 의한 공무원 및 경제통제단체·정회(町會) 등의 역·직원의 기소·기소유예 처분자 33명 가운데 일반 관공리가 16명(도직원 1, 부직원 4, 면직원 11)을 차지하고 있다. '죄명'은 배임, 문서위조·행사, 사기, 수뢰, 업무횡령 등이었다.[21]

다만 모든 직원이 이런 기회주의적인 의식으로 재직했던 것은 아니었을 것이다. 〈표 5-1〉에서 확인할 수 있는 처우개선 요구에 대한 높은 관심은 오히려 그들이 보여준 높은 직업의식을 반영하는 것이라고 생각된다. 그들은 그 위에 전시라는 상황을 전제로 더욱 '효과적'으로 지역의 조선인을 동원할 수 있는 정책수단을 제안하고 있었던 것이라고 할 수 있다. 앞서 말한 바와 같이 '지역주민의 계몽' 항목 구성비가 증가하고 있지만, 이 제안들은 당위로서의 계몽에 대한 주장이라기보다도 주민의 계몽이나 교육과 관련한 제도적인 제안이 과반수를 차지하고 있다.[22] 즉 이렇게 본다면 조선인 지방 직원은 '능리(能吏)'로서 전시체제를 지지하는 능력과 의사를 가지고 있었다고 할 수 있을 것이다.

그런데 〈표 5-1〉에서는 '사회적 공정성을 위한 제도 개정' 항목 구성비가 내려간 것을 확인했는데, 이것이 반드시 직원들의 의식이 지역사회 규범과 괴리되었음을 의미하지는 않을 것이다. 이미 4장에서 지적한 바와 같이 식량공출이나 노동력동원의 할당량과 지역사회의 고뇌 사이에 놓여 있던 읍면직원 가운데는 지역사회 측의 이해를 배려하여 사보타지를 시도하는 사람이 있었다.

이와 관련하여 1941년도 맥류 공출에 관한 다음의 보고[23]는 지역사회

---

21) 「經濟統制事務に關與する公務員及統制經濟團體, 町會等の役職員の當該統制事務に關し犯したる犯罪の調査」, 高等法院檢查局, 『朝鮮檢察要報』 第六號, 1944年 8月. 이 자료를 입수하는 데 장신 씨의 도움을 받았다. 감사드린다.

22) 예를 들어 "주부 지도기관을 설치하라", "초등교육비 지급기관을 단일화하라", "도에 영화선전반을 설치하라"는 제안이다.

23) 朝鮮總督府法務局刑事課, 「昭和十七年現下食糧事情ヲ繞ル治安對策」(한국국가기록원

와의 밀착도가 증가함에 따라 행정직원의 의식도 변화해가는 모습을 보여주고 있어 흥미롭다.

　　자료 ① 칠곡 군수 "총후(銃後)의 봉공(奉公)으로 공출을 완수하는 것은 농민이 당연히 해야 할 일이다/ 지금 와서 불만은 없다. 단, 인사를 다하고 천명을 기다릴 뿐."

　　자료 ② 칠곡군 가산면장 "현재의 무리한 공출과 충분하지 않은 배급으로는 장래에 관민의 이간을 초래할 것임은 의심의 여지없다."

　　자료 ③ 문경군 면직원 "식량공출 독려 때에 곡류 공출 후의 부족 식량은 군면에서 절대 책임을 진다고 맹세했지만, 실정에 맞지 않아 생산농가의 비난을 삼으로써 금년의 맥류 공출 독려에도 상당한 악영향을 미치고 있다."

즉 정책지시자로서의 입장만을 주장하는 군수에 대해, 면장은 '관민 이간'이라는 표현을 사용하여 정책의 문제점을 언급하고 있다. 단, 그것은 어디까지나 객관적인 시각에서의 지적이다. 그에 비해 면직원은 정책 실패와 그로 인한 행정에 대한 불신이라는 결과 때문에 '생산농가의 비난'이라는 구체적인 난제에 직면하고 있는 것이다.

또 노동력동원(징용)에 관해서도 "강제연행하여 한을 사는 것은 면장이라든가 면사무소의 징용담당자예요. 결국 이제 촌 사람들에게 체면이 섰기 때문에 면사무소의 누군가는 인솔대장으로 자신부터 지원했습니다"[24]라는 사례나, 면장의 친척이기 때문에 징용인원의 책임을 완수하기 위하여 어쩔 수 없이 징용대상이 되었다는 인물의 사례[25]가 보고되어 있다.

소장), 1942, 108쪽.
24) 林えぃだぃ, 「解説」, 林えぃだぃ, 『戰時外國人强制連行關係史料集 II 朝鮮人 1 上卷』, 1991, 明石書店, 24쪽. 면서기(징용담당자)였으나 전후에 바로 면장으로 근무했던 사람의 구술 기록.
25) 김인덕, 『강제연행사 연구』, 경인문화사, 2002, 87쪽. 징용된 본인의 구술 기록.

4장에서 시사한 바와 같이 군·읍면직원 사이에 '농촌재편성'에 관한 적극적인 평가가 존재했던 것은 사실이다. '농촌재편성'론이 강조하고 있던 농업생산의 합리화, 농가경제의 안정 혹은 농촌문화의 진흥이라는 과제는 초등교육을 마친 후에 도시로 나가지 않고 굳이 농촌에 남은 군·면직원에게 도 일반론으로서는 매력적이어서 스스로 도전할 만한 가치가 있는 테마로 의식되고 있었다고 생각된다.

단, 그 정책의 실현을 위해서는 노동력동원이 불가피하고 그것을 실제로 담보하는 것도 또한 그들 자신이었다. 지역사회와의 지연적 관계가 이전에 비해 희박하게 되고 있었다고 하더라도, 일상적으로 촌락농민과 접할 기회가 많은 그들에게 그것은 곤란한 작업이었을 것이다. 그래서 「행정논단」 등의 '공적'인 매체에서 널리 유통되어 공감을 호소하는 부류의 주장이 될 수는 없었다고 생각된다. '농촌재편성'론은 오히려 노동력동원정책의 말단 실무를 담당하고 있는 자신들의 입장을 정당화해주는 이론으로서 군·면직원의 의식 속에 내면화되어 있었다고 생각할 수 있을 것이다.

4. 전시동원정책과 촌락

1) 미곡공출에서의 촌락 조직화

중일전쟁이 시작된 후에도 '진흥운동'은 계속되고 있었다. 그와 병행하여 1938년에는 중일전쟁 개시 직후에 일본 국내에서 시작된 국민정신총동원운동이 조선에서도 실시되게 되었다. 각 촌락에 '부락연맹'이 조직되어 그 운동의 말단을 담당하게 되었다. 또 1940년의 신체제운동을 받아서 조선에서는 국민총력운동이 개시되었다. 그 일환으로 국민총력농산어촌생산

보국운동이 시작되고, '진흥운동'과 국민총동원운동은 이 운동으로 통합되었다. 1940년 이후 구장(區長)을 증원하여 각 촌락마다 배치하는 방침이 채택되었다.[26] 많은 경우 구장은 부락연맹 이사장을 겸임했다. 이처럼 전시에 접어들어 촌락 차원의 조직화 정책이 강화되어갔던 것이다.

그런데 신기욱은 전시 조선 농민의 미곡수확 거부, 수확한 미곡의 은닉 혹은 벼로부터 보리로의 작부 전환이라는 행위를 미곡공출제도에 대한 수동적인 저항이라고 보고, '저항의 일상적 형태'(J. 스코트)의 사례로 평가하고 있다. 1920년대 후반부터 1930년대 초에 걸쳐 조선 전역에서 전개된 혁명적 농민운동은 당국의 탄압으로 전시 하에서는 소멸해버렸지만, 식민지 지배에 대한 농민의 저항의식은 위와 같은 형태를 통해 끈질기게 표출되고 있었다는 것이 신기욱의 견해다.[27]

1941년 미곡년도부터는 조선에서 곡물공출제도가 실시되고 있다. 전쟁 말기인 1943년부터 1945년까지 할당량에 대한 공출량의 비율이 각기 96%, 100%, 91%에 달하고 있다.[28] 농민의 수동적인 저항에도 불구하고 미곡공출은 결과적으로는 상당히 '좋은 성적'을 거두고 있었던 것이 된다. 이제부터는 촌락 차원의 '생존 전술'이라는 시각에서 곡물공출제도에 대한 조선 농민의 '저항'과 '협력'이라는 현상을 분석하고자 한다.

1941년 미곡년도 이후 곡물공출제도의 체계화가 진척됨에 따라 촌락 차원의 조직화가 시도되었다. 1941년 미곡년도에는 '부락'을 단위로 '공출 필행회(供出必行會)'가 설치되었다. 1943 미곡년도에는 읍면을 경유하여 '부락'에까지 곡물공출량이 할당되게 되었다(또 이 연도부터는 예상 수확량

---

26) 이전에는 여러 개의 촌락영역을 '행정동리'로 정해서 여기에 구장을 두고 있었다.
27) Shin, Gi-Wook, *Peasant Protest and Social Change in Colonial Korea*, Seattle and London: University of Washington Press, 1996, chap. 8 참조.
28) 이송순, 「일제 말기 전시 농업통제정책과 조선 농촌경제 변화」, 고려대학교 박사논문, 2003, 113쪽 참조.

에 근거한 사전할당제가 채용되고 있다). 그리고 '부락'이 호별 할당과 공동 집하·출하에 책임을 질 것이 강조되었다('부락민 연대책임'). 이와 아울러 이 해부터는 공출 성적이 우수한 '부락'에 대해 배급품의 '특배(特配)', '우선 배급'이 실시되고 있다. 그리고 전시 말기 물자배급의 극단적인 정체 상황 하에서는 특별배급이 단순한 추가배급 이상의 의미, 경우에 따라서는 농민 에게 사활적인 의미를 가지고 있었다고 추측된다. 또 1945년 미곡년도에는 높은 할당 달성률을 올린 '부락'에 대해서는 '장려금'이나 '보장금'이 교부되 었다.[29]

그런데 곡물공출 실적에는 상당히 큰 지역차가 있었음을 알 수 있다. 예를 들어 1942년 11월 해주지방법원의 보고에 의하면(17군), 할당량에 대 한 매상량 비율이 상위인 3개 군의 수치가 각기 106%, 100%, 87%에 머물고 있다. 또 같은 시기 부산지방법원의 맥류 공출에 관한 보고에는(19군), 상위 3개 군의 수치(120%, 100%, 100%)에 대해 하위 3개 군의 수치는 16%, 14%, 12%였다. 혹은 역시 동일한 시기의 대구지방법원 보고에는 '통제미' 할당량 (이때부터 사전할당제가 채용되고 있다)의 매상에 대한 전망에 관해서 '상 당히 곤란', '자못 곤란', '정말 곤란'이라고 예상한 군이 있는 한편, '용이하다', '전량 매상할 예상이다', '가능하다'고 예상하는 군도 있다.[30]

이런 커다란 격차를 만들어낸 요인에 대해서는 몇 가지 추정이 가능하 다. 4장에서 지적한 바 있는 군·읍면직원의 사보타지라는 요인도 생각할 수 있고, 또 개별촌락 차원에서의 대응 차이라는 요인도 생각할 수 있다.

여기서는 그러한 개인이나 조직의 주체적인 대응의 차이가 만들어질 수 있는 배경으로, 사전할당제의 제도상의 미비라는 문제에 주목하고 싶다. 즉 도→부·군→읍면→부락이라는 경로로 공출량이 할당되어갈 때, 할당되

---

29) 松本武祝, 앞의 책, 222-227쪽 참조.
30) 앞의 「昭和十七年現下食糧事情ヲ繞ル治安對策」, 598쪽, 615쪽, 688-692쪽.

는 지역의 개별적인 사정은 감안하지 않고 거의 기계적으로 할당되어간다.[31] 그 결과 비교적 부담이 가벼운 지역과 무거운 지역이 생겼다고 추정되는 것이다.

그리고 전자에 해당하는 지역에서는 촌락 차원에서 할당량을 완납함으로써 각종 우대책을 누리는 전술이 합리성을 가질 수 있게 된다. 할당량 달성 국면에서는 촌락 할당량을 호별농가에 배분할 때, 개별농가의 사정에 대한 배려 혹은 호별 할당량 달성을 향한 상호감시 등 촌락구성원 사이에 성립해 온 '상부상규'의 규범이 환기되었을 것이라고 생각된다. 거꾸로 총독부는 '부락민 연대책임'을 의도적으로 강조하여 '촌락을 위'한다는 농민의 의식을 끌어냄으로써 곡물공출제도를 효율적으로 운영하고자 했다고 할 수 있다.

다른 한편 후자에 해당하는 지역에서는 앞서 말한 바와 같은 '완납' 전술에 대해 동기를 부여하는 것은 곤란하다. 농민은 오히려 신기욱의 논문에서 강조하는 것처럼 은닉 등의 수단을 구사하여 공출로부터 도피하는 방법을 채택하게 된다. 그 경우 상호간에 정보를 행정 측에 절대로 밀고해서는 안 된다.[32] "촌락을 위한다"는 농민의 의식은 이런 국면에서도 작동하고 있었다고 할 수 있다.

2) 촌락 중견인물의 역할

조선총독부는 '진흥운동'을 전개할 때 보통학교 졸업생 지도 등을 통해

---

31) 松本武祝, 앞의 책에는 읍면직원 등에 의해 실시되는 곡물생산고 조사 때에 조사원이 '정농가(精農家) 등의 의견도 참작'하고 있었으므로, '정농가'가 촌락의 이해를 대표하여 생산고를 과소 신고하여 공출할당량을 경감할 수 있었다고 지적하였다(226쪽). 그러나 사전할당제가 도입된 이후에는 그런 전술이 사실상 무의미하게 되어버렸다는 사실을 보충해두고자 한다.
32) 앞의 「昭和十七年現下食糧事情ヲ繞ル治安對策」에는 읍사무소의 권유로 밀고한 농민에 대해 "바보 같은 놈도 있는 것이다", "그런 놈은 조만간 밝혀질 테니 부락 내에 살지 못하게 될 것이다"라고 비판하는 농민의 대화가 보고되어 있다(320쪽).

'중견인물'이라고 부르는 농민을 양성하고, 그(녀)들로 하여금 촌락에서의 운동의 지도자로 키우려 했다. 중견인물의 주요한 출신계층은 자작·자소작농이었다.[33)]

종래 촌락 내에서는 재촌지주층이 '지방유지'로서의 사회적 역할을 담당해왔다. 그러나 1920년대 후반 이후에는 공조·공과(公租公課) 부담 증가가 싫어서 도시로 이주하는 재촌지주가 늘어갔다. 또 지주경영의 '합리화' 방책으로서 소작농을 선별하여 자작화를 시도하는 과정에서 소작쟁의의 당사자가 되는 경우도 빈발했다.[34)]

자작·자소작농 가운데서 새로 중견인물을 양성하려는 총독부 정책의 배경에는 이러한 재촌지주의 물리적·정신적인 부재화의 진행이라는 사태가 있었던 것이다. 또 "근검의 실천을 통해 자작·자소작농으로 올라간 농민"이라는 중견인물의 이미지는 '진흥운동'의 지도자에게 적합한 것이었다고 할 수 있다.

단, 중견인물이 '지방유지'로서의 재촌지주의 역할을 그대로 대체할 수 있었던 것은 아니었다. 예를 들어 1930년대 중반기에 자주 일어났던 소작쟁의의 조정자는 대부분이 경찰과 군·면의 지방직원들이었다.[35)] 중견인물은 근검을 실천함으로써 '진흥운동'의 지도자가 되었지만, 촌락농민이 근검절약한 결과 발생한 워크 세어링 질서의 경직화에 대해 자력으로는 유효하게 대응할 수 없었던 것이다.

그런데 전시체제 하의 촌락이 미곡공출정책의 최말단조직으로서 자리매김됨으로써 촌락에서의 중견인물의 역할은 강화되어갔다. 중견인물은 구장·부락연맹 이사장으로 '활약'하게 되었던 것이다. 단, 촌락 차원에서의

---

33) 富田晶子, 「農村振興運動下の中堅人物の養成―準戰時體制期を中心に」, 『朝鮮史研究會論文集』 第18集, 1981 참조.
34) 松本武祝, 앞의 책, 2장과 4장 참조.
35) 위의 책, 4장 참조.

'잔존 전략' 및 행정에서의 공출목표 완성이라는 두 가지 과제가 주어지고, 그 결과 '관민의 중간 입장'[36]이 된 구장·부락연맹 이사장의 '활약'은 대단히 괴로운 일이 되지 않을 수 없었다. 아래 자료는 이런 사정을 잘 보여주고 있다.[37]

　자료① "구장 등은 어쩔 수 없이 한편으로는 부락 식량을 유지하면서 다른 한편으로는 공출할당의 일부를 수행할 수 있다. 운반식 원동기로 소맥분 제분을 하고 제분량 1두에 대해 5홉을 공출하도록 하며 제분을 독려원(督勵員)으로 하여금 발견 계몽한다"(197쪽)

　자료② 부락연맹 이사장으로서 부락에서의 보리 판매를 금지하기까지 하면서 배당수량을 상회하는 공출을 달성했음에도 불구하고 당국이 추가공출을 명령했으므로, "이사장의 입장과 성의를 무시했다고 해서 사직할 계획이다"(부락연맹 이사장의 발언, 320쪽)

　자료③ 할당 보리의 "공출에 진정으로 열□를 가지고 임해서 이 정도로 완료했지만 그 후 부민(部民)으로부터 식량배급을 재촉받거나[38] 혹은 부락의 궁상을 이해하지 못하는 바보라는 등의 비난의 목소리가 높아짐으로써… 사표를 제출하였다"(부락연맹 이사장의 발언, 463쪽)

　자료①은 촌락농민의 식량 확보와 최대한의 공출이라는 두 가지 목표의 타협점을 찾기 위한 구장의 창의(원동기에 의한 제분과 그 절반 공출)가

---

36) 앞의 「昭和十七年現下食糧事情ヲ繞ル治安對策」 230쪽. 어떤 구장의 발언.
37) 인용은 위 자료에 의함(□는 판독 불능).
38) 1942년 미곡년도의 공출 때에 행정 측은 '절량기(絶糧期)'에는 농민에게도 잡곡을 배급한다는 취지를 전달하였다.

결과적으로는 행정 측으로부터 부정되어버렸음을 보여주고 있다.[39] 거꾸로 자료 ②, ③은 행정 측이 촌락농민의 기대를 배반함으로써 행정에 대한 협력을 호소해온 부락연맹 이사장의 입장을 곤경에 빠뜨렸음을 보여주고 있다. 또 이와 관련하여 할당량 가중이라는 비난 혹은 당국에 밀고했다는 곡해에 의해 촌락농민이 구장·부락연맹 이사장을 구타하는 사건도 몇 건 보고되어 있다(84-85쪽, 459-461쪽, 728쪽).

행정 측에 대한 구장·부락연맹 이사장 측의 비판도 몇 건 보고되어 있다. 예를 들어 구장회의에 출석하기 위하여 면사무소에 모인 구장 17명이 창고에 보관중이던 공출미가 반출되는 현장을 목격하고 그것을 실력으로 저지하려는 사건이 일어났다(92-94쪽). 구장들의 주장은 "군면 당국의 지시로 동리민을 설득하여 혈루를 참고 벼 공출을 했다. (중략) 그런데 농민에 대한 배급은 중지되었고… 미곡의 반출은 동리민 대표인 구장 자리를 사직하더라도 그를 거부하지 않을 수 없다…"는 것이었다. 공출 때의 구장·부락연맹 이사장의 '중간입장'으로서의 고뇌가 잘 드러나 있다.

이처럼 심정에 호소하는 비판에 머무르지 않고 "할당은 지금 조금 계량적으로 하고 싶다"(314쪽), 혹은 산간지방이라는 조건을 고려하지 않고 "공출 수량을 산출했는데 이는 대단히 불합리하다"(625쪽)고 하는 것처럼 목적합리적인 관점에서 행정의 방법을 비판하는 의견도 보고되어 있다. 공출행정제도에 대한 내재적인 비판의 시도로 주목된다.

위에서 설명한 것처럼 곡물공출정책에 대해서 구장·부락연맹 이사장은 기본적으로 촌락구성원의 공동이해의 대표자라는 의식을 갖고서 대응했다고 볼 수 있다. 이런 행동양식은 촌락구성원의 그들에 대한 역할기대에 의해 덧붙여진 것이었다. 또 곡물공출이 촌락구성원의 연대책임으로 되어

---

39) 공출은 조곡(粗穀)으로 하도록 되어 있었으므로 공출을 피하기 위하여 의도적으로 자가제분을 해버리는 일이 종종 일어나고 있었다.

있었던 것이 그런 행동을 촉구한 객관적인 조건으로 작용했다.

단, 모든 구장·부락연맹 이사장이 곡물공출정책에 대해 이런 대응을 했던 것은 아니다. '중간 입장'을 이용하여 개인적인 이익을 얻고자 하는 기회주의적인 행동을 하는 사람도 있었던 것이다. 앞에서 소개했던 1944년 1월부터 6월까지 사이에 '경제범죄'로 기소·기소유예가 된 공무원, 경제통제단체·정회 등의 역·직원 수 합계 33명 가운데서 촌락 차원의 역원은 6명에 지나지 않는다(구장 4명, 부락연맹 서기 1명, 애국반장 1명). 다만 1944년 5월에 5일 동안 강원도에서 실시되었던 일제단속 결과에 의하면, 위반자 총수 246명 가운데 정회·총력연맹 등의 역원은 218명을 차지하고 있다.[40] 기소에 이를 만한 중대한 범죄는 아니지만 구장·부락연맹 이사장이 공출이나 배급 기회를 이용하여 '착복' 등의 경미한 '부정'을 저지르는 일이 빈번하게 있었음을 알 수 있다.[41]

이와 관련하여 1942년에는 부산지방법원에 대해 "종전에는 연맹 이사장인 구장의 소사라고 해서 취임이 □忌하던 부락반장을 희망하는 자가 많아졌는데, 이는 반장이 배급사무를 취급하는 □가 되어 물자의 □□가 조금이라도 유리하게 되어…"라는 보고가 이루어지고 있다(연맹이사장으로부터의 보고).[42] 전시 하에서 애국반장 자리가, 말하자면 권리화되어 있는 경우가 있었음을 엿볼 수 있다. 이런 경향은 애국반장에 그치지 않고 구장·부락연맹 이사장 자리도 그랬을 것으로 생각된다.[43] 그리고 그런 빈발하는

---

40) 앞의『朝鮮警察要報』第6號, 1-3쪽 참조.

41) 김영희는 1942년 9월 평안남도에서 발생한 경제통제법령 위반으로 인한 검거자 가운데 일반관리 16건, 통제단체 역원 10건, 동리 총대·구장·애국반장 109건 및 판매업자 179건으로 된 보고자료를 소개하고 있다(김영희,『일제시대 농촌통제정책 연구』, 경인문화사, 2003, 344쪽 참조. 원자료는『經濟治安日報』54, 1942년 5월 16일, 363쪽).

42) 앞의「昭和十七年現下食糧事情ヲ繞ル治安對策」, 221쪽 참조. □은 판독불능.

43) 이런 경향은 이 자리들이 명예직이었음에도 불구하고, 전시동원체제가 강화됨에 따라 양적으로든 질적으로든 그 책무는 증대하고 있었던 모순의 산물이라는 측면을 갖고 있다. 그리고 1942년 이후 구장에게는 연간 1백 엔의 수당이 지급되게 되었다(松本武祝, 앞의 책, 221쪽

'부정'은 촌락구성원 사이의 이해대립을 초래했을 것이다. 나아가 자리의 권리화가 진행됨과 아울러 구장·부락연맹 이사장이나 애국반장 선정과정 역시 촌락구성원(예를 들어 동족집단 등) 사이의 이해대립의 계기가 될 가능성이 있었다고 할 수 있다.

전시동원정책의 또 다른 축이었던 노동자동원정책은 촌락구성원 사이의 이해대립의 계기라는 점에서는 더욱 명료하다. 노동자동원정책은 촌락구성원의 일부를 선발하여 촌락에서 배출하는 것이 과제였기 때문이다.

'강제연행' 경험자 66명에 대한 김인덕의 구술 조사[44] 가운데 '노무자'로 일본 국내에 동원된 사람 41명이 포함되어 있다. 그 가운데 '연행' 때에 직접 동원을 담당한 인물에 관한 기술이 있는 사례가 24건이 있다. 그 내용은 면서기 등 면직원이 15건, 순사 등 경찰관 6건, 구장(동리장) 3건, 학교 교사 3건이었다. 노동력동원의 대상이 되었던 사람들의 의식에는 면직원이나 순사 등 총독부 행정권력의 말단직원이 수행했던 역할이 인상 깊게 기억되어 있다고 할 수 있다.

단, 실제로는 면서기·순사와 아울러 구장·부락연맹 이사장이 노동자동원정책 수행에서 중요한 역할을 담당하고 있었던 것이다. 즉 경상남도 부윤, 군수, 경찰서장 앞으로 보낸 통첩(1942년 4월)에 의하면,[45] '노무동원계획'에 의한 조선인 '노무자'의 내지로 향한 '공출알선' 준비로 "공출해야 할 노무자는 경찰관헌과 협의하여 각 국민총력부락연맹에…미리 선정하

참조).

44) 김인덕, 앞의 책 참조.

45)「勞務動員實施計劃ニ依ル朝鮮人勞務者ノ內地移入ニ關スル件」, 慶尙南道勞務課, 『勞務關係法令集』, 1944年(桶口雄一編, 『戰時下朝鮮人勞務動員基礎資料Ⅴ』, 綠陰書房, 2000 수록), 제9장, 312쪽 참조. 다른 도에서도 같은 절차가 취해지고 있었을 것으로 추정된다. 桶口雄一, 『戰時下朝鮮の農民生活誌 1939~1945』, 社會評論社, 1998에서는 이 통첩의 중요성을 강조하고 있다(150-154쪽).

여 등록해둘 것", 그리고 "선정되는 자를 등록하는 명부는… 각 군·읍·면 및 관할 경찰서 주재 파출소 및 부락연맹에 비치할 것…"이라고 정해져 있다. 부락연맹이 노동력동원정책의 말단기구로서 위치지어지고, 촌락 차원의 정보 수집과 관리가 맡겨져 있었음을 확인할 수 있다.

그리고 김영희가 구술 조사를 한 사례에 의하면,[46] 면사무소에서의 착오 때문에 외동아들이 있는 가족이나 노무동원에 의해 생계유지가 곤란해진 가족이 동원대상 가족으로 선정되어버린 경우, 구장이 면사무소에 가서 그들의 선정을 취소하고 다른 인물로 바꿀 수 있었다. 그리고 새로 동원대상이 된 인물은 구장의 배후에 있는 주재소의 위력 때문에 불만을 터뜨릴 수도 없었다고 한다. 구장·부락연맹 이사장은 정보교환의 역할에 머무르지 않고, 노동력동원에 관한 실질적인 권한을 갖고 있었다고 할 수 있다.

위의 통첩에 의하면, '노무자'로서 "도의 자작농으로 설정된 자는 선정하지 말 것", "한 호에 두 사람 이상의 노무자를 가지고서[47] 내지에 이주가 가능한 자 및 경지가 적어 노무자로 전업할 수 있는 농가에게 권장하여 선정할 것", "경지가 협소한 부락 및 상습적 한수해(旱水害) 부락 그리고 연고 도항 출원자가 많이 있는 부락 등에 대해서는… 될 수 있으면 많이 선출하도록 할 것"[48]이라는 규정이 만들어지고 있다. 앞서 설명한 '농촌재편성'정책에 입각하여 '경지가 과소'한 농민을 '경지가 협소한 부락'에서 중점적으로 선발하는 방침이 정해져 있음을 확인할 수 있다.

1941년 조선금융조합연합회가 39개의 금융조합을 통해서 "구역 내의 농촌민 사이에 비교적 일반적이라고 생각되는 사상·희망"을 조사하고 있는

---

46) 김영희, 앞의 책, 326쪽 참조.
47) '한 호에 두 사람 이상의 노무자를 가진' 농가의 경우, 중농 이상의 계층이 포함된 경우도 있을 것이라고 생각된다. 단, 이것도 앞서 말한 바와 같이 1944년 10월에는 「농업요원설치요항」이 정해지고, '농업요원'으로 지정된 '정농가'들이 징용과 관알선의 대상에서 제외되고 있다.
48) 앞의 「勞務動員實施計劃ニ依ル朝鮮人勞務者ノ內地移入ニ關スル件」 참조.

데, 그 가운데 두 조합에서 '영농규모 적정화 희망'이라는 회답이 나오고 있다.[49] 조사 건수에 대한 비율은 낮지만 농민들 사이에까지 '적정규모론'의 사고방식이 침투하고 있었음을 엿볼 수 있는 흥미로운 자료다. 특히 '중건인물'의 경우에는 앞서 말한 바와 같이 노동력동원정책의 실무를 촌락 차원에서 담당하고 있었고, 또 그 전제가 되는 실태조사[50]에도 관련할 기회가 주어져 있었다. 이런 경험은 '중건인물'이 '농촌재편성'의 정책이념을 공유할 기회가 되었다고 생각된다.

촌락 차원의 노동력동원정책 실시 과정에서는 정책방침의 반영이라는 점에서도, 또 촌락에서의 인간관계라는 점에서도 "동원의 부담이 촌락 질서의 주변부에서 소외되어 있던 사람들에게 집중"[51]되는 경향이 있었다고 할 수 있다. 동원되는 사람들이 연고(年雇)나 신참자처럼 촌락 질서의 '주변부'에 위치하는 사람들에게 머무르는 경우, 노동력동원정책으로 초래된 촌락 질서의 불안정화와 구장·부락연맹 이사장의 촌락 내에서의 지위의 동요는 최소한으로 저지되었다고 할 수 있다.[52]

단, 현실적으로는 한 촌락(리)에서 10명을 넘는 사람이 동원되는 사례도 확인되고 있다.[53] 이런 경우에 동원대상자를 '주변부' 사람으로만 한정하

---

49) 「農業增産及物資の流通に對する農業者の見解に關する調査(中)」, 『金融組合聯合會調査彙報』第26號, 1942, 2쪽.
50) 제4장 〈표 4-1〉에 나타난 바와 같이 1943년에는 3개월에 걸쳐 '농업실태조사'가 실시되었는데, 이것은 적정규모 농가의 기준을 설정하여 '노무자 선출'에 이용하기 위한 조사였다(안자코 유카, 「총동원체제 하 조선인 노동력 '강제동원' 정책의 전개」, 『한국사학보』 제14호, 2003, 327쪽 참조). 이 조사 때에 구장·부락연맹 이사장 등이 제도적으로 어떻게 관련되어 있었던가는 명확하지 않지만 실질적으로는 그들의 협력 아래 조사가 실시되었을 것으로 추정된다.
51) 이용기, 「1940~1950년대 농촌의 마을 질서와 국가―경기도 이천의 어느 집성촌 사례를 중심으로」, 『역사문제연구』 10호, 2003, 145쪽.
52) 위 이용기 논문의 사례에 의하면, 해방 후 징용지 일본에서 귀국한 인물이 자신을 송출했던 구장에게 원한을 갚으려 했는데, 그에 대해 토착 양반가문 출신인 구장의 친척들이 구장을 막았다고 한다. 단, 그 구장은 "왜정 때에 구장이 되기 위해 신용을 잃어서" 구장 자리에서 물러났다(154쪽).
53) 松本武祝, 앞의 책, 233쪽 참조.

기는 곤란했을 것이다. 동원된 경험을 가진 사람들의 발언권이 높아지면, 촌락 질서는 한꺼번에 흔들리지 않을 수 없었을 것이라고 생각된다.[54]

맺음말

마지막으로 세 가지 논점을 정리하면서 마무리로 가름하고자 한다.

첫째, 전시기에 고유한 '엘리트-민중' 관계에 대해서.

'실력양성운동'의 경우 운동을 주도한 것은 지식인이고, 그(녀)들의 머릿속에는 '계몽'의 대상이 되어야 할 사람들이 상정되어 있었다. 그 사람들을 '엘리트'를 자인하는 지식인의 대쌍개념(對槪念)개념으로서 '민중'으로 명명할 수도 있을 것이다. 단, '엘리트'들은 계몽에 의해 '민중'도 '엘리트'와 마찬가지의 '근대적'인 교양이나 생활습관을 체득할 수 있으리라 기대하고 있었다. 그런 측면에서 '엘리트'와 '민중'의 차이는 소위 시간차의 표출이고 장기적으로는 해소가능한 것으로서 '엘리트'에게는 암묵적으로 상정되어 있었다.

전시체제 하 총독부의 농업정책에 깊이 개입하고 있던 조선인 이론가와 농민의 관계는 이 '엘리트-민중' 관계와는 위상을 달리하고 있다. 전자(조선인 이론가 – 역자)는 '실력양성운동'을 주도한 '엘리트'와는 달리 개개인의 '내성주의'만으로는 해결할 수 없는 구조적인 문제를 조선 농업이 안고 있음을 인식하고 있었다. 그리고 그 구조를 '과학적'으로 분석하고 그를 개편하기 위한 '합리적'인 시책을 입안할 능력을 가지고 있다는 자부심이야말로 그들로 하여금 '부일협력'으로 나서게 만들었던 계기가 되었다. 여기에 구조

---

54) 윤택림의 구술 조사 사례에 의하면 항일운동가로서 좌익이기도 했던 구장이 그가 싫어하던 사람들을 징용자로 송출한 데 대해, 해방 후에 돌아온 피징용자들은 복수하기 위해 그 구장을 때리는 사건이 일어나고 있다(윤택림, 『인류학자의 과거 여행 – 한 빨갱이 마을의 역사를 찾아서』, 역사비평사, 2003, 107쪽 참조).

를 인식할 수 있는 사람과 구조개편의 대상이 되는 사람의 관계로서 '엘리트-민중' 관계 인식이 조선인 이론가 속에서 새로 성립하게 된다.

그런데 이런 '엘리트-민중' 관계가 군·면직원 혹은 촌락의 '중견인물'과 농민 사이에도 마찬가지로 성립했다고 할 수 있을까? 그들에게 촌락은 '재편성'의 대상임과 동시에 자신의 생활공간이기도 했다. 그래서 조선인 이론가처럼 '농촌재편성'론을 적극적으로 주장하는 것은 곤란했다고 할 수 있다. 단, 군·면직원이나 '중견인물' 사이에 '농촌재편성' 정책이념이 어느 정도 침투해 있었던 것은 앞에서 언급한 그대로다. 군·면직원이나 촌락 '중견인물'의 심리 내면에는 조선인 이론가가 인식하고 있던 '엘리트-민중' 관계와 마찬가지의 인식이 성립해 있었을 수는 있을 것이다.

둘째, '총력전체제'론과의 관련성에 대해서.

야마노우치 야스시(山之內靖)는 "일본의 사회과학이 놓인 세계사적 동시대성"이라는 표현[55])을 사용하여 일본의 사회과학자가 전시기에 직면하고 있던 과제가 일본 사회에 고유한 것이 아니라 '총력전체제'라는 '세계사적 동시대성'에 규정되고 있었던 것임을 강조하고 있다. 최근 연구에서는 1930년대 말의 '동아협동체'론과 관련지어 총력전 하에서의 사회변혁의 가능성이라는 주제를 둘러싸고 일본 국내의 혁신적 지식인과 조선의 '전향' 사회주의자 사이에 응답관계가 있었던 사실이 발굴됨으로써 '총력전체제'론에 새로운 시각이 추가되고 있다.[56]) 후자의 연구에 대해서는 일본과 조선 사이에서 사상의 '동시대성'이 논의되고 있다고 할 수 있다.

전시 하 조선의 '농촌재편성'론은 같은 시기 일본 국내에서 전개된 '적정

---

55) 山之內靖, 앞의 『日本の社會科學とヴェーバー體驗』, 147쪽.
56) 米谷匡史, 「戰時期日本の社會思想—現代化と戰時變革」, 『思想』 第882號, 1007; 홍종욱, 「중일전쟁기(1937~1941) 조선 사회주의자의 전향과 그 논리」, 『한국사론』 제44집, 2000; 崔眞碩, 「朴致祐における暴力の豫惑—〈東亞協同體論の一省察〉を中心に」, 『現代思想』 第31卷 第3號, 2003; 趙寬子, 「植民地帝國日本と〈東亞協同體〉—自己防禦的な思想連鎖の中で〈世界史〉を問う」, 『朝鮮史研究會論文集』 第41集, 2003.

규모론'을 원용하여 구상한 것이었다. 따라서 '농촌재편성'론에 대한 조선인 '엘리트'의 공감 현상도 또 농정사상이라는 국면에서의 '동시대성' 효과였다고 할 수 있다.

단, '동시대성'이 확인될 수 있는 것은 여기까지일 것이다. 일본 국내의 '적정규모론'은 공업화에 의한 농촌인구의 유출 및 경운기 등의 농업기계 보급이라는 전시 하 자본축적의 진전에 따르는 새로운 현실을 염두에 두고 제시된 농정정책이었다. 그것은 시장 메커니즘을 전제로 하고 그것을 목적 합리적으로 제어함으로써 과제를 달성하려는 정책론이었다고도 할 수 있다.[57] 이에 비해 식민지 조선의 경우, 자본축적의 단계가 일본 국내에 미치지 못하고, 농민을 '노동력동원'의 대상으로 행정기구를 통하여 강제적으로 선별하여 배출하는 작업이야말로 '농촌재편성' 정책의 핵심으로 규정되고 있었다. 이 작업이 읍면이나 촌락 차원의 실무담당자에게도, 또 총독부의 농촌조직화 정책에도 심각한 딜레마가 되었던 것은 위에서 말한 대로다.

'총력전체제'론은 조선인 '엘리트'의 자발성을 끌어내기에 충분할 만큼의 설득력을 갖고 있었다. 그 힘은 조선인 '민중'에게까지 미치는 것은 아니었다. 식민지 조선은 그를 위한 물질적 조건을 결여하고 있었던 것이다. 식민지 조선의 전시체제는 '총력전체제'라고 규정하기에는 주저하지 않을 수 없는, 관료기구 주도의 동원체제라는 특징을 가지고 있었기 때문이다.

셋째, '엘리트-민중' 관계를 둘러싼 해방 전후의 연속성과 단절성에 대해서.

식민지 시기에 형성된 강고한 관료제가 제도적으로도 인적으로도 해방 후 한국에서 계승되어 한국의 권위주의적 국가체제를 지탱하는 기반이 되었다는 설명이 종종 보인다. 다른 한편 앞서 말한 신기욱은 1930년대의 혁명

---

57) 足立泰紀, 「戰時體制下の農政論爭—相克する農政ビジョン—」, 野田公夫 編, 『前後日本の食料・農業・農村 第一卷戰時體制期』, 農林統計協會, 2003, 468-470쪽 참조.

적 농민조합운동 전통이 전시기에는 표면적으로 모습을 감추었지만 수동적인 저항을 통하여 그 도도한 흐름을 유지하였고, 그것이 해방 후 남한에서 격렬한 농민운동으로 이어졌다는 견해를 제시하고 있다.[58] 해방 전후의 연속성에 대해서도 논자에 따라서 그 시각을 크게 달리하고 있다.

그런데 브루스 커밍스(Bruce Cumings)는 해방 후 남한에서 농민운동이 급진적으로 전개된 배경의 하나로 전시 노무동원의 결과, 도시적·공업적 경험을 쌓은 농민이 대량으로 귀향한 사실을 들고 있다.[59] 그에 더하여 지금까지 분석해왔던 것처럼 그 농민들은 읍면직원이나 '중견인물'에 의해 분류되어 자기의 의지와 무관하게 타향으로 송출되었던 경험도 있다는 점에 주목할 필요가 있다. 그 농민들에게 해방 후까지도 동일한 읍면직원이나 '중견인물'이 권력기구 말단에 그대로 이름을 올리고 있는 사태는 결코 용납할 수 없는 일이었을 것이다. 이를 해방 후 남한에서 농민운동이 폭발적으로 전개된 다른 하나의 배경으로 지적해두고자 한다.

근대관료라는 실체적 차원이 아니라 전시기에 고유하게 성립한 '엘리트-민중' 관계 그것이 해방 후 한국에서도 재생산됨으로써 경제개발을 위한 '과학적'이고 '합리적'인 자원동원을 가능하게 했던 것은 아닐까 하는 전망을 필자는 가지고 있다. 단, 그런 관계가 해방 후 한국에서 다시 성립하기 위해서는 전시기 '엘리트'의 '부일협력' 행위가 불문에 붙여지는 정치구조가 성립하는 다른 하나의 계기가 필요했다. 그런 정치구조는 한국전쟁 및 그 후 냉전구조의 고착화 과정에서, 이른바 '해방공간'의 소멸이라는 상황의 커다란 전환—즉 해방 전후의 하나의 단절—을 겪고 나서 비로소 성립했던 것이다.

---

58) Shin, Gi-Wook, op. cit., p. 143 참조.
59) Cumings, Bruce, *The Origin of Korean War*, Princeton : Princeton University Press, 1981(브루스 커밍스 저, 김자동 역, 『한국전쟁의 기원』, 일월서각, 1984) 참조.

6장
수리사업을 둘러싼 '공공성'의 위상
—식민지 시기 조선의 부평수리조합 사례 분석

머리말

조선을 식민지로 둔 전쟁 전의 일본은 조선을 미곡 공급기지로 자리매김했다. 1920년부터 1934년까지 실시된 '산미증식계획'은 이런 정책의지의 단적 표현이다. '계획'에서는 수리조합사업이 핵심이었다.

수리조합사업에 대해 1970년대 이후 몇 개의 연구논문이 발표되었는데, 수리조합을 '지주 중심의 농정기구로 묘사'[1]하는 데 중점이 놓여 있었다. 이에 반해 1990년대 들어 수리조합의 '근대적 수리기구'[2]로서의 측면에 주목하는 연구가 새로 나타나게 되었다. 여기에서 말하는 '근대'를 필자 나름으

---

* 표를 한 자료는 한강수리조합 소장자료임을 표시하는 것이다. 조합으로부터 열람에 편의를 제공받았다. 감사드린다.

1) 김성기·정승진, 「창설과정으로 본 일제하 수리조합의 역사적 성격」, 『사회과학연구』(충남대) 제13권 제2호, 1996, 85쪽. 수리조합사업에 관한 가장 초기의 연구인 西條晃의 논문에서는 그 사업의 '본질적 성격'을 "대장성으로부터의 대부금이라는 형태의 국가자본의 수출을 지렛대로… 일본인 지주와 일부 조선인 대지주가 자기에게 유리한 수리조합사업을 행하고, 반봉건적인 지주·소작인 관계를 기초로 하는 '농장'형 경영을 육성하는 데에 있었다"라고 지적하고 있다(西條晃, 「一九二〇年代朝鮮における水利組合事業反對運動」, 『朝鮮史研究會論文集』 1971, 第8集, 112쪽 참조). '지주 중심 농정기구론'의 원형을 찾을 수 있다.

2) 김성기·정승진, 앞의 논문, 85쪽.

로 정리하면, 다음의 세 가지 국면에서 파악할 수 있을 것이라고 생각한다.

첫 번째로 농업 토목기술상의 근대다. 수리조합사업에 의하여 재래의 소규모 수리시설과는 다른, 근대기술에 기반을 둔 대규모 수리시설이 부설 되었다. 이것은 종래의 모든 연구가 명시적 혹은 암묵적으로 전제해온 논점 이라고 할 수 있다.

두 번째로는 조합 운영에 따르는 사무계통·기술계통의 전문직원 조직 차원의 근대다. 일본의 유사조직과 비교하면 조선의 수리조합은 한 조합당 재적 직원이 다수였던 점이 하나의 특징이다.[3] 이 분야에 관한 연구성과는 미야지마 히로시(宮嶋博史)의 논문을 제외하면 전무하다. 미야지마 논문 의 사례분석에 의하면, 시대가 흐르면서 수리조합 직원의 고학력화가 진행 되고, 조선인의 비율이 높아진다.[4]

세 번째로 조합원 사이에서의 합의 형성에 관한 근대다. 수리조합은 구역 내에 토지를 소유하는 사람을 조합원으로 하지만, 결의기관이 설치되 지 않고, 조합장의 자문기관으로 평의회가 설치되는 데 그치고 있다. 수리조 합을 근대적인 자치단체로 평가하는 것은 곤란하다.

그렇지만 대부분의 재래 수리조직이 촌락 정도의 구역을 범위로 삼는 소규모 조직이었음에 비해, 다수의 수리조합은 수천 정보 혹은 그 이상의 규모였다. 두 조직에서 구성원 사이의 합의 형성의 수단은 자연적으로 다를 수밖에 없었다고 생각된다. 즉 전자는 관습에 의거하면서 관계자 간의 일상 적인 교섭을 통하여 합의 형성이 이루어지고 있었음에 반해, 후자는 관습의 규제력이 희박하게 되고 그만큼 평의회 등 제도화된 장이 상대적으로 중요 한 역할을 수행하고 있었다고 생각되는 것이다.

---

3) 松本武祝, 『植民地期朝鮮の水利組合事業』, 未來社, 1991, 104쪽 참조.
4) 宮嶋博史, 「富平水利組合の職員構成」, 宮嶋博史·松本武祝·李榮薰·張矢遠, 『近代朝鮮の 水利組合事業』, 日本評論社, 1992, 274-288쪽 참조.

수리조합에서의 합의 형성에 관한 제도와 그 실태에 관한 연구 축적은 빈약하다. 장시원의 논문과 김성기·정승진의 논문이 있는데, 평의원의 소유면적이나 사회적 배경에 대한 사례분석을 하고 있다.[5]

여기에서는 수리조합의 '근대적 수리기구'로서의 측면, 특히 세 번째의 합의 형성에 관한 논점에 주목한다. 수리조합은 관개배수·수해방지라는, 소위 집합재 공급사업이 주목적이다. 집합재의 원활한 공급을 위해서는 무엇보다도 수요자 간의 합의 형성이 전제조건이 되기 때문이다.

구체적으로 다루는 논점은 다음의 두 가지다. 하나는 조합비 부과에 관한 문제다. 조합비 부담자인 조합원과 수리조합 재정의 안정을 도모하고자 하는 행정당국이나 조합집행부의 이해가 반드시 일치한다고 보기는 어렵다. '지주 중심의 농정기구'라는 본질 규정에서는 양자의 이해대립이 시야로부터 벗어나버리지만,[6] 행정당국-조합집행부-조합원-소작농민이라는 4자간의 대립 또는 의존 관계는 더욱 구체적인 상황에 의해 규정되고 있었다고 생각해야 할 것이다. 그 일단을 밝히는 것을 첫 번째 과제로 삼고자 한다.

두 번째로는 말단 수로에서의 배수 및 유지관리에 관한 문제다. 이 문제는 조합구역 내부에서 소지역 간 이해조정이 어떻게 이루어졌는가, 혹은 소지역 내부의 질서형성이 어떻게 가능했는가라는 두 가지 논점으로 나누어 논의할 수 있다. 단, 여기에서는 구체적인 이해가 조정되고 질서가 형성되는 과정을 직접 다룰 수는 없었다. 수리조합이 시스템으로 작동하기 시작하는 말단 수로에서의 배수와 유지관리를 위한 제도의 특징을 밝히는 데 그친다.

---

5) 張矢遠, 「富平水利組合の財政構造」, 앞의 『近代朝鮮の水利組合事業』; 김성기·정승진, 앞의 논문 참조.
6) 지주는 소작료율 인상을 통하여 소작농민에게 조합비를 전가했다는 설명이 종래에는 있어왔다(西條晃, 앞의 논문 참조). 기본적으로 양자의 이해대립은 상정되어 있지 않다.

1. 부평수리조합의 개요[7]

이 조합은 경성부와 가깝고 한강 하류에 위치하며, 부천·김포 두 군에 걸쳐 있는 부평평야 일대를 수익(受益)지역으로 하는 수리조합이다. 조합 설립 이전, 이 지역의 논은 대부분이 천수답으로서 가뭄 피해를 자주 겪었다. 또 한강의 홍수 피해도 빈번하게 겪고 있었다.

이 조합은 1922년 설립 신청을 하고, 1923년에 총독부로부터 설립인가를 받았다. 수익면적은 3,601정보였다. 조합구역은 위 두 군의 6면 35리에 걸쳐 있었다. 또 1929~1930년 사이에는 조합 확장공사가 이루어져서 제2구 459정보가 추가되었다. 이 조합은 양수기를 수원(水源)으로 삼는 수리조합 가운데서는 식민지 시기를 통틀어 조선에서 가장 규모가 컸다.

1923년부터 1925년 사이에 조합 설치공사가 시공되었는데, 1925년에는 한강 범람으로 제방이 유실되고 조합 전 지역이 침수되었다. 1925년부터 1927년 사이에 수해 복구공사 및 추가공사가 시공되었다. 그 후에도 한강이라는 대하천의 하구에 위치하는 입지상의 특징으로 인해 몇 번이나 수해를 당하게 된다. 1930년, 1936년 및 1940년에는 수해 복구공사를 거듭 시공해야 했다. 또 1925년의 수해 때에는 설치공사 부정이 밝혀지고, 1927년에는 조합장(정우회 대의사 마쓰야마 쓰네지로[松山常次郎])과 공사 청부회사에 대한 소송사건으로까지 발전하고 있다.

이 조합은 ① 수해피해에 의한 벼 수확 감소에 따른 조합비 감면, ② 수해복구와 추가개량을 위한 추가적 공사비 지출, 그리고 ③ 농업공황기 쌀값 하락 등의 사정이 겹쳐서, 설립부터 1930년대 전반까지는 조합원(및 소작농민)의 농업경영과 지주경영 및 수리조합 자체의 재정운영은 모두

---

7) 특별히 인용 부분을 명시한 곳 이외에 이 절의 내용은 張矢遠·松本武祝·宮嶋博史,「類型別に見た水利組合の創設過程」, 앞의『近代朝鮮の水利組合事業』; 張矢遠, 앞의 논문; 宮嶋博史 앞의 논문 및 漢江農地改良組合,『漢江農組60년사』, 1986 참조.

대단히 엄혹한 상황 아래 놓여 있었다. 1935년 총독부는 '경영난 수리조합 정리안'을 제출하여 당시 192개 조합 가운데 62개 조합을 '경영난 수리조합' 으로 지정하였는데, 이 조합도 그 가운데 하나로 분류되었다(경영이 곤란한 정도가 비교적 가볍다고 판정된 '병조합[丙組合]').

1930년대 후반에 ① 조합채의 저리채로의 차환(借換) 진전, ② 위 '정리 안'의 일환으로 1935~1937년 사이에 3차에 걸쳐 실시된 개량·보강공사, ③ 조합구역 안에서의 농사개량 사업 진전에 따르는 벼 수확 증대, ④ 쌀값 수준 회복 등의 조건이 정비됨으로써 비로소 이 조합의 재정은 정상화되기 에 이르렀다.

다음으로는 이 조합의 조직에 관한 개략을 소개하고자 한다. "조합을 대표하고 조합의 일체 사무를 담임"(「조선수리조합령」 제7조)하는 사람으 로 조합장이 선임되고, 또 그 보좌역으로 부조합장이 선임되었다. 이들은 도지사에 의해 임명되었고, 임기는 4년이다. 그리고 정·부 조합장 아래에는 조합사무의 통괄자로서 이사가 있고, 또 그 아래에 출납역(出納役)과 기사 장(技士長)이 배치되어 있다. 아래에서는 조합장 이하 5개 직책을 아울러서 편의상 집행부로 부르고자 한다. 이 조합의 경우 집행부의 5개 직책은 조선 인이 역대로 취임한 부조합장을 제외하면, 식민지 시기를 일관해서 모두 일본인이 취임하고 있다.

그런데 초대 정·부 조합장은 앞서 말한 부정공사가 원인이 되어 첫 번째 임기(1923~1927년)로서 사실상 해임되었다. 제2대 조합장은 병으로 임기 중반인 1928년에 사임했다.[8] 또 초대 이사와 출납장은 1925년 해임되고, 2대·3대 출납장도 1926년, 1928년에 해직되었다. 이처럼 1920년대 말까지 재정상황과 마찬가지로 인사도 대단히 불안정한 상태였음을 엿볼 수 있다.

---

8) 「第28回評議會議事錄〈1928年6月25日〉」(富平水利組合, 「昭和三年機密人事ニ關スル書 類」*에 수록) 참조.

이미 말한 바와 같이 수리조합에는 자문기관으로 평의회가 조직되어 있었다. 이 조합의 경우 평의회의 정원은 15명이었다(조합 확장 후에는 제2구의 평의원 3명이 추가되었다). 평의원은 지주총대회에서 호선으로 선출되도록 되어 있었다. 이 조합에서는 조합비 160엔 이상의 납부자가 지주총대(따라서 평의원)의 유자격자로 되었다. 이 수치에는 조합원(즉 조합구역 내의 토지소유자) 약 1천 명 가운데 30% 정도에 해당하는 6천 평 이상 소유자 334명을 유자격자로 한다는 당국의 방침이 반영되어 있다.

마지막으로 조합지주회(이하 '지주회'로 약칭)에 관해 언급해둔다. 이 조직은 임의단체였으나, 아래에서 논의하는 바와 같이 이 조합의 의사결정 과정에서 대단히 중요한 역할을 수행하고 있다.[9]

1926년 12월 4일 조합구역 내에 10정보 이상의 토지를 소유하는 지주 30여 명이 출석하여 '지주회' 발기회가 개최되었다. 10정보 이상 토지소유자 총수는 64명이었으므로, 약 그 반수가 이 회합에 출석한 것이다. 또 12월 7일에는 조합구역 내의 지주와 농민 약 60명이 모여서[10] '지주회' 총회가 개최되고, 다음의 다섯 가지 사항이 결의되고 있다.

① 본년도 조합비 부과금은 수확 실적에 비하여 과중함을 인정하고 당분 간 경감할 것을 기하며, 그 후에도 적절한 부과를 할 것을 주장한다.

② 차입금의 이자 연 9푼 5리는 연 7푼 4리 이내로 차환하고, 상환기간은 25년을 50년으로 연장하도록 당국에 진정하고 그 성공을 기할 것.

③ 조합규약 중 평의원 15명을 30명으로 변경할 것.

④ 등급 사정이 공평하지 못하다고 인정되므로 속히 수정할 것.

---

9) 지주회에 관한 기술은 『동아일보』 1926년 12월 6일, 12월 9일 참조.
10) 12월 4일 발기회 석상에서 "회의 범위를 더욱 넓혀…"라는 제안이 나오고 있다(『동아일보』 1926년 12월 6일). 그후 회원 범위를 어디까지 넓혔는지는 알 수 없지만, 다음 해 신문기사에 는 '3백 수십 명의 지주회'(『동아일보』 1927년 10월 25일)라는 기술이 있다. 이 숫자는 앞서 말한 총대수와 거의 일치한다.

⑤ 공사와 조합보관금에 관한 부정사건이 있었다고 듣고 있는데 이를 조사하여 사실이면 그 책임을 규명할 것.

이 5개 사항은 그 후 몇 년 동안 조합운영에서 가장 중요한 문제로 취급되게 된다.

이 '지주회' 총회에 즈음하여 10명의 '실행위원'이 지명되었는데, 그 내용을 보면 조선인이 8명이고, 그 가운데 구역 내 거주자가 1명, 구역 외(경성, 인천 등) 거주자가 7명이었으며, 일본인이 2명으로 그 가운데 구역 내 거주자와 구역 외 거주자가 각기 1명이었다. 덧붙여서 제1기(1923~1927년) 평의원 15명에 관하여 마찬가지 내용을 보면, 조선인 8명 가운데 구역 내 거주자가 7명(그 가운데 4명은 면장 경력을 가짐)이고, 구역 외 거주자가 1명이며, 일본인 7명 가운데 구역 내 거주자 1명, 구역 외(전부 경성) 거주자 4명, 불명 1명이었다.[11]

제1기 평의원은 경성 거주 일본인 대지주와 조합구역 내에 거주하는 조선인 지주에 의해 구성되었다고 할 수 있다. 또 면장이 이름을 올리고 있는 것은 이 조합 설립 과정에서 행정의 관여가 컸다는 점을 반영하는 것이라고 추정된다.[12]

그와는 대조적으로 경성과 인천에 거주하는 조선인 부재지주가 '지주회'의 핵심적인 구성원이었음을 확인할 수 있다. 그들의 다수는 기업가나 변호사 등의 유력자였다.[13] 부재지주라고 하더라도 이 조합이 경성·인천에 근접해 있어서 이들 유력자의 사회적 영향력은 충분히 컸다고 생각된다.

---

11) 張矢遠, 앞의 글 98쪽; 富平水利組合, 「現區域組合員名簿(第一區)」*(작성연도 불명) 참조.
12) 조합 설립 때에 공사용지를 매수하는데, 그때 관련된 두 군의 군수와 재무과장, 관계된 6개 면의 면장 및 '지주가 공선한 1면에 2명씩의 위원'에 의해 평가위원회가 조직되고 있다. 또 조합 측이 각 면에서 '관계지주'를 소집하여 사용승낙을 구하는 회합을 열었을 때에는 각 면장이 '지주대표자'로 '토지사용승낙서'에 서명 날인하고 있다(이상 富平水利組合, 「大正 十二年訴訟=關スル書類」 참조). 이 사례로부터 조합 창립 때에 면장이 적극적으로 관여하고 있었음을 확인할 수 있다.
13) 張矢遠, 앞의 글 96쪽 참조.

2. 부평수리조합의 의사결정 과정

앞서 말한 바와 같이 1926~1927년에 이 조합은, 수해복구와 추가 개량공사, 부정 설치공사에 대한 대응, 조합비 감면과 조합비 부과 등급의 개정문제 혹은 조합재정 결함에 대한 대응 등 설립 직후임에도 불구하고 곤란한문제가 산적했던 시기였다. 여기에서는 이 문제들에 대해 어떤 입장의 인물이 어떤 인식을 가지고 어떻게 해결하고자 했던가 하는 점에 관해 분석해보고자 한다.

1) 조합비 감면에 관하여

1925년의 대수해로 조합비가 전액 감면된 데 이어, 1926년에도 수해가발생함으로써, 결과적으로는 조합비 징수예산액의 41%에 해당하는 금액이 감면되고 있다.[14] 제17회 평의회(1926년 12월 15~16일)에서는 조합비감면 문제가 아래와 같이 중요한 의제가 되고 있다.[15]

> 中村福治郞: 올해 징수액을 반감하고, 내년에는 올해 미징수액의 3분의2 정도를 징수하며, 내후년 정도부터 전부 내는 것으로 하면 좋을것이라고 생각합니다.
>
> 조합장: …조합비를 감면하는 데 대해서 당국(도를 말함—인용자)의태도는 대단히 강경한데, 당국과 협의한 결과… 인정하고 결정한것이므로 도저히 반감과 같은 것은 실현할 수 없습니다.
>
> 朴容均: 관계 당국이 그런 방침을 가지고 있더라도 조합 전체가 주장하

---

14) 위의 논문, 260쪽 참조.
15) 「第十七回評議會(1926年12月15~16일)」, 富平水利組合, 「昭和二年度起債ニ關スル書類(一)」*에 수록.

면 무시할 수는 없습니다.

〈중략〉

〈휴게〉

水津彌三松: 조합에서 원안을 배포받았지만 작년부터 지주가 피곤해서 뭔가 조합비를 경감받고 싶다는 희망에서 지주회가 열리게 되었는데, 지주의 의사를 참작하여 수정안을 제출한 상황입니다.

〈중략〉

禹台鼎: …현재 지주가 부담이 과중해서 지주회를 열고 있는 차제입니다만 …어느 정도 수정안이 적당하다고 하더라도 이 자리에서 가벼이 결정해서는 안 된다고 생각합니다./ 평의원이 조합원 전체의 의견을 존중하지 않고 본안을 결정하는 것은 있을 수 없습니다. 조합원 전부의 의견을 일일이 청취하지 않더라도 지주회에서 선출된 위원의 의견 정도는 들어 본안을 결정하고 싶습니다….

〈다음날〉

조합장: 수정안은 도당국과 협의한 결과 양보의 극한이라고 생각합니다. 이 이상의 요구는 도와 은행의 승인을 받을 수가 없다고 생각합니다./ 부디 만장일치의 찬성을 희망합니다.

禹台鼎: …이 수정안은 지주회 실행위원의 한 사람인 스이즈(水津) 씨가 제출한 것으로서 의미 있는 것이라고 생각합니다./ 그래서 내 생각으로는 지주회를 존중하는 의미에서 지주회 위원(상설위원을 말함─인용자)이 제출한 수정안에 찬성하는 것입니다.

조합장: 스이즈 씨의 수정안은 조합의 위원으로서 제출한 것이지 지주회의 위원으로서 제출한 것은 아닙니다. 특별히 이 말을 덧붙여둡니다./ 이 사실은 특히 도 당국의 의견도 있었던 바로서 지주회가 시끄럽기 때문에 수정안을 수용한다는 것은 이후에 나쁜 사례를

남기는 것이므로 절대로 거절하는 것으로서….

위의 토의내용에서 세 가지 특징을 읽을 수 있다. 첫째 앞 절에서 소개한 '지주회' 총회 의결의 ①이 평의회에서도 강력하게 제기되고 있다는 점이다. 직접적으로는 '지주회' 실행위원 몇 명이 평의원이었던 사실[16]이 가지는 효과이지만, 그뿐만이 아니라 '지주회'의 의결은 조합원의 '여론'을 반영한 것으로서 이를 조합 운영에서 무시할 수 없다는 인식이 평의원 가운데서 미리 공유되고 있었던 점이 그 효과를 증폭시켰다고 할 수 있다.

둘째, 그에 반해 집행부는 오히려 행정(도)의 의향에 따르기 위해 부심하고 있었다. 특히 의사결정 과정의 헤게모니를 실질적으로 '지주회'에 장악당할 수밖에 없는 사태에 대해서는 도 당국과 함께 우려하고 있었다.[17]

셋째, 조합구역 내에 거주하고 지역의 사정에 정통하고, 창립위원과 평의원을 역임하였으며[18] 이와 아울러 '지주회'의 실행위원이기도 했던 스이즈 야사마츠(水津彌三松)라는 인물이 조정역을 맡았다.

결과적으로는 집행부와 '지주회' 사이에 타협이 성립하고 있다. 다만 '만장일치'라는 조합장의 희망은 이루어지지 않았고, 표결에 의해 찬성 7명 반대 3명으로 '수정안'이 가결되고 있다.

또 그후로는 평의회에서 '지주회' 세력의 발언권이 더욱 높아지는 방향으로 사태가 변했다. 즉 1927년 4월 정·부조합장과 평의원 선거 때에 '지주회'는 '평의회 선거위원' 10명을 선출하여 선거대책을 제출하고 있는데, 그

---

16) 앞의 발언자 가운데 中村, 박용균, 水津는 '지주회'의 실행위원이기도 했다.
17) '수정안' 표결 때에 평의회에 임석하고 있던 道屬은 퇴장하지만, 그때에 "一. 평의원은 지주의 대표로서 지주의 의견을 존중하지 않으면 안되는 것은 물론이지만 다른 한편으로는 조합의 조직분자로서 조합의 갈 길도 고려하지 않으면 안되고…/ 一. 무모한 것을 평의회에서 의결하더라도 도지사는 인가하지 않고…"라고 말하고 있다(앞의 「第十七回評議會議事錄」 *에서 인용).
18) 張矢遠·宮嶋博史·松本武祝, 앞의 논문, 86쪽 참조.

가운데 8명이 제2기의 평의원으로 선출되고 있다.[19]

나아가 나머지 2명 가운데 한 사람이 제2대 부조합장에 임명되고 있고, 집행부 가운데서 발언권도 확보하고 있다. 또 이것을 획기로 초대 조합장 마쓰야마 쓰네지로는 사실상 경질됨으로써 앞서 말한 '지주회' 의결사항 ⑤의 주요과제가 달성되고 있다.

2) 조합비 부과의 공정성에 관하여

수해 피해와 공사비 상승으로 인하여 조합원의 수리조합비 지불능력은 저하되지 않을 수 없었다. 그에 따라 조합원 사이에 조합비 부과 등급의 공정성을 둘러싸고 격렬한 논의가 일게 되었다. 설립 때에 조합비 부과 등급이 토지대장 상의 등급에 토대를 두고 사정되었기 때문에, 그 후에도 실태(조합설립에 따라 늘어나는 효과의 차이)와의 괴리가 현저했다. 앞의 '지주회' 결의사항 ④는 이 문제에 대한 것이다.

등급개정 문제는 평의회 자리에서도 자주 논의되었지만, 최종적으로는 1927년 8월부터 9월 사이에 등급개정을 위한 조사를 실시하는 것으로 결말을 보았다. 「조합비등급 부과율 개정요항」[20]에 의하면, 이 조사의 특징으로는 첫째, 사업 전후의 관개 배수상황과 수확량 등 9항목에 걸친 각 필지에 대한 상세한 조사였다는 점, 둘째, 농업 경험이 있는 직원 가운데서 임명되는 '직원'과 각 면 내의 '지주' 중에서 각 면장이 추천한 5명의 후보자 가운데서 임명된 3명의 임시위원이 조사위원으로서 해당 면 내의 조사를 수행하게

---

19) 『동아일보』 1927년 4월 8일. 단, 이유는 분명하지 않지만, 8명 중 2명(모두 일본인)은 도로부터 평의원 인가를 받지 않았다(「三好麟造・淸水親太郎宛/評議員選任ニ關スル件/組合長」, 富平水利組合, 「昭和二年機密人事ニ關スル書類」* 수록 참조).

20) 漢江水利組合, 「自檀紀四二五六年(大正十二年)至同四二七八年(昭和二十年)規約關係書類」*.

됨으로써 조사자의 지위와 능력에 관해 배려가 이루어지고 있었던 점—임시위원을 임명한 방법은 조합 설립 때에 용지매수에 관한 평가위원으로 각 면에서 2명을 선임했던 방법과 유사하다, 셋째, 조합원에게는 미리 조사일정을 통지하여 입회를 위한 편의를 도모하고 있었던 점을 들 수 있다. 전체적으로 절차상의 객관성과 공정성이라는 점에 대한 신중한 배려를 엿볼 수 있다.

이런 절차상의 합리성에 대한 배려는 조합비 부과 등급에 대한 조합원의 합의를 끌어내는 데는 불가결한 요소였다고 할 수 있다. 그런데 아래와 같은 평의원 세 사람의 발언[21]을 보면, 조합원 가운데서도 어떤 입장의 사람한테서 합의를 끌어내는 것을 특별히 의식하고 있었던가를 추정할 수 있다 (단, 이 발언들은 부과 등급 개정 문제에 관한 것은 아니고, 앞의 두 개는 감면 문제, 마지막 것은 연납 문제에 대한 언급이다).

우태정: …지방의 평으로서는 대지주의 토지는 비율에 부담이 가볍고, 도리어 소지주 쪽이 무거운…

水津彌三松: …감면법은 시끄럽게 떠들어대는 자에 대해서는 경감하지만, 입을 다물고 있는 사람은 비교적 등한히 하는 폐해에 빠지기 쉽다…

金容奭: …지주가 아니면서 토지를 가진 선량한 백성으로서 이의 신청도 할 수 없는 자에 대해서는 독촉장을 발부하고, 독촉 수수료를 거둘 정도의 지식이 있어 이의를 신청한 자에 대해서는 독촉장 발부를 유예하는 것은 불공평하지 않습니까?

---

21) 첫 번째 발언은 앞의 「第十七回評議會議事錄」에서 인용. 두 번째와 세 번째 발언은 「第十八回評議會議事錄(一九二七年二月二八日)」, 앞의 「昭和二年度起債ニ關スル書類(一)」*에서 인용.

위 발언을 통하여 조합비 부과를 둘러싸고 대지주에 비해 소지주와 농민의 입장이 상대적으로 불리하다는 점에 대해서 문제의식이 상통하고 있었다고 할 수 있다. 이런 문제의식은 조합비 부과에서 나타나는 격차가 조합 구역 내의 농민 사이에 공유되고 있던 공정성과 관련한 정서에 배치되고, 결국 지역사회 질서를 불안정하게 만들 수밖에 없다고 하는, 이른바 '지방유지'[22]로서의 배려에서 유래된 것이었다고 할 수 있다.

그렇지만 대지주와 소지주·농민 사이의 사회적·정치적 격차를 갑자기 해소하는 것은 현실적으로 불가능했다. 그런 만큼 절차상의 공정성을 확보함으로써 불리한 입장에 놓여 있는 소지주·농민으로부터 최소한의 합의를 도출해두고자 하는 의도가 강하게 작용하고 있었다고 할 수 있다.

또 면마다 3명의 지주를 임시위원으로 선정하게 했던 것은 조합 자신이 임시위원에 대해 면 차원의 '지방유지'로서의 역할―즉 조사할 때 그들 자신의 공정한 태도와 그 결과에 대한 면내 조합원으로부터의 믿음―을 기대한 것이었다고 생각된다.

그런데 같은 시기에 앞서 본 '지주회' 의결사항 ③의 연장선상에서 평의회에서도 평의원 증원 문제가 논의되고 있다. 즉 제18회 평의회에서 스이즈야사마츠가 ① 평의원을 15명에서 20명으로 증원할 것, ② 조합 내의 각 면에 수익면적의 다과에 따라 2~3명 그리고 경성 2명, 인천 1명, 고양군 1명을 할당한다는 두 가지를 제안하자, 이사는 "조합의 안으로 인가신청을 해도

---

22) 필자는 다른 논문에서 '지방유지'를 대외적으로는 지역의 이해를 대표하고 대내적으로는 지역질서와 후생의 유지 및 향상을 도모하는 역할을 담당한 계층으로 규정했다(松本武祝, 『植民地權力と朝鮮農民』, 社會評論社, 1998년, 28쪽 참조). 또 이에 대해 지수걸은 촌락 단위의 질서 변화를 분석대상으로 삼는 데 그치고, 군면 차원의 '관료-유지지배체제'의 존재를 간과하고 있다고 논평하였다(지수걸, 「일제하 충남 서산군의 '관료-유지 지배체제'」, 『역사문제연구』 제3호, 1999, 17-18쪽). 필자의 연구단계를 돌아보면, 지수걸의 비판을 감수할 수밖에 없다. 단, 필자의 분석틀 자체는 지수걸과 마찬가지로 '지방유지'의 중층성을 전제로 하고 있다. 본론에서는 이 점에 대해 조금이지만 분석을 시도하고 있다. 이 점에 관해서는 이 책의 제2장 제1절 참조.

좋다고 생각합니다"라고 답변한다. 이에 대해 평의원 우태정은 "증원 문제에는 찬성하지만 각 지방에 할당을 하는 것은 타당하지 않다고 생각합니다. / 평의원이 가져야 할 인격을 표준으로 대지주 중에서 선임하는 것이 적당하지 않을까 생각합니다"라고 주장한다.[23] 그 후의 경과는 알 수 없지만, 결과적으로 평의원 정수는 변경되지 않았고 또 정원의 지구별 할당도 실시되지 않았다.

평의원은 조합구역 내 소지역(이 사례에서는 면)의 이해를 대표하는 것이 아니라 조합구역 전체의 이해에 즉응한 판단을 내리는 것이 중요한 역할이라는 논점을 전략적으로 제시함으로써 우태정은 인천에 사는 부재지주[24]인 자신의 입장을 확보하려 했다고 할 수 있다.

단, 재촌지주와 부재지주의 이해관계가 반드시 상호 배타적이었던 것은 아닐 것이다. 앞서 말한 조합비 감면과 등급 문제의 경우에는 촌락 또는 면 차원에서의 구체적인 인간관계에 즉응하여 재촌지주가 '지방유지'로서, 소위 즉자적으로 하는 발언을 부재지주가 대자적=전략적으로 바꿔 말함으로써 대외적인 설득력을 강화한다는 분업관계가 성립했다고 할 수도 있다.

3) 총독부 재정에 의한 지원에 관하여

이 조합에서 고액의 수리조합비가 지주경영과 농민경영을 압박하고 있었음은 말한 바와 같지만, 앞서 말한 감면이나 부과 등급 개정은 고액의 조합비라는 문제 그 자체를 해결할 수 있는 것은 아니었다. 조합 재정을 건전하게 하기 위해서는 부채의 저리 차환과 추가공사에 대한 보조금 획득이라

---

23) 앞의 「第十八回評議會議事錄」에 의함.
24) 앞의 「現區域組合員名簿(第一區)」에 의함.

는 절차가 불가결했다. 이와 관련하여 평의회에서 나온 다음 세 가지 의견이 주목된다.[25]

  姜錫祚: 5~6년 후의 본공사(제방 보수공사―인용자)는 정부가 시행해
    야 할 것이므로 교섭에 따라서는 보조 증액이 가능하지 않을까 생각
    합니다.
  天日常次郎: …불량 수리조합에 대해서는 (총독부가―인용자) 중앙정
    부에 교섭하여 저리자금 대출을 바라는 상황이지만…/ 경영자로
    서도 알선할 때에 불량 수리조합에 넣어버리고 싶습니다.
  水津彌三松: 작년 지주회의 요망에 비추어서 차제에 조합 부채를 저리
    7푼 4리로 차환하는 일을 본 평의회 결의로 삼아, 조합에서 요로에
    탄원할 것을 조합에 요망하는 것은 어떨까 생각합니다.

  1925년에는 총독부에 의해 한강을 포함하는 직할하천의 개수사업이 개시되었다.[26] 강석조의 발언은 그 진척을 내다본 것이었다고 생각된다. 같은 시기 일본 국내에서는 행정에 의한 하천 개수사업의 진척을 계기로 그 뒤에 수리사업이 진전되는 경우가 많았던 데 비해, 조선에서는 많은 수리조합이 하천 개수사업도 스스로 분담하고 있었다. 이것이 조선 수리조합의 기술적·재정적 곤란함의 요인이 되고 있었다.[27]
  강석조의 발언은 공공사업과 사적인 사업의 구분에 조정을 요구하는 날카로운 문제제기가 되고 있다. 단, 이런 인식은 '지주회'와 '평의회'라는 장에서 '여론'으로 집약된 것은 아니었고, 결과적으로도 보조금 정책은 변경

---

25) 앞의 두 발언은 앞의 「第十七回評議會議事錄」에 의함. 마지막 발언은 앞의 「第十八回議會議事錄」에 의함.
26) 廣瀬貞三, 「植民地期の治水事業と朝鮮社會」, 『朝鮮史研究會論文集』 第37集, 1999 참조.
27) 松本武祝, 앞의 『植民地權力と朝鮮農民』 참조.

되지 않았다.

다른 한편 조합 부채의 저리 차환에 관해서는 '지주회' 결의 ②에도 나타나는 바와 같이 조합원 사이에서 요구가 강했고, 또 평의회에서도 앞서 말한 바와 같이 여러 번 논의되고 있다. 조합 부채 차환은 보조금 문제와는 달리 1926년 이후 서서히 진전되고 있다. 그 요인으로는 조합원의 '여론'을 배경으로 경영자가 행정당국에게 그것을 '탄원'했던 점을 들 수 있겠지만, 그뿐만이 아니고 1926년에 '산미증식갱신계획'이 개시됨으로써 저리 자금 공급이 원활해졌다는 객관적인 요인도 지적할 수 있다.[28]

그런데 1927년 10월 '지주회' '위원' 46명이 모여 소작료율을 구답(舊畓)에서는 종래의 60%에서 65%로, 신답(新畓)에서는 50%에서 60%로 각기 인상한다는 결의를 한 후에 소작인에게 통고한다.[29] '지주회' 입장에서 보면 소작료율 인상은 고액의 조합비 부담의 일부를 소작인 측에게 전가하려는 시도가 된다.

이에 대해 소작인 측은 부평농민조합을 조직하여 '지주회'에 대해 이전의 소작료율로 인하하는 것을 포함하는 10개 항목의 요구사항을 결의했다. 조합구역 내의 소작농가 호수가 약 4천 호였는데, 농민조합 창립 총회 당일에만 387명분의 입회원서가 모이고 있어 상당한 동원력을 과시했다고 할 수 있다.[30] 이후의 교섭과정은 잘 알 수 없지만, 결과적으로 적어도 구답에서는 소작료 인상이 실현되지 않았던 듯하다.[31] 농민조합은 그 후 자연 소멸해 버렸다.[32]

---

28) 앞의 '지주회' 결의 ②에 보이는 7푼 4리라는 금리는 '갱신계획' 때 도입된 저리자금 금리와 동일하다. '지주회'가 '갱신계획'의 내용을 의식하고 있었음을 엿볼 수 있다.
29) 『동아일보』 1927년 10월 25일. '위원'이 누구를 가리키는지는 불명확하다.
30) 『동아일보』 1927년 10월 25일, 10월 30일 참조.
31) 1931년의 어떤 보고서에 의하면, 부평수리조합 내의 소작료율은 60%였다(朝鮮殖産銀行助成財團, 『水利組合と小作慣行』, 1931, 2쪽 참조). 신답의 소작료율은 이 결의를 계기로 인상되었을 가능성이 있다.
32) 지수걸, 『일제하 농민조합운동 연구』, 역사비평사, 1993, 422쪽. 지수걸은 『동아일보』의

앞서 말한 바와 같이 '지주회'의 중추 멤버가 부재지주였다는 점과 농민조합 결의 10개 항목 중 제1항목이 "소작료 운반은 10리로 한정"한다는 조항이었음을 감안하면, 이 소작료율 인상 결의는 부재지주의 주도 하에 진행된 것으로 추정된다. 부재지주는 한편으로는 앞서 말한 바와 같이 '지방유지'에 어울리는 언행을 전략적으로 수행함으로써 조합 내에서의 발언권을 확보하려 노력하였으나, 다른 한편으로는 자기의 경제적 이익 추구를 위해서 '지방유지'로서의 역할 기대에 배치되더라도 소작료 인상을 시도하는 기회주의적인 행동을 하고 있었다.

재촌지주는 부재지주처럼 이렇게 기회주의적인 행동을 할 수는 없었을 것이다. '지주회' 결의가 철저하지 않았던 것은 농민조합의 저항이라는 요소와 함께 '지방유지'로서의 재촌지주가 자신의 경제적 이익만을 추구하는 것에 주저했던 데에서 말미암은 바가 컸던 것이 아닐까?

총독부의 재정적 지원에 의한 조합비 경감은 지주, 특히 재촌지주가 안고 있던 이런 딜레마를 완화하기 위한 중요한 계기가 되었다. 단, 총독부의 불충분한 행정·재정 지원이 수리조합 재정난의 가장 큰 요인이었음에도 불구하고, 개별 수리조합의 능력만으로는 그 구조 자체를 바꾸는 것은 불가능했다. '탄원'을 통하여 총독부가 보유하는 자원(이 경우에는 저리자금)을 끌어내는 것이 유일한 현실적 대응이었던 것이다.

총독부의 수리조합 사업에 대한 행정적·재정적 지원의 불충분함이 결과적으로 총독부의 온정주의적인 배려에 대한 수리조합 재정의 의존도를 강화하는 역설을 진전시키게 되었다고 할 수 있을 것이다.

부평수리조합 '지주회' 기사를 참조하면서, "당시 수리조합 구역 내의 중소지주들도 조합의 횡포에 상당한 불만을 가지고 있었다"(같은 쪽)고 지적하고 있다. '지주회'를 중소지주 주도에 의한 활동이라고 평가하는 오류일 것이다.

3. 부평수리조합의 수로 관리·배수 방법

식민지 시기 조선의 수리조합 연구에서 용·배수로의 일상적인 유지관리제도 혹은 배수의 구체적인 방법에 관한 분석은 거의 수행되지 않았다. 자료 부족에 말미암은 바가 크다. 다행히 부평수리조합에 관해서는 단편적이지만 관련 문서가 남아 있다. 아래에서는 수로계(水路契)와 수로감시인(水路監視人)33)이라는 제도에 주목해 실태를 파악해보고자 한다.34)

1) 수로계

이 조합에 25개의 수로계가 있었다는 것은 이미 미야지마의 논문에서 언급되었다. 하나의 수로계가 담당하는 수익면적은 평균 144정보였다. 또한 계당 동리 수는 평균 1.4개가 된다. 수로계 사업과 구성원에 관해 명기된 자료는 입수할 수 없지만, 아래 두 가지 자료를 통하여 추측해볼 수 있다.

1930년에 '부천군 계양면 병방리/박촌리(富川郡桂陽面兵房里/朴村里) 수로계원·당지 지주 일동'이 이 조합 앞으로 보낸 「수로계장 및 수로감시인 부정사건에 관한 건(水路契長及水路監手不正事件ニ干スル件)」이라는 진정서가 제출되어 있다.35) 그 내용은 "박촌리 수로계장 김호신(金浩信) 및 수로 감수 조한규(趙漢奎) 등은 그 자리에 취직한 것을 기화로… 수로계에 넘겨야 할 지선공사 유상공사 및 부역공사 등에 관하여 아래 부정 사실이 있으므로…"라는 것이었다.

---

33) 자료에는 수로 감시(監視) 혹은 수로 감수(監手)로 기록되어 있는 경우도 있어 통일되어 있지 않다. 여기서는 수로감시인으로 표기한다.
34) 宮嶋博史, 앞의 논문, 271-273쪽에서 부평수리조합의 수로감시인과 수로계에 대해 이미 언급하고 있다. 여기에서는 이 논문을 참조하였다.
35) 富平水利組合, 「昭和五年機密人事ニ關スル書類」*에서 인용.

또 같은 1930년에 이 조합은 도 산업부로터 "수로 유지·수리공사는 그 지구를 상시 관리하는 수로계를 상대로 하지 않고 수의계약을 체결하였으나 공사 시행이 완전하지 않으므로 중지한 곳도 있어 이후에는 이 계들을 권리의무의 주체로 하지 않으면 계약을 하는 것이 타당하지 않으니 이후 유의할 것을 요한다"라는 지시사항을 받고, 그에 대해 도 산업부장 앞으로 "본 건 수로계와의 계약은 대개 토공 공사로서 토취(土取), 토사(土捨) 등의 관계로 체결하였지만… 계장 중에는 완전히 능력 없는 자도 있어서 공사를 중지한 것은 유감이다/ 이후에는 유의하겠다"라고 답신하고 있다.[36]

위 기술로부터 수로계에 대해서 ① '토취, 토사' 등 지선 수로의 유지관리를 담당하기 위한 조직이라는 점, ② 관리공사에는 조합이 비용을 부담하는 유상공사와 부역으로 감당하는 무상공사의 두 종류가 있었다는 점, ③ 앞의 진정서를 보낸 주체가 '수로계원·당지 지주 일동'으로 되어 있는 것으로 추정해보면, 수로계원은 소작농민(즉 비조합원)도 포함하는 현지 경작농민으로 구성되었다는 점, ④ 아마 이들 비조합원을 포함하는 농민이 출역하고 있었다는 점 등의 조직상 특징을 지적할 수 있다.

다음 수로계장에 대해서는 '지방유지'가 수로계장이 되는 사례가 확인된다. 1928년 25개의 계 중에서 '성적 최우수'로 평가되었던 수로계의 계장으로 취임한 윤원중(尹原重)은 "빈곤한 소작농가에서 태어나… 각고정려(刻苦精慮)하여… 점차 가산을 이루어… 현재 답 12정보, 전 5정보를 소유… 부유한 지주"였다. 그는 면협의원과 학무위원으로 선출되었고, 이 조합의 제2기 평의원으로 근무하였다. 혹은 1930년에 수로계장에 취임한 문응구(文應九)는 "생가는 빈곤한 농가… 일대 분발… 농사개량에 노력… 점차 유복… 현재(1930년―인용자)는 답 8천여 평, 전 9천여 평을 자작"하는 상층 농민이었다.[37]

---

36) 「組合事務處理ニ關スル件」, 富平水利組合, 「大正十二年起消滅例規綴」*에 수록.

단, 모든 수로계장이 이들처럼 '지방유지'였던 것은 아닐 터이다. 앞의 36번 각주에 나오는 자료 중에는 "계장 중에는 완전히 능력 없는 자도 있어서"라는 기술이 있는 점이 주목된다. 또 35번 각주의 자료인 '진정서' 가운데에는 "이상의 부정사건을 방지하려면 현지의 대지주를 계장으로 임명하여 정당하게 처리할 것"이라는 지적이 있다. 충분한 능력과 신망을 갖춘 인물만이 수로계장으로 취임한 것은 아니었음을 엿볼 수 있다.[38]

2) 수로감시인

수로감시인은 4월부터 8월까지, 즉 모내기부터 추수까지의 시기에 한정하여 수리조합이 고용하는 임시 고원이지만, 그 업무에 대해 명문화된 자료는 입수할 수 없었다. 수로감시인 명부를 보면 그 인원수가 25명 정도였다는 점을 확인할 수 있다. 앞에 나온 '진정서'의 기술과 합쳐 생각해보면, 하나의 수로계에 한 사람의 감시인이 배치되어 있었다고 생각하는 것이 자연스러울 것이다.

시기가 조금 내려오지만 「수로감시 표창의 건」이라는 1936년 자료에는 수로감시인의 업무내용이 조금 구체적으로 기술되어 있다. 즉 일등상을 수상한 수로감시인 6명 가운데 1명에 대해서는 "배수시에 특히 남은 물이 흘러내리는 것을 막고, 홍수시에 본부 갑문 개폐에 주의하여 성적이 양호함"이라는 논평이 붙어 있고, 나머지 5명에 대해서는 "항상 구역 내 배수와 홍수시 특별히 노력함으로써 모범이 된다"는 논평이 붙어 있다.[39]

---

37) 이상의 기술은 앞의 「昭和五年機密人事ニ關スル書類」에 의함. 또 이 자료에는 윤원중이 이 조합의 '창립위원'이었다는 기술이 있지만, 이 사실은 확인할 수 없었다.
38) 주 35)의 자료에서 부정행위로 고발된 김호신의 조합 내 소유면적은 5반보였다. 또 문웅구의 전임자 경석현(慶錫鉉)의 소유면적은 3반보였다(소유면적은 앞의 「現區域組合員名簿(第一區)」에 의함).
39) 富平水利組合, 「昭和二年機密人事ニ關スル書類」* 참조.

또 이밖에도 1930년에는 조합 내 두 개의 출장소별로 수로감시인의 성적 평가가 이루어지고 있고(오정리 출장소 소속 13명에 대해서는 갑 2, 갑의 하 1, 을 7, 병 3, 신종리 출장소 소속 12명에 대해서는 상 2, 중 5, 하 5), 또 1938년에는 12명의 수로감시인을 대상으로 '본년도의 직무 특별 노력에 대해' 표창하고 있다.[40] 이 조합이 수로감시인의 성적평가를 계속 실시하고 있었음을 알 수 있다.

1927년 「수로감시 후보자 조사서」에는 제1후보 23명, 제2후보 18명의 명부가 게재되어 있다. 그 가운데 26명의 연령이 기재되어 있는데, 10대 1명, 20대 14명, 30대 10명, 40대 1명이었다. 또 제1후보 가운데서 농사강습 수료자가 18명, 제2후보에는 4명이 있었다. 이 자료와 합철되어 있는 9명의 이력서에 따르면, 전원이 보통학교를 졸업하였고 그 가운데 6명은 상급학교에 진학하고 있다.[41]

1920년의 시점에서 조선의 보통학교 취학률은 3.9%로 추계되어 있다.[42] 농촌지역의 취학률은 더 낮았을 것으로 보인다. 따라서 이 후보자들은 1920년대 동 세대 집단 중에서는 학력이 대단히 높은 집단 가운데서 선정되었다고 할 수 있다.

위의 사실로부터 이 조합의 수로감시인은 기초학력과 농업지식을 습득한 청년이 주로 담당하고 있었음을 알 수 있다. 그리고 그들은 그러한 교육투자에 대한 지향성이 높고 또 그것이 가능했던, 조합구역 내에서는 경제적·사회적으로 상층에 속하는 계층의 자제들이었다고 추정할 수 있다.

그런 인물을 수로감시인으로 삼아서 그들이 보유한 촌락 차원의 '지방유지'(그 자제)로서의 사회적 발언권을 동원하여 말단수로에서의 수리질서

---

40) 「昭和五年機密人事ニ關スル書類」 및 「昭和十年四機密人事ニ關スル書類」 참조.
41) 「昭和二年機密人事ニ關スル書類」에 수록.
42) 古川宣子, 「일제시대 보통학교 체제의 형성」, 서울대학교 박사학위 논문, 1996, 143쪽 참조. 남자만의 취학률은 이 수치보다 높을 것으로 생각되지만, 그렇더라도 7% 정도였을 것이다.

안정화를 도모하려 했던 조합 측의 의도를 읽을 수도 있을 것이다. 그러나 그들의 다수가 아직 청년층에 속하고 있었고 조합 측이 그들의 성적평가를 계속해서 실시하고 있었음을 감안하면, '지방유지' 자체의 역량보다는 오히려 실무자・기능자로서의 능력에 기대하는 인선이었다고 생각하는 편이 합리적일 것이다.

맺음말

도바타 세이이치(東畑精一)는 『일본농업의 전개 과정』이라는 책에서 "내지 지주의 역할이 메이지 초기에는 경제를 통해서 경제를 움직이려는 상태로부터, 지금은 정치를 통해서만 경제를 움직이려 하기에 이르렀다"라면서 일본 국내 지주층의 기생지주화를 '조선에서의 기업적 지주'의 존재와 대비하여 논의하고 있다.[43] 수리조합사업은 '기업적 지주'의 '활약'의 장으로서는 제일이었다고 할 수 있다. 또 도바타는 '기업적 지주'를 '식민지 개발의 선구자들에게 공통적인 성향'[44]을 지닌 사람이라고 묘사하고 있다.

시각을 바꾸어 수리조합사업을 계기로 '기업적 지주'가 족생(簇生)한 (할 수 있었던) 객관적 조건에 주목해보면, 첫째, 기술적 조건으로는 조선에는 천수답과 천수전이 많아서 대규모 수리개발로 큰 폭의 증산효과를 기대할 수 있었던 점, 둘째, 일본 국내의 수리사업과 비교해서 조선의 수리조합사업은 국고보조 비율이 낮고, 또 행정이 담당해야 할 치수사업까지도 조합원이 부담하고 있었던 점을 들 수 있다. 조선의 수리조합사업은 말하자면 '하이 리스크, 하이 리턴(high risk, high return)' 사업이었다고 볼 수 있다.

---

43) 東畑精一, 『日本農業の展開過程』 昭和前期農業經濟名著集 3, 農山漁村文化協會, 1978 참조.
44) 위의 책, 108쪽.

그런데 위험도가 높은(high risk) 사업이었기 때문에 조합원에게는 자신의 부담능력을 넘어서는 비용이 발생하였고, 그 부담 배분을 둘러싸고 조합집행부와 행정당국의 교섭이 불가피하게 되는 상황으로 자주 내몰리고 있다. 이런 상황에서 '기업적 지주'들은 '정치적 기업가'로서 역할을 하게 되었던 것이다.

이 조합의 '지주회' 활동은 그 단적인 사례였다. 군 차원 혹은 복수의 군 차원에서 사회적 영향력을 가진 유력지주들은 다른 조합원들의 '여론'을 환기시킴으로써 평의회에서의 발언권을 강화했다. 그때 그들 유력지주들은 '지방유지'로서의 발언을 전략적으로 관철시킴으로써 조합원 속에서 영향력을 행사할 수 있었다고 볼 수 있을 것이다.

조합집행부와의 교섭이 과제였던 조합비 등급 개정 문제의 경우에는 평의회라는 제도를 통하여 그들의 의향이 곧바로 성안(成案)되었다. 또 조합비 감면 문제의 경우에는 조합원의 '여론'을 근거로 조합집행부 및 행정당국과의 격렬한 교섭을 수행하여 타협을 이끌어내고 있다.

이에 비해 오로지 행정당국과의 교섭으로만 해결할 수 있는 저리자금 도입 문제의 경우에는 '탄원'과 그에 대한 온정주의적 배려의 형태로 문제가 처리되고 있다. 유력지주들이 조합 내에서 조달할 수 있었던 사회적 영향력을 행정 차원에서 직접 반영하게 하는 통로를 가지지 않았던 상황, 즉 의회제도의 부재라는 식민지 상황이 이런 관계를 만들어내고 있었다고 할 수 있다.

다른 한편 조합 운영이라는 국면에서는 집행부 측이 촌락 또는 면 차원의 '지방유지'층을 제도적으로 끌어들이기 위한 시도가 이루어지고 있다. 조합 설립 때의 토지매수를 위한 평가위원, 조합비 등급 개정 작업 때의 임시위원 혹은 수로계장이라는 제도가 그에 해당한다.

이들 '지방유지'에게 주어진 역할은 촌락이나 면 단위에서 조합관계자(조합원과 소작농민)의 신임을 얻으면서 조합에서 주어진 업무를 원활하게 수행한다고 하는 어디까지나 중간관리자로서의 그것이고, 중앙에서의 의사결정 과정에의 참가가 제도적으로 확보되어 있었던 것은 아니다. 단, 수로계장의 경우, 그 인사 상황으로 보아 '지방유지'를 끌어들이는 일 자체가 충분하지 못했다.

또 말단 수리질서의 유지라는 중요한 역할을 담당해야 할 수로감시인의 경우는, 출자는 '지방유지'층에 속하지만 조합에 의한 격렬한 노무관리의 대상으로서 실태로서는 조합직원에 가까운 존재에 지나지 않았다.

근대 일본(부현)의 수리조합은 의사결정 과정에서도, 또 실제 운영에서도 실질적으로는 막부 시기 이래의 '용수조합(用水組合)' 연합체[45]였던 점에 비하면, 조선 수리조합의 성격은 명확하게 집권적이다. 조선의 수리조합 사업이 체현하고 있던 기술과 제도는 식민지 권력에 의해 일방적으로 주어진 것으로서, 조선 농촌사회에서는 어디까지나 외재적인 것이었다. 조선의 재래 수리조직은 대개 소규모여서 식민지 권력이 도입한 대규모 수리시설과 그에 대응하는 제도를 수용하는 기반이 될 수가 없었던 것이다.

이 조합에서는 촌락과 면 차원 '지방유지'의 협의 아래 조합을 운영한다는 발상이 평의원 정원의 면별 할당이라는 제안으로 제출되었지만 실현되지 못하고 말았다. 일단 정착한 집권적 성격을 수정하려는 시도는 그 곤란함에 비해 미약한 것에 그치고 있었던 것이다.

이 조합의 역·직원 구성을 분석한 미야지마는 "당초 외부적인 조직으로 등장한 수조를 조선인들이 자기 것으로 만들어가는 과정이 식민지 시기를 통해 진행되었다"[46]라고 평가하고 있다. "조선인들이 자기 것으로 만들"고 있던 수리조합이라는 조직 자체가 집권적 성격이라는 식민지성을 각인해가고 있었던 점도 강조해두어야만 한다.

---

45) 이 점은 松本武祝, 앞의 『植民地期朝鮮の水利組合事業』에서 간단히 논의한 바 있다.
46) 宮嶋博史, 앞의 논문, 298쪽.

7장
식민지 조선의 농업용수 개발과 수리 질서의 개편
―만경강 유역을 대상으로

머리말

만경강은 한반도의 남서부, 전라북도 산간부에서 기원하여 서쪽으로 물길을 드리우며 황해로 흘러가는 중규모 하천이다. 1920년 전후에 다른 지역보다 빨리 5개의 수리조합이 그 북안(北岸)지역에 집중적으로 들어섰다(1920년 그 가운데 두 개가 합병). 1941년에는 주변지구를 편입하면서 4개의 조합이 합병하여 수익면적 1만 8천여 정보인, 당시 조선 유수의 대규모 수리조합이 결성되었다.

이 장에서는 식민지 하 만경강 유역에서의 수리조합의 설립과 합병 혹은 확장 과정에 관해 다룬다. 그때 만경강 수계에서의 수리질서에 주목한다. 그리고 수리조합과 주변지구 혹은 수리조합 상호 간의 수리이용을 둘러싼 관계 변화를 계기로 한 만경강 수계의 수리질서 개편 과정을 분석틀로 설정한다.

〈그림-1〉 만경강 북안 유역 약도

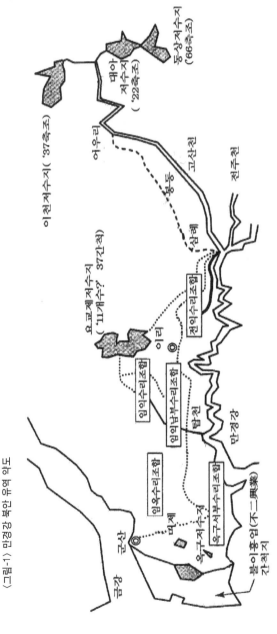

동상저수지 (66축조)

대아저수지 ('22축조)

이천저수지 ('37축조)

어우리

봉동

고산천

전주천

삼례

요교제저수지 ('11개수? 37간격)

익옥수리조합

임익남부수리조합

전익수리조합

이리

임옥수리조합

탑천

만경강

임옥수리조합

대제

옥구저수지

옥구서부수리조합

불이흥업(不二興業) 간척지

금강

군산

자료: 이경란, 앞의 논문, 지도 1, 2; 조선총독부, 앞의 『조선토목사업지』에 수록된 지도 참조.
주: 1) 간선수로 ―― (1910년대 개수), ……… (1910년대 축조), ----- (1920년대 축조).
  2) 이 그림은 상대적인 위치 관계를 표시하기 위한 것이므로, 방위와 축척은 정확하지 않다.
  3) 동시에 존재하지 않았던 것이라도, 본문에 필요한 범위 안에서 기재해두었다.

이 지역의 수리조합 사업에 대해서는 이미 몇 개의 연구가 발표되어 있다.[1] 이 지역은 일본인 대지주에 의해 토지소유가 집중된 지역이었기 때문에, 선행 연구의 주된 관심은 수리조합의 설립주체, 사업에 따르는 수도 (水稻) 생산력의 변화 혹은 그것이 지주·농민경영에 미친 영향이라는 점에 놓여 있다. 수리조합과 주변지역 사이의 물 이용을 둘러싼 대립에 대해서도 주목하고는 있지만,[2] 몇몇 사례의 개별적 소개에 그치고 있고, 개별 사례를 수계 차원의 수리질서 개편 과정 속에 자리매김하는 관점에서 정리되지는 않고 있다.

수계 차원의 수리질서 개편이라는 분석틀에 주목하는 이유는 두 가지다. 하나는 수리조합 설립이 기존 수리질서를 동요시키고, 그것이 새로운 사업을 요청하는 동태적인 과정으로 수리조합사업을 파악할 수 있기 때문이고, 다른 하나는 수리조합 운영과 관련하여 식민지 권력의 조정자로서의 역할이 강화되는 계기가 되었다고 생각되기 때문이다.

기존의 연구에서는 식민지 권력이 관계지역에 고유한 질서를 무시하고 수리조합사업을 강행했다는 관점에 서서, 사업의 추진주체와 반대주체라는 이분법을 축으로 서술되어왔다.[3] 위 두 가지 논점을 통해서 관계지역

---

* 표시를 한 것은 전북농지개량조합 소장자료다. 열람에 편의를 제공받았다. 감사드린다. 자료 수집 때에는 우대형·정승진 두 분의 협력을 받았다. 기록하여 감사드린다.

1) 박명규, 「일제하 수리조합의 설치과정과 그 사회경제적 결과에 대한 연구 ─ 전북지방을 중심으로」, 『성곡논총』 제20호, 1989; 이경란, 「일제하 수리조합과 농장지주제 ─ 옥구·익산지역의 사례」, 『학림』 제12·13합집, 1991; 서승갑, 「일제하 수리조합 구역 내 증수량의 분배와 농민운동 ─ 임익·익옥 수리조합을 중심으로」, 『사학연구』 제41호, 1991 참조. 또 李圭洙, 『近代朝鮮における植民地地主制と農民運動』, 信山社, 1996, 3, 5, 6장에서는, 이 지역의 간척지 농장에 관해 분석하고 있다.

2) 수리조합사업과 기존 수리질서와의 대립이라는 논점에 대해서는, 西條晃, 「一九二〇年代朝鮮における水利組合反對運動」, 『朝鮮史研究會論文集』 第8號, 1971, 이래 몇 개의 연구가 수행되어 왔다. 이애숙, 「일제하 수리조합의 설립과 운영」, 『한국사연구』 50·51 합집, 1985; 松本武祝, 『植民地朝鮮における水利組合事業』, 未來社, 1991; 박수현, 「1920·30년대 수리조합 반대운동의 일양상 ─ 지주·소작농의 연대투쟁을 중심으로」, 『명지사론』 제10호, 1999.

3) 松本武祝, 앞의 책, 22-24쪽 참조.

내부의 이해관계 혹은 식민지 권력과 관계지역의 관계 모두에 대해서 더욱 복잡하고 다의적인 관계성을 찾아낼 수 있을 것이라고 생각한다.

이와 관련하여 윤해동은 '저항과 협력이 교차하는 지점'을 '회색지대'로 명명하여 그 다의성에 주목하고, '친일인가, 저항인가'라는 기존의 이분법적 인 서술을 극복하려 하고 있는데, 이 장의 문제의식과 겹치는 부분이 많다.

또 윤해동은 '회색지대'로 드러나는 '공공영역'에 주목한다. 그때 면협 의회 등 이미 제도화된 영역만이 아니라 '공공영역'이 면민대회 등 '지역민의 자발적인 발의'를 통해 새로 구성되어가는 동태적인 과정에도 주목하고 있 다.[4] 여기서도 제도화된 '공공영역'(수리조합평의회)에 관한 분석과 함께 수리조합과 재래 수리조직 사이에서 '공공영역'이 새로 성립하는 과정 혹은 거기에 식민지 권력이 조정자로 개입하는 과정에 대해서도 분석이 미치게 된다.

1. 초기의 수리조합 설립 과정

1) 만경강 북안지역의 지리적 조건과 재래 수리조직의 분포

만경강 본류(상류지역에서는 고산천)는 유역 연장 98.5km, 유역 면적 1,600만km² 로 한강이나 낙동강 등 한국을 대표하는 대하천에 비하면 규모 가 작지만, 식민지 시기에는 '주요 하천' 가운데 하나로 지정되었다.[5] 상류지 역의 급경사의 계곡지역을 통과한 후 기울기가 급속히 완만해지고, 중하류

---

4) 윤해동, 「식민지 인식의 '회색지대': 일제하 '공공성'과 규율권력」, 『당대비평』 제13호, 2000 참조. 이 논문에는 '공적 영역'과 '공공영역'이 혼용되어 있다. 여기서는 '공공영역'으로 통일했 다.

5) 朝鮮總督府, 『朝鮮土木事業誌(昭和三年度まで)』, 1937, 177쪽 참조.

지역에는 넓은 충적평야(전주평야)가 발달하는 지형상의 특징을 지니고 있다.6)

'한국병합' 직전의 보고에는 "전주평야 수전 약 3만 정보…의 가운데 상류 약 3분의 2는 만경강 또는 그 지류 및 산 주변에서 흘러오는 소하천에 의해 관개되고, 양수에 대해서는 항상 많은 노력을 지출하는 번거로움이 있지만 일찍이 한해를 입는 일은 대단히 희귀하며, 하류의 3분의 1은 만경강 상류 인수(引水) 설비의 혜택을 입을 수 없어 겨우 주변의 산 주변에서 흘러오는 천수(天水)에 의존하는 모양으로 자주 한해의 고역을 치른다"7)고 되어 있다. '하류의 3분의 1'이야말로 식민지 하에서 '근대적' 기술에 의한 수리개발이 실시되는 지역이 된다.

남궁수의 논문에 의하면, 만경강 유역에서 자연촌락이 형성되기 시작한 것은 500~600년 전 상류 산간 계곡지대에 발달한 '지류곡지(支流谷地)'에서였다. 당초에는 밭농사가 중심이었으나 조선 중기 이후에는 제언(堤堰)이나 보(洑) 등 소규모 관개시설 조성에 의해 다랭이논(棚田)에서 논농사가 정착하고 있었다. 예를 들어 비봉계곡의 경우, 가장 오랜 자연촌락의 입향(入鄕) 연도는 약 540년 전, 30~40년 전이 두 개, 나머지 대부분은 250년 이상이라고 한다.8)

한편 충적평야가 시작되는 중류지역에는 200년 이상의 입향 연대 기록을 가지는 자연촌락은 존재하지 않아서,9) 상류지역에 비하면 농지개발이

---

6) 남궁수, 「만경강 유역의 개간과 취락형태에 관한 연구」, 『문화역사지리』 제5호, 1993, 2쪽 참조. 아래에서는 남궁수, 「만경강 유역의 개간과정과 취락형성발달에 관한 연구」, 『한국지역지리학회지』 제3권 제2호, 1997에서 행한 유역 구분을 따라서(42-43쪽), 상류지역(봉동지구보다 상류지역), 중류지역(봉동·삼례지구 및 그 하류지역에서 이리보다 상류지역), 하류지역(이리 및 그 하류지역, 즉 남궁수 논문에서의 하류지역과 하구연안 간석지를 포함한 지역)으로 구분한다.
7) 三浦直次郎, 「全州平野水利調査」, 『韓國中央農會報』 第2卷 第1號 , 1907, 13쪽.
8) 남궁수, 앞의 논문, 11-13쪽 참조.
9) 같은 논문, 18-19쪽 참조.

늦었던 점이 시사된다. 상류지역에 비해 하천수 제어가 곤란했던 점이 그 요인의 하나였음은 말할 나위도 없다. 17세기 후반(현종조)에 '삼례 천방'이 축조되었다는 기록이 남아 있어,[10] 이 시기에 중류지역의 경지개발이 진전 되었음을 엿볼 수 있다.

축조 연대는 명확하지 않지만 19세기 후반에는 1천 정보 이상의 관개면 적을 가진 당시로서도 대규모의 관개시설이 삼례에 존재하고 있었다. 그것 을 소유하고 있던 왕실 외척 민영익(閔泳翊)이 용수료를 징수하고 시설을 관리하고 있었으나, "민영익이 멀리 상해로 가고(1894년의 '고종폐위음모 사건'과 관련하여 상해로 망명한 것을 가리키는 것으로 생각된다—인용자) 부터" 유지관리가 정체되고 있었던 모양이다.[11] 이 시설이 당시의 대규모 취수시설 가운데서 만경강의 가장 하류지역에 위치하고 있었던 것으로 생 각된다.

만경강 하류지역은 한발 상습 지역이었지만, 전통적인 관개시설이 전 혀 없었던 것은 아니다. 한말에 최하류지역이었던 옥구군에는 14개의 제언 이 있었고, 그 중에서 미제(米堤)는 규모가 큰 것이었다. 또 익산군에도 27개 의 제언이 있었는데, 특히 요교제(要橋堤)는 '국중삼호(國中三湖)' 가운데 하나로 꼽힐 정도로 유명한 시설이었다.[12] 한말 국가행정기구의 이완과 더불어 이 제언들의 관리는 불충분했고, 지역 유력자들에 의한 '모경(冒耕; 저수지 안에 경지를 조성하여 경작하는 것)'의 진전과 아울러[13] 저수지로서

---

10) 같은 논문, 18쪽 참조.
11) 「全益水利組合設立認可請願書」(隆熙三年十一月), 全益水利組合, 『重要書類綴』* 참조. 또 이 자료에는 '지금으로부터 육십 년 전'에 민영익이 이 시설을 소유했다고 하고 있으나, 민영익의 생년은 1860년이어서 모순된다. 민영익이 언제 이 시설을 취득했는지는 명확하지 않다.
12) 전북농지개량조합, 『전북농조 70년사』(출판지 불명), 1978, 109쪽.
13) 임옥수리조합 설립 과정에서 요교제 안에 모경지를 '소유'하고 있던 서울 사는 심의갑(沈宜 甲)이라는 사람이 조합에 의한 매수에 대항하여 조선총독부에 '신청서'를 제출하고 있는데, 그 내용 중에는 80여 년 전(즉 1830년 경) 조부(祖父)대에 매수했다고 기록되어 있다(臨沃水

의 능력이 저하되어갔던 것이다.

2) 초기의 수리조합사업

1906년 한국통감부 하에서 「수리조합 조례」가 제정되었는데 이는 이후 1917년 조선총독부에 의해 「조선수리조합령」이 발령되기까지 조선에서의 수리조합사업의 근거가 되었다. 조선에서 처음으로 1908년에 수리조합이 만들어진 이후 1911년까지 4년 동안 7개의 조합이 설립되었는데, 그 가운데 만경강 지역에 입지하고 있는 것이 5개나 되었다.[14] 러일전쟁 이후 일본인에 의한 토지소유 집적이 진행되는 가운데, 이 지역은 조선에서 제일의 집적규모에 이르고 있다. 이와 함께 이 지역이 초기 수리조합사업의 중심지였던 것은 결코 우연은 아니다.

1909년 권업모범장 기사 미우라 나오지로(三浦直次郞)가 전주평야 「수리계획안」을 발표하였고, 그 다음해에는 '일본인 농사경영자 유지'가 그에 근거하여 '전주평야 서쪽지역 절반'의 논 약 1만 정보에 대해 다음과 같은 사업계획안을 세우고 있다.[15] ① 만경강 상류로부터의 자연 유입(2,540정보), ② 요교제의 저수+만경강으로부터의 동계 취수(1,900정보), ③ 양수기에 의한 금강으로부터의 양수(5,500정보). 이후 실제로는 이 가운데 ①, ② 방식이 실시된다.

단, 1908년 조선에서 처음 설립된 옥구서부수리조합은 이 계획과는 독립적으로 그 수원을 앞서 소개한 미제(米堤)와 선제(船堤)에서 구하고 있다. 양 저수지는 한말에는 황폐화되어 저수능력이 저하되어 있었으나,

---

利組合,「明治四十四年土地收用令關係書類」* 수록). 모경이 본격적으로 시작된 시기를 시사하고 있다.

14) 이경란, 앞의 논문, 122쪽 참조.

15) 「全州平野の水利事業」, 『韓國中央農會報』第4卷 第3號, 1909, 42쪽 참조.

수리조합 설립 직전에는 도청 사업에 의해 수축공사가 시행되었고, 또 미제에 대해서는 조합 설립 전년에 '제언계'가 조직되고 있다.[16] 이 사례의 경우에는 기왕의 제도를 형식적으로 수리조합으로 재편성한 색채가 강하다. 1909년에는 전익수리조합 설립 신청이 있었고, 다음해 1910년에 설립되었다. 앞서 말한 바와 같이 삼례면에 민영익이 보와 제방 시설을 소유하고 있었는데, 그것을 조합으로 매수하여 개수를 행하는 것이 주요한 사업이 되었다. 당초의 수익면적은 1,100정보였다.

〈표 7-1〉 만경강 유역 수리조합 일람(1920년까지 설립된 것)

조합명	수익면적(정보)		조합장명 (1915년)	20년 조선인 소유면적(c)	c/b×100 (%)	공사 전 반수(籾)	사업비예산(d)(엔)	d/a (엔/町)
	1915년(a)	1920년(b)						
沃溝西部	327	461	金相熙	325	70.5%	1.6	2,370	7
全益	1,100	1,307	黑田二平	416	31.8%	3.0	15,000	14
臨益	3,021	3,297	藤井寬太郎	826	25.1%	0.8	326,500	108
臨益南部	2,792	5,534	大倉米吉	1,213	21.9%	0.9	245,061	88
臨沃	2,780		宮崎佳太郎			0.4	120,000	43
益沃		8,000*	藤井寬太郎**				2,672,000	***334

자료: 大橋·川端·三輪,『朝鮮産業指針』, 開發社, 1915年, 645~723쪽; 近藤康男,『農業經濟論』, 近藤康男,『農業經濟論』, 時潮社, 1934年, 448~449쪽, 이경란, 앞의 논문, 133쪽, 全北農地改良組合,『全北農組70年史』, 1978年, 282·289쪽.

注: 항목 중 '반수(反收)'란 '단보(300평)당 수확량', 籾은 '벼', *은 계획시의 수치, **는 1920년(설립시) 수치, ***는 d/b

〈표 7-1〉은 이 두 개의 수리조합 및 같은 시기에 설립된 다른 세 개의 수리조합(임익, 임익남부, 임옥)에 관한 일람표다. 앞의 두 개 수리조합은 수익면적이 적고, 단보(段步; 300평)당 공사비도 싸다. 기존 설비를 개선했던 특성을 반영하고 있다고 할 수 있다. 또 공사시공 전의 단보당 수확량을 비교하면, 앞 두 개 수리조합에서 높은 점이 눈에 띈다. 한말 단계에서 전통적인 수리시설의 유무가 그 지역의 수도(水稻) 생산력 수준을 강하게 규정하고

16) 이경란, 앞의 논문, 121, 123쪽 참조.

있었음을 알 수 있다.

그런데 1909년에 신청하여 허가된 임익수리조합은 앞서 말한 미우라 기사가 제출한 안의 제2안을 실천하고 있다. 요교제의 보수·확장공사와 삼례로부터 오는 취수로 설치공사를 거쳐 1911년에 준공되었다. 마찬가지로 1909년에는 그것과 인접한 임익남부수리조합 설립이 신청·인가되었다. 이 수리조합은 미우라 기사안의 제1안에 상당하는 사업이다. 즉 삼례 부근에서 만경강의 하천수를 끌어들이기 위한 용수로를 신규로 정비했다. 1911년에 수익면적 2,384정보로 수리조합 운영이 개시되었다.

미우라 기사의 제안에 의하면, 금강으로부터의 취수를 전제로 하지 않는다면 전주평야 약 1만 정보 가운데 임익·임익남부 두 조합의 수익면적을 제외한 약 5,800정보에 대한 수원은 확보할 수 없다. 실제로는 그 사업은 시행되지 않았고, 1910년에 설립 신청을 하여 1911년에 인가를 얻은 임옥수리조합에서는 만경강의 제한된 잔존 수량을 이용하는 것으로 최하류 지역에 대한 용수공급이 시도되었다. 즉 임익남부수리조합에서 11월부터 다음해 3월에 걸쳐 잉여수를 공급받아서 그것을 조합의 수로에 저수하였다가 2,780정보의 못자리·모내기에 이용하는 것이다.[17]

여기에서 위에서 소개한 5개 조합의 설립 추진주체에 주목해보자. 〈표 7-1〉로 돌아가면, 조선인에 의한 수익지 소유비율이 대단히 높은 옥구서부수리조합만이 조선인을 조합장으로 하는 조합이었다. 그밖의 4개 조합은 모두 일본인(법인·개인)이 압도적인 토지소유 비율을 보이고 있고, 또 전부 일본인이 조합장으로 취임하고 있다. 그들은 모두 저명한 일본인 대지주 혹은 그 대리인이다.[18] 수확량이 적은 토지를 집적한 일본인 대지주의 주도

---

17) 大橋淸三郎·川端源太郎·三輪信一, 『朝鮮産業指針』, 開發社, 1915, 720-721쪽 참조.
18) 각각의 조합장이 소유 내지는 관리하는 농장의 전라북도 내 경지면적(1910년 현재)은 호소카와(細川, 護立)농장(구로다 니혜이[黑田二平]는 농장주임) 901정보, 후지흥업(不二興業, 후지이 칸타로[藤井寛太郎]는 전무) 846정보, 오쿠라(大倉)농장(오쿠라 요네요시[大倉米

아래 진전된 초기 수리조합사업의 특징[19]이 단적으로 드러나 있다.

단, 전익수리조합의 경우, 나머지 세 조합과 비교하여 조선인 소유 비율이 높다. 만경강 하류지역의 수확량이 적은 토지를 목표로 삼은 일본인에 의한 토지집적 움직임이 이 지구에서는 약간 쇠퇴하고 있음을 알 수 있다. 또 인접하는 삼례·봉동지구의 조선인 토지소유 비율은 1940년 단계에서도 50%를 넘고 있다.[20]

3) 초기단계 조합 간의 관계

1911년까지 만경강 중하류의 북안지역에 다섯 개의 수리조합이 집중적으로 입지하였는데, 그 조합 가운데서 신규로 저수능력을 확보한 것은 옥구서부와 임옥수리조합 두 개뿐이었다. 나머지 세 개의 조합은 수원을 만경강에 전면적으로 의존하고 있다. 임옥수리조합도 마찬가지로 수원의 일부를 만경강에 의존하였다.

당시 기술자는 (임익, 임익남부의) "두 조합 사업은 일본의 수리사업과 비교하여 수량이 충분한 계획이라고는 하기 어렵다"고 지적하고 있고, 또 임옥수리조합에 대해서는 공급 가능한 수량이 부족하여 "수리조합으로서는 너무나 불완전한 사업"이라고까지 평가하고 있다.[21] 수익면적에 비해 공급 가능한 수량이 부족한 데 대응하기 위하여 만경강의 물 이용을 둘러싸고 조합 사이에 몇 개의 계약이 성립하였다.

흠는 관리자) 2,413정보, 미야자키(宮崎)농장(미야자키 요시타로[宮崎佳太郞] 소유) 256정보로서, 모두 당시 전북을 대표하는 일본인 대지주였다(이경란, 앞의 논문, 119, 133쪽 및 阿部薫 編, 『朝鮮功勞者銘鑑』, 民衆時論社, 1935, 634쪽 참조).

19) 松本武祝, 앞의 책 참조.

20) 「同意書調印未調印一覽表」, 益沃水利組合, 「昭和十五年度區域變更(新編入ノ分)土地所有者別集計表」*에 수록.

21) 大工原宣之, 「臨沃水利組合」, 內務部第二課, 「臨沃水利組合關係書類」 수록(한국 국가기록원 소장 마이크로필름), 5, 11쪽.

먼저 1909년 11월에 전익수리조합과 임옥수리조합 사이에 '각서'가 교환되었는데, 매년 10월 1일부터 다음해 3월 20일까지 전자는 후자에 대해 '무상으로 영구히 분수(分水)'할 것을 인정하고 있다. 단, 취수구와 요교제 사이의 수로공사 때에는 "연선의 수리와 기득권에 지장을 미치지 않는 범위에서 시행해야 한다"는 규정이 들어가 있다.[22]

또 1910년 6월에는 임익남부수리조합이 임옥수리조합에 대해 「분수 승낙서」를 발행하고 있다. 전자의 사업 완성 후 3년 동안에 걸쳐서 잉여수를 시험적으로 후자에게 지급하고, 그 경험을 바탕으로 지급기간을 확정할 것, 지급의 보상으로 연간 3천 엔을 지불할 것(관개기 외에 통수에 의한 감모[減耗] 보상)이라는 게 그 내용이다.[23]

임익수리조합과 임익남부수리조합 사이에는 1911년 2월 계약서가 교환되었다. 후자의 수익지 일부를 전자에게 편입하고, 후자는 임옥수리조합과 그밖의 것에서 상당한 면적을 편입한다는 것이 주요한 내용이었다. 그때 장래에 전자의 저수량에 확실하게 잉여량이 생기는 경우에는, 후자의 요구에 의해 보상계약에 바탕을 두고 분수할 수 있다는 조항이 추가되어 있다.[24]

또 1913년에는 임익남부수리조합과 전익수리조합 사이에 '계약서'가 교환되고 있다. 전자가 수로를 부설할 때, 후자의 기존 수로를 보전하기 위한 조치를 전자의 비용부담으로 실시할 것을 주요 취지로 하는 조항이 정해졌다. 그밖에 "전익수리조합은… 종래의 관습에 따라 그 관개구역에 갈수(渴水)되는 정도에서 막기 공사를 할 수 있다./ 단, 앞의 막기 공사는 멱서리로 막는 정도로 그치는 것으로 한다"는 조항이 들어 있다.[25]

---

22) 「覺書」, 全益水利組合, 앞의 『重要書類綴』*수록. 또 전익수리조합 측의 계약자는 「犢走項用水路關係者總代黑田二平」으로 되어 있다.
23) 「分手承諾書」, 내무부 제2과, 앞의 「臨沃水利組合關係書類」에 수록. 임옥수리조합 측의 계약자는 「臨陂沃溝兩郡地主總代宮崎佳太郎・島谷八十八」이라고 기록되어 있다.
24) 앞의 『70년사』, 162쪽 참조.
25) 「契約書」, 全益水利組合, 앞의 『重要書類綴』*에 수록.

이상 네 가지 사례에서 두 가지의 특징을 읽을 수 있다. 우선 하나는, 신규 수리시설을 설치할 때에 기득수리권의 보전에 대한 배려가 이루어지고 있다는 점이다. 특히 전익수리조합의 기득권이 상대적으로 가장 강한 권리로 상호 간에 요해되고 있다. 그것은 개발의 역사가 오래라는 점과 취수구가 가장 상류에 있다는 점에 기인하는 것이라고 생각된다. 조선시대에 "하천의 취수는 하류 보의 기득권처럼 간주되었고 그 취수에 지장이 없는 한에서 상류에 보를 신설할 수 있다"[26)는 관행이 성립되었다고 한다. 1904년에 제정된 「수륜원장정(水輪院章程)」 제9조에는 "보상가보(洑上加洑)는 형편(形便)을 양의(量宜)하여 5백보(白步) 이외(以外)로 허준(許准)할 사(事)"라고 규정되어 있어,[27) 그런 관행적 질서가 법제화되어 있었음을 알 수 있다. 상류 우위라는 전통적인 원칙이 식민지 시기 들어서도 그대로 존중되고 있었다고 할 수 있다.

두 번째는, 거꾸로 기득수리권의 잉여수에 한해서는 신규 수리 이용자의 이용권이 확인되고 있다. 즉 기득수리권자가 이용 가능한 수량을 독점해 버리는 것이 아니라, 가능한 한 잉여수를 만들어내서 하류지역에 분배할 의무(혹은 노력 의무)가 강조되고 있다. 앞서 본 임익남부와 전익수리조합 사이의 계약 조항 중에 있는 '멱서리'의 사례로 알 수 있는 것처럼, 전통적으로 하류지역에 잉여수를 분배하기 위한 방법이 존재하고 있었던 것 같다. 그에 덧붙여 이 시기에는 ① 수자원의 효율적인 분배를 통하여 수리개발을 실시하고, 그에 의해 미곡증산을 도모한다는 총독부(통감부)의 개입이 있었던 점, ② 이 지역의 수리조합 설립이 소수의 일본인 대지주에 의해 추진됨으로써 상호이해의 조정·합의 형성이 비교적 쉽게 달성되었던 점 등 두 가지 조건이 새로 추가됨으로써, 잉여수 분배에 관한 관심이 더욱 높아졌다고

---

26) 「水利ニ關スル舊慣」(承前), 『朝鮮總督府月報』 第3卷 第6號, 1913, 22쪽.
27) 이광린, 『이조수리사 연구』, 한국연구도서관, 1961, 165쪽 참조.

생각된다. 단, 이 '합의'가 실질적인 의미를 가지기 위해서는 이후에 물 이용을 둘러싼 지역 사이의 갈등을 헤쳐나가야만 했다.

2. 신규 수원 개발

수리조합 설립에 따르는 수원(水源)공사에도 불구하고, 앞서 본 다이쿠하라(大工原) 기사의 지적처럼 만경강 중하류지역, 특히 임익남부와 임옥의 두 수리조합 수익지구는 만성적인 용수 부족에 빠졌고, 종종 한해 피해를 입기도 했다. "만경강의 수량은 상류지역에 많은 미작지를 가진 관계로 가장 많은 물을 필요로 하는 모내기철인 6월에는 항상 고갈한다"[28]는 구조적인 문제는 만경강 중하류지역에 수리조합을 설치하여 그들 사이에 분수(分水) 계약을 맺어보아도 수원을 하천수에 의존하는 한 해결할 수 없는 과제였다고 할 수 있다.

나아가 1919년 임익남부수리조합 평의회 석상에서 조합장이 "상류 고산천(高山川), 전주천(全州川)의 보가 매년 수리 완비되지 않으면 취수구 상류에 있는 미간지의 개간으로 취수가 더 많아져서 우리 취수구로 오는 수량은 조금씩 감소한다"[29]고 발언하고 있다. 상류지역의 추가적인 물 수요와의 조정이 이루어지지 않아서 임익남부·임옥 두 수리조합의 물 부족은 더욱 심각하게 되고 있었음을 알 수 있다.

앞서 소개한 초기의 수리사업계획에서는 금강에서 물을 끌어오는 해결책이 제시되어 있었으나 실현되지는 않았다. 그 대신에 1920년대 이후 익옥수리조합의 대아(大雅)저수지와 임익수리조합의 이천(夷川)저수지라는

---

28) 藤井寛太郎·山田盛彦, 「全羅北道の部/益沃水利組合」, 『朝鮮農會報』 第20卷 第11號, 1925, 120쪽.
29) 앞의, 『70년사』, 245쪽.

두 개의 대규모 저수지가 고산천에 설치됨으로써 하류지역을 위한 수원개발이 크게 진전되었다.

1) 익옥수리조합 설립 과정

1918년 임옥수리조합의 미야자키 요시타로(宮崎佳太郎) 조합장과 조합 내 대지주인 구마모토 리헤이(熊本利平)와 도리야(鳥谷八十八)는 임익수리조합의 후지이 간타로(藤井寬太郎) 조합장을 방문해, 요교제 저수지를 확장하여 임옥수리조합에 분수하는 사업 실시를 의뢰했다. 그에 대해 후지이는 당시 총독부가 만경강 수해방지공사의 일환으로 조사 중이던 대아저수지 사업을 임옥남부수리조합과 임옥수리조합의 새로운 수원공사로 채택하는 계획을 제안하였다.[30]

후지이의 주도 아래 임익남부수리조합과 임옥수리조합의 합병교섭과 사업계획이 추진되었다. 1920년 합병이 인가되어 익옥수리조합으로 개칭함과 아울러 대아저수지 설치공사를 중심으로 한 사업이 개시되었다. 초대 조합장에는 후지이가 취임하였다(임익수리조합장과 겸임). 〈표 7-1〉에 나타난 바와 같이 익옥수리조합 설립사업은 총액에 관해서도, 그리고 단보당(段步當)으로 보아도 앞 절에서 말한 1910년을 전후한 시기의 사업규모와 비교하여 대단히 큰 규모로 되어 있다. 그것을 가능하게 한 요인으로는 제1차 세계대전기의 쌀값 등귀에 의한 사업비 부담능력의 상승 및 1920년 산미증식계획 개시에 따르는 보조금·융자정책의 확충 등 두 가지를 지적할 수 있다.

---

30) 위의 책, 270쪽 참조(1919년 2월 '임옥수리조합 평의회'에서의 후지이의 발언). 또 만경강 하천보수사업은 1925년에 개시되었는데, 조선에서는 가장 이른 시기에 시작된 사업 중 하나였다(朝鮮總督府, 앞의 『朝鮮土木事業誌』, 263쪽 참조).

기술적으로 이 사업은 아래 두 가지 사실에 특징이 있다고 생각한다. 첫째, 주요 수원인 대아저수지는 첨단 기술진의 설계에 의한 콘크리트·석조의 대규모 아치형 제언이다.[31] 계획상으로는 그 만수량(滿水量) 약 7억 입방척은 연속 20일 정도의 가뭄에 견딜 수 있는 것이었다.[32] 둘째, 대아저수지에서 나오는 물을 일단은 고산천으로 유입시켜서 80m 정도 하류에 있는 어우리 취수구(取水口)로부터 도수거(導水渠; 물을 흘려보내는 배수로를 말함—역자)를 거쳐 옛 임옥남부 수로로 배수하는 방식을 택하고 있다. 이 도수거는 재래의 보를 확장한 것이었다. 이와 아울러 삼례에 있던 구 임익남부수리조합의 취수언을 개량하여 고산천으로 흘러보낸 물을 다시 취수하는 장치를 만들었다.[33]

1910년 전후의 초기 수리조합사업은 기본적으로 재래 시설의 수축(修築)사업이었다. 그에 비해 근대적 토목기술을 구사한 대규모 수원개발이라는 점에서 이 사업은 시기를 구분하는 것이 되었다. 단, 다른 한편 용수로는 자연하천과 재래 용수로에 의존한 것으로 되어 있다. 이처럼 두 가지의 대조적인 기술체계가 병용되고 있는 점이 이 수리조합의 중요한 기술적 특징이라고 할 수 있다.

이러한 두 가지 기술체계의 병용은 결과적으로는 익옥수리조합 지구의 물 부족 상황을 해소하는 데 방해요인이 된다. 우선 전자의 기술과 관련하여 말하면, "공사비의 증대에 대해서는 적극적으로 조합구역을 확장하여 조합비를 경감하기"[34] 위해, 익옥수리조합의 수익면적이 임익·임옥의 두 수리조합의 수익지 합계 5,600정보만이 아니라 개간지 300정보와 미간지(만경

---

31) 藤井寬太郎, 『益沃水利組合之事業』, 1923, 13쪽. 그 설계에는 미국인 기사 피터슨과 도쿄제대의 上野英三郎가 관여하고 있다(같은 책, 28쪽 참조)
32) 앞의, 『70년사』, 285쪽 참조.
33) 藤井寬太郎·山田盛彦, 앞의 논문, 121쪽 참조.
34) 위의 논문, 120쪽.

강 하구 간석지) 2,100정보가 추가됨으로써 합쳐서 8,000정보로 확장되었다. 그에 머물지 않고 1920년 3월의 평의회에서는 '물가등귀의 영향'과 '하류에서의 한발 때의 관개가 대단히 불량'한 것을 이유로 조합장이 수익면적을 9,000정보로 확장할 것을 제안하고 있다.[35] 9,000정보 가운데 7,500정보를 대아저수지에 의존하고,[36] 나머지 1,500정보(간석지)를 위해 간석지 내에 새로 옥구저수지(비관개기에 만경강에서 물을 끌어옴)를 건축한다는 것이 그 사업내용이었다.

이에 대해 사전에 '설계조사위원회'에서 평의원인 구마모토 리헤이가 "간석지는 별도로 수리를 자영하게 해 본 조합과 나누도록 하고, 본 조합은 옛 두 조합구역 및 그 인접지역을 합쳐 약 6,800정보로 사업을 경영하면 안전"하다는 제안을 한다.[37] 원래 구마모토 리헤이는 앞서 말한 바와 같이 후지이에게 사업을 의뢰했던 인물 중 하나인데, 그는 사업비(=조합비) 증대와 간석지 경영의 위험부담에 대한 배려 때문에 신중한 태도를 취한 것으로 보인다.

조합장인 후지이는 후지흥업의 전무로서, 이 지역의 광대한 간석지에 대한 간척경영 계획을 맡고 있었다. 위의 확장은 후지이가 주도한 사업이었다고 할 수 있다. 간척지 경영의 위험부담에 대해서는 후지이와 평의원·유지 지주총대 사이에 '각서'를 체결하여 간석지에 관한 조합비 부과의 면제조건을 한정하는 등 조합의 위험부담을 경감시키려는 시도가 이루어지고 있다.[38] 게다가 사업규모 확대가 승인되었다. 추가로 수정된 계획의 사업규모

---

35) 「益沃水利組合評議會會議錄」(1920. 3. 31), 益沃水利組合, 「自大正九年至大正十二年會議錄」* 참조.
36) 당초 계획 시점부터 임익수리조합 지역에서 흘러내려오는 탑천의 말단에 갑문을 설치하여 남는 물을 500정보의 수원으로 재이용할 계획이었다. 대아저수지 이용지역은 처음부터 7,500정보로 상정되어 있었다(위 자료의 조합장 발언 참조).
37) 위 자료의 조합장 발언 참조.
38) 「覺書」, 池上 理事, 「昭和十六年四月參考書」*에 수록. 1920년 4월 20일, 藤井寬太郎과 安井亮·宮崎佳太郎 평의원 및 유지지주총대 鳥谷八十八이 서명하고 있다.

는 544만 여 엔으로 당초 계획의 두 배를 넘고, 단보당 조합비는 당초 안 3.74엔에서 6.4엔으로 늘어나고 있다.[39] 그 후 조합과 후지흥업 사이의 이해대립은 해소되지 않았는데, 1927년에는 평의원이 후지이의 조합장 사임을 요구하는 사태에 이르고 있다.[40]

이어서 용수로를 자연하천과 재래 용수로에 의존했다는 점에 대해서. 익옥수리조합은 어우리 취수구에 관해「신덕리와 구미리 부근 수로확장 시설에 대한 증명서」(1922년 10월 1일)를 발행하여, 그 지역의 "재래답 관개와 배수에 대해 종래와 달리 하지 않을" 것임을 대외적으로 표명하고 있다.[41] 또 "전익수리조합 구역 및 어우리보 이하 삼례에 이르는 본 조합 구역 밖의 관개" 면적을 2,000정보라고 전제한 상태에서, 그 요구량도 포함하여 대아저수지의 사업계획을 설계하고 있다.[42] 그리고 삼례에서의 취수와 관련하여, 익옥수리조합과 전익수리조합은 후자의 도수거를 전자가 일부 사용하기 위한 계약을 체결하고 있다.[43]

조사년도는 명확하지 않지만 봉동면과 삼례면의 경찰서 주재소에 의해 '익옥수리조합 수로 내 구보(舊洑) 관계 일람표'가 작성되어 있다.[44] 이에 의하면 어우리를 취수구로 하는 도수거의 남안·북안에 각기 23개와 11개의 보가 있었고, 그 관개면적은 745정보, 347정보였다. 한 시설당 평균 관개면적은 32정보로 소규모이고, 보의 구조도 석적(石積; 돌을 쌓은 것 – 역자), 항타석적(杭打石積; 말뚝 위에 돌을 쌓은 것 – 역자), 혹은 환목항(丸木杭; 둥근 나무말뚝을 박은 것 – 역자)이라는 재래의 소재와 기술에 의한 것이었다. 34개 시설 가운데 일본인이 대표자인 사례 1건과 대표자가 불명인 2건을

---

39) 위의 숫자는 앞의『70년사』, 290쪽 및 藤井寬太郞·山田盛彦, 앞의 논문, 123쪽에 의함.
40) 이경란, 앞의 논문, 135쪽 참조.
41) 앞의「昭和十六年四月參考書」에 수록.
42) 앞의『70년사』, 281쪽 참조.
43)「契約書」(1921. 10. 1), 앞의「昭和十六年四月參考書」에 수록.
44) 앞의「昭和十六年四月參考書」에 수록.

제외한 모든 사례에서 조선인을 대표자로 하고 있다. 도수거의 양안에 재래 수리조직이 복잡하게 발전하고 있었음을 충분히 알 수 있는 자료다.

이런 기존의 재래 수리시설에 대해서는, 익옥수리조합은 그 기득수리 권을 존중한다는 태도로 대하고 있었음을 확인할 수 있다. 단, 상류지역의 시설에 의해 취수된 관개수가 일단은 도수거 내지 만경강으로 흘러드는 지형적 조건 덕분에 최종적으로 그 반복 이용이 가능하다는 익옥수리조합 나름의 '계산'[45]이 그런 양보를 용이하게 했다고 할 수 있다.

그렇지만 대아저수지 건설에 의한 고산천 수량의 안정화는 상류지역에서의 개답(開畓) 움직임을 더욱 활발하게 했다. 1929년에는 익옥수리조합 스스로가 조사를 해서 삼례 취수구보다 상류지역에서 약 210정보의 개답지를 발견하였다.[46] 또 같은 시기에 수행된 것으로 보이는 다른 조사에서는, 이에 더해 다시 300정보가 개답될 가능성이 있어 '사업수행상 커다란 장해'가 우려되고 있다.[47]

결과적으로 이 문제는 익옥수리조합을 비롯한 네 조합의 합병 및 봉동·삼례지구의 편입, 즉 전북수리조합 성립의 중요한 계기가 되고 있다. 또 대아저수지에서 삼례취수구에 이르는 고산천 유역 및 어우보에서 삼례에 이르는 도수거 연변에 분포하는 재래 수리조직이 가진 기득수리권과 그 하류지역에 위치하는 수리조합 수리권의 권리조정 문제를 당시에 빈번하게 사용되던 표현을 사용해 이하부터는 '삼례 이동(參禮 以東)' 문제로 표기하고자 한다.

---

45) 藤井寬太郞·山田盛彦, 앞의 논문, 121-122쪽 참조.
46) 「參禮以東開畓地調査表」, 앞의 「昭和十六年四月參考書」에 수록.
47) 「參禮以東開畓地增加ニ依ル區域內ノ影響」, 같은 자료에 수록.

2) 익옥·임옥수리조합 사이의 분수 문제

그런데 1933년에 착수된 임옥수리조합 확장공사에 의해 이 '삼례 이동' 문제는 더욱 복잡하게 변해갔다. 임익수리조합은 저수량에서 대아저수지를 능가하는 어스록 댐(earth-rock dam; 흙과 돌로 채운 댐 — 역자)인 이천저수지(夷川貯水池, 저수량 8억 3천 입방척)를 고산천 상류지역에 건설하고, 옛 수원이었던 요교제를 간척하여 수익지를 확장했다(1937년 완공). 임익수리조합의 수익면적은 4,840정보로 증가했다.[48]

이천저수지에서 방류되는 물은 일단 고산천을 흘러내린 후에 익옥수리조합의 어우보(於牛洑)에서 취수되어 도수거를 경유하여 임익수리조합의 수익지로 공급되었다. 이런 기술적인 선택으로 임익수리조합도 익옥수리조합과 함께 '삼례 이동' 문제에 직면하게 되는데, 이에 대해서는 다음 절에서 다시 분석하기로 한다.

임익수리조합은 우선은 익옥수리조합과의 사이에서 분수를 둘러싼 조정 문제를 해결해야만 했다. 확장공사를 하기 전인 기득수리권년에 임익수리조합은 익옥수리조합에 대해 「도수거 공용에 관한 계약서」 초안을 제시하고 있다.[49] 도수거 확장과 분수문 설치 등의 공사비를 임익수리조합이 전액 부담하고, 분수문에서의 임익수리조합 측의 분수량을 이천저수지 방류량의 80%로 한다(20%를 감손분으로 간주한다)는 것이 그 골자였다. 이후에 두 수리조합 사이의 분수 문제가 각기 평의회의 현안이 된다.

1936년 6월 익옥수리조합 평의회에 「용수의 공용관리에 관한 건」이 자문되어 결정되었다. "두 조합의 저수지와 그밖의 관개용수 전부를 공동관리하되 그 실시를 도에 일임하는 것으로 한다"는 것이 주요 취지였다. "두

---

48) 앞의 『70년사』, 142쪽 참조.
49) 앞의 「昭和十六年四月參考書」에 수록.

조합의 분수 및 탑천(塔川)의 잉여수 이용 문제는 자못 복잡하여 이해가 일치하지 않고… 이에 계약조건에 구애되지 않는다…"는 이유가 설명되어 있다.[50] 앞의 '계약서' 안에 의거하지 않고 도에 관리를 일임한다는 큰 폭의 방침전환이 결단되었던 것이다.[51] 또 이 건에 관한 양측의 합의문서는 확인되지 않고 있지만, 이후 1939년에 이르기까지 매년 익옥수리조합평의회에 같은 안건이 자문되고 결정되었던 것은 확인된다.[52]

그런데 이 두 수리조합에서는 일본인 대지주에 의한 토지집적이 진행되고 있었고, 두 수리조합에 동시에 토지를 소유하는 대지주도 많았다. 두 수리조합의 조합장을 겸임했던 후지이 간타로(후지흥업)가 그 대표적인 존재였다.[53] 이밖에도 1932년에 개선된 익옥수리조합 평의원 20명(그 중 조선인 2명)과 1932년에 개선된 임익수리조합 평의원 12명(그 중 조선인 2명) 가운데 7명(모두 일본인)은 양쪽을 겸임하고 있었고, 그 중에서도 동양척식(익옥 611정보, 임익 133정보), 미야자키 야스이치(宮崎保一, 356정보, 116정보), 시마다니(島谷)산업(686정보, 70정보)의 3자는 두 수리조합에 각기 50정보 이상을 소유하고 있었다.[54]

두 수리조합 사이의 분수 문제 해결에서는 위와 같은 토지소유 상황이 양자 간 합의 형성을 용이하게 하는 조건이 되었을 것이다. 그럼에도 양자 간 자주적인 조정에 의하지 않고, '도에 일임'하는 해결책이 채택된 것은

---

50) 益沃水利組合,「自昭和十年重要書類」*에 수록. '탑천의 잉여수'에 대해서는 36번 각주 참조.
51) 임익수리조합의 주장인 '방수량의 8할'에 대해 익옥수리조합은 '어우리에 도착하는 물의 8할'을 주장하여 합의에 도달하지 못했던 모양이다. 「第五十三回益沃水利組合評議會會議錄」(앞의「自昭和十年重要書類」에 수록)의 森菊五郎 평의원의 발언 참조.
52) 益沃水利組合,「昭和十二年會議錄」* 및 益沃水利組合,「自昭和十二年至十四年評議會諮問案」* 참조(諮問第375, 409, 429號).
53) 1940년 후지흥업이 익옥·임익수리조합에서 소유한 토지면적은 각기 1,121정보, 769정보였다(益沃水利組合,「益沃臨益全益沃溝西部合併(昭和十五年度實施)同意書五ノ二」* 및 臨益水利組合,「昭和十五年度合併同意書」* 참조.
54) 臨沃水利組合,「自第六次大正八年至第九次昭和六年評議員選任關係」* 및 益沃水利組合,「評議員名簿」* 참조.

무슨 까닭일까?

이 논점을 생각하는 소재로서 아래와 같은 사례를 들어보고자 한다. 익옥수리조합이 삼례에 취수를 하기 위한 고정된 제언(堤堰)을 설치함으로써 그 하류지역 양안에서 음료수를 취수하는 것이 곤란하게 되어버리자, 1920년대 전반에 그 지역 주민과 격렬한 대립이 벌어진 적이 있다. 이 문제는 '수리조합반대운동'의 사례로 이전 연구에서도 언급되어왔다.[55]

만경강 남안의 관계지역인 백구면의 김연식(金演植) 면장은 1922년 5월 익옥수리조합장에 대한 제안 가운데서, "각리 대표자 10여 명이 그 장소에 쇄도하여… 주민이 취해야 할 방책을 지도해달라는 비분에 찬 청원"을 받고서 24개소의 우물 설치안을 작성했던 사실, 게다가 "만약 조건을 이행하지 않은 결과 피해지역 주민들이 불온행위를 할 경우 귀 조합은 그 책임을 부담할 자라고 인정한다"고 말하고 있다. 그 직후 조합서기가 출장을 가서 24개소가 아니라 14개소에서 타협이 모색되었다. 또 다른 출장자는 이 삭감안에 대해 "사태가 심각하게 분규하는 것을 잠시 위무하여 무리하게 착정(鑿井) 예정지를 정한 것"이고, 이 안이 받아들여지지 않을 경우에 "면장은… 입장 없이… 부락민의 자유행동에 맡겨 수수방관하는 수밖에 없는 궁지"에 놓여 있고 보고하고 있다.[56] 결과적으로 그 후에도 이 문제는 해결되지 않았던 모양인데, 1924년에는 농구(農具)를 지닌 다수의 농민이 시위행동을 하였다.[57]

백구면장은 지역 주민의 행동을 자신의 전술 범위 내에서 제어 가능한 상태로 유지할 수 있는지 없는지를 나누는 경계가 존재한다는 감각을 전제

55) 박명규, 앞의 논문, 205쪽; 이경란, 앞의 논문, 131쪽; 서승갑, 앞의 논문, 183-184쪽 참조.
56) 「萬頃江沿岸各里飮用水其他被害ニ關スル件」(白鷗面長より益沃水利組合長宛), 「萬頃江右岸鑿井個所選定ニ關スル出張復命書」(書記高山峰雄) 및 「復書」(雇員平原勤藏), 「益沃水利組合」, 「重要書類(諸契約)」* 에 수록.
57) 55번 각주와 동일.

로, 지역 이해의 대표(변)자로서 익옥수리조합과 협의에 나서고 있었다고 할 수 있다.[58] 원만하게 해결되지는 않았을지라도 이런 감각 자체는 익옥수리조합 측의 교섭당사자에게도 공유되고 있었다고 할 수 있다. 그리고 임옥·익옥 양 수리조합의 조합장이나 평의원으로서 분수를 둘러싼 양자 간 협의에 나서고 있던 일본인 대지주의 머릿속에도 이런 감각이 부상하고 있었던 것은 아닐까 생각하고 있다.[59]

용수확보가 생활과 생업을 위해 불가결한 조건이고, 또 구관 존중이라는 규범이 지역사회에 공유되고 있었으므로, 물 이용질서를 개편하려는 시도는 종종 격렬한 대규모 저항을 낳았다. 지역이해의 대표(변)자(를 자칭)하는 수리조합 평의원에게는 자신에 의한 수습능력을 초과해버리는 사태가 발생하는 것을 회피하려는 심리가 작용한다.

이런 심리야말로 임옥·익옥 양 수리조합의 경영자가 '도에 일임'하는 방법을 택하게 된 계기가 되었을 것으로 생각된다. 물론 이런 방법만으로는 제어 불가능한 사태가 발생하는 것을 완전하게 막을 수는 없었을 것이다. 그렇지만 이해관계자가 아닌 '제3자'에 의해 그것도 '전문기술자'의 '과학적'인 방법에 의해 분수를 실시함으로써, 당사자들의 협의에 의한 분배와 비교해서 용수이용자인 지역 농민에 대한 '형평성'이 실현되기 쉬울 것이라는 판단이 내려졌을 것으로 생각된다.[60]

---

58) 모두에서 소개한 윤해동의 용어를 사용하면, 이해 대표(변)자는 '회색지대'의 안과 밖을 나누는 감각을 가지면서 '공공영역'에 참여했다고 바꿔 쓸 수 있을 것이다.

59) 1932년 3월 평의회에서 나온 "임옥에게만 보내고 익옥에게는 전혀 보내지 않을 수 있다고 생각되지만, 그럴 경우 물 분쟁 등의 일이 우려됩니다"(坂井信藏 평의원)라는 발언에서 그런 인식을 알아챌 수 있다(「益沃水利組合第四十二回評議會會議錄」, 益沃水利組合, 「自昭和六年至同八年會議錄」*에 수록).

60) 같은 1932년 3월, 평의회에서 임석한 도 산업기사는 "도의 기술원에게 일임하여… 공평하게 물을 분배하도록 하는 것이 좋다"고 발언하고 있다(59번 각주와 같은 자료에서 인용).

〈그림 7-2〉 지구별 수도(水稻) 단보당 수확량 추이

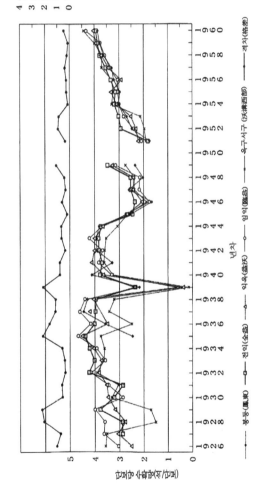

자료: 池上 理事, 「昭和十六年四月 參考書」, 「朝鮮總督府, 「朝鮮土地改良事業要覽」, 다년도, 「全北農地開發事業要覽」, 「朝鮮農地開發營團, 「全北農地開發事業實施計劃書」, 全北水利組合, 「一九四六年度收量調查關係」, 「業務參考」, 全北水利組合, 「四二九三年度事業務課事務計劃表」*에서 작성
주: 수량격차(우측)는 금년 최고 단보당 수확량과 최저 단보당 수확량의 차이

3. 수리조합 4곳의 합병 과정 – 행정의 개입

1) 물 수급 추이

〈그림 7-2〉에 4개 수리조합의 수익지구 및 봉동지역의 수도 단보당(段步當) 수확량의 추이를 나타냈다. 옥구서부지구는 변동이 격심하고 단보당 수확량도 정체적이다. 그밖의 3개 수리조합지구(전익, 임옥, 익옥)에 주목하면, 우선 앞서 말한 바와 같이 1910년 시점에서는 이 3개 지구 가운데서 전익수리조합지구의 단보당 수확량이 돌출적으로 높은 수준이었으나, 1920년대 중엽에는 다른 2개 지구의 단보당 수확량이 전익지구의 그것을 오히려 능가하는 수준에 도달하고 있음을 확인할 수 있다. 1910년대 이전에는 재래 수리조직의 공백지역이었고, 1910년대에 들어서도 소위 만경강의 '잉여수' 이용지구로서 어쩔 수 없이 불안정한 수도 생산을 해야 했던 후자 2개 지역의 수도 생산력이 1920년대 전반의 익옥수리조합 설립사업을 계기로 급속하게 늘어났다고 할 수 있다.

그리고 1920년대 후반부터 1930년대에 걸쳐서, 이 3개 수리조합 구역의 수도 단보당 수확량은 거의 순조롭게 신장되고 있다. 1930년 조선의 28개 수리조합에서 투입된 금비(金肥)는 단보당 평균 5.1엔이었음에 비해, 임익·익옥수리조합 지구에서는 각각 7.1엔, 6.5엔이었다. 또 1940년에는 조선 131개 수리조합의 단보당 평균 금비 투입량은 5.9엔이었음에 비해, 각각 10.0엔과 9.0엔이었다.[61] 금비 투입량이 상대적으로 높은 수준이었던 수리조합 수익지 가운데서도 이 지역의 투입량은 발군의 수준이었음을 알 수 있다. 금비 투입량의 증대 역시 이 지역 수도의 단보당 수확량의 급속한 증대

---

61) 이상의 수치는 朝鮮殖産助成財團, 『水利組合と肥料の配給』, 1931, 7쪽; 藤田强, 「水利組合蒙利地區の小作慣行」, 『殖銀調査月報』 第32號, 13, 20쪽 참조.

를 초래한 하나의 요인이었다고 할 수 있다.

단, 용수 수급이라는 논점으로 돌아가면, 1920~1930년대의 수리개발을 거친 후에도 이 지역의 용수부족 상황이 해소되지는 않았다. 예를 들어 1935년 7월 익옥수리조합 평의회에서는 마쓰야마 기미타다(松山公忠) 평의원이 "동력으로 물을 공급하는 것은… 물이 적을 때는 배급의 균점에 대단히 불공평"하다는 발언을 하였다.[62] 용수부족이 일본인 대지주에 의한 양수기 이용을 재촉하고, 그것이 주변지구의 물 부족을 더욱 심각하게 하는 악순환이 되풀이되고 있었음을 알 수 있다. 익옥수리조합 내부의 구조적인 용수부족 상황이 분수를 둘러싼 임익수리조합과의 타협을 곤란하게 하고 있었다고 할 수 있다. 이런 상황이었음에도 불구하고 임익수리조합은 이천저수지 축조를 수용하고, 요교제 간척공사를 실시하고 있다(1937년 공사 완료). 이천저수지 공사비를 상환하기 위해서는 수익면적 확장이 전제가 되어 있었던 것이다.

다른 한편, 군산과 전주의 공업용수 수요, 양 수리조합의 한발 대책, 주변지구의 수익지 편입을 목적으로 총독부와 도에 의해 구이면에 저수지를 축조할 계획이 수립된다.[63] 사업비 상환을 위한 수익지 확장이 물 부족을 낳고, 그것이 다른 사업을 요청하는 순환을 여기서도 확인할 수 있다.

1939년의 한발은 만경강 중하류지역의 물 부족 구조를 일거에 드러내게 되었다. 그리고 그 구체적인 발현의 하나로, "한발 때는 더 상류의 무상지구, 즉 삼례 이동과 전익수리조합지구 등에 무제한으로 이용되어 이들을 통제하는 것은 지난"하다는 지역 간 대립 문제를 발생시켰다.

결과적으로 〈그림 7-2〉에서 나타나듯이, 1939년의 수도 생산은 임익·

---

62) 「第五十回益沃水利組合評議會會議錄」(1935.7.20), 益沃水利組合, 「自昭和九年至同十一年會議錄」*에 수록.
63) 「第五十六回益沃水利組合評議會會議錄」(1937.5.20), 益沃水利組合, 「昭和十二年會議錄」*에 수록, 참조. 결과적으로는 실현되지 않았다.

익옥·옥구서부 수리조합지구에서는 괴멸적인 수준으로 떨어진 데 비해, 전익수리조합과 봉동·삼례지구에서는 예년에 비해서는 낮은 수준이지만 앞의 지역과 비교하면 예외적으로 높은 수준을 확보하고 있다. 한발은 기득수리권을 가진 봉동·삼례지구 및 전익수리조합지구의 두 지구와 하류지역 3개 수리조합 사이의 이해조정이라는 과제를 급부상시키는 계기가 되었던 것이다.

2) 전북수리조합 성립 과정

1941년 4월 기존의 4개 조합이 합병하여 수익면적이 1만 8,500정보에 달하는 전북수리조합이 설립되었다.[64] 이에 앞서 1940년 7월 익옥수리조합 평의회에서 봉동·삼례지구 편입방침이 결정되고 있다.[65] 그 직전인 1940년 11월 현재의 합병(봉동·삼례지구는 편입)에 대한 지구 내 토지소유자의 동의 비율(각기 인원수 비·면적 비)은 임익(97%, 94%)과 익옥(85%, 92%)이 높은 수치를 보이는 데 비해, 특히 봉동·삼례지구(21%, 15%)의 합의 형성이 저조하다.[66] 전익(61%, 75%)은 후자만큼 저조하지는 않지만, 전자만한 동의 비율에는 도달하지 못하고 있다.[67]

이 합병사업에서는 ① 익옥수리조합으로 편입되는 데 대한 기득수리권을 확보해온 봉동·삼례지구 토지소유자의 동의, ② 마찬가지로 하류의 수리조합에 대해 우선적인 수리권을 가지는 전익수리조합의 합병에 대한 합의가 중요한 요건이었음을 알 수 있다. 구체적으로 앞 절에서의 지적과 관련하

---

64)「昭和十四年旱害調査表」, 灌排係, 「業務參考」*에 수록.

65) 앞의『70년사』, 718쪽 참조.

66) 그후의 집계(1940년의 것이라는 점은 명확하지만, 정확한 날짜는 불명)에서는 합의율이 면적으로 68%, 인원으로 53%에 달했다. 「同意書調印未調印一覽表」, 益沃水利組合, 「昭和十五年度區域變更(新編入ノ分)土地所有者別集計表」*에 수록, 참조.

67) 앞의『70년사』, 337, 718쪽 참조.

여 ③ 익옥·임익 양 수리조합 사이의 도수거 공동이용을 둘러싼 이해 조정도 또한 합병 과정에서 해결해야 할 과제였다고 생각된다(옥구서부수리조합에 관해서는 소규모이고 또 수계로부터 독립해 있으며 사료도 없기 때문에 아래에서는 고찰하지 않는다).

이런 조건을 달성할 수 있게 했던 상황적 계기로는 두 가지 사항을 지적할 수 있다. 하나는 1939년의 한발과 그에 이은 1940년 초봄의 용수부족 상태다.[68] 그리고 다른 하나는 '전북 농공병진책'의 일환으로, 1938년 총독부와 도에 의해 입안되기 시작해서 1939년 12월에 설립인가를 얻은 '금강수력발전소' 사업이다.[69] 이 사업은 금강 상류에 수력발전을 위한 대규모 저수지를 설치하는 것이다. 그때 그 잉여수를 고산천으로 방류함으로써 만경강 좌우 양안 중하류유역의 용수공급의 안정화를 일거에 달성한다는 전망이 수립되었다.

이런 상황 변화와 앞서 말한 세 가지 요건을 달성하는 일 사이의 관련성을 다음에서 분석한다. 단, 이미 제도화된 수리조합이라는 조직을 전제로 합의 형성이 시도되었던 ②, ③의 요건과 그렇지 않은 ①의 요건을 구별하여 분석하려 한다.

먼저 임익수리조합과 익옥수리조합 사이의 이해조정에 대해서.

실은 이미 1937년 3월에 익옥수리조합 평의회는 "속히 합동할 것을 평의회의 의지로 삼고…"라는 내용의 결의를 하는 등[70] 적어도 익옥수리조합 측에서는 임익수리조합과의 합병은 기정 방침이 되어 있었다(임익수리조

---

68) 〈그림 7-2〉에서 알 수 있는 것처럼, 1940년의 단보당 수확량은 1939년 한발 이전의 수준을 확보하고 있다. 7월에 많은 비가 내려 위기를 벗어났는데, 그때까지는 심각한 상태였던 모양이다(「過去三十年間水稻生育期間別雨量表(裡里)」, 全北水利組合, 「四二九三年賦課事務計劃表」*에 수록, 참조).

69) 앞의 『70년사』, 337, 718쪽 참조.

70) 「第五十五回益沃水利組合評議會會議錄」, 앞의 「昭和十二年會議錄」*에 수록(조합장의 발언).

합에 관해서는 자료가 없어서 불명). 그러나 그것이 구체화되는 것은 1939년 이후의 일이다.

특히 1939년 6월에 처음 개최된 임익·익옥 양 수리조합 평의원 간담회가 획기적인 계기가 되었다. 그 자리에서 한발 때의 도수거 배급수 통제 문제에 대한 교섭이 이루어짐과 아울러 금강 수전사업에 대해서는 사업 추진을 목표로 하는「원서(願書)」를 작성하여 양 조합의 평의원이 연명으로 서명하고 있다.[71] 1939년 10월 양 수리조합의 합동평의회에서는 공동예산으로 고문(하시모토[橋本], 총독부 전 수리과장)의 영입을 결정하였고,[72] 또 다음해 3월의 익옥수리조합 평의회에서는 그때까지 도에 위탁되어 있던 분수관리를 양 조합의 공동예산으로 새로 배치한 '임시부 직원'의 임무로 만들 것, 또 '근본적으로 양 조합의 수계를 동일하게' 하는 계획을 추진할 것을 결정하고 있다.[73]

단기적으로는 극심한 가뭄이라는 요인에 의해 임옥·익옥 양 수리조합에서는 양자간 용수배분을 둘러싼 이해대립이 아니라, 오히려 상류지역에 위치하면서 우선적인 수리권을 갖는 봉동지구와 전익수리조합 사이의 문제가 결정적으로 심각한 문제가 되고 있었다. 또한 장기적으로는 총독부와 도에 의해 안정적인 용수공급장치가 제공될 전망이 생김으로써, 양 수리조합 사이의 이해대립은 해소되는 방향으로 진행된다고 이해되고 있었으리라 생각된다.

다음, 전익수리조합의 합의에 대해서.

이미 1933년에 '임익 확장 문제(총독부에 의한—인용자) 허가조건의 하나'[74]라는 관점에서 전익·임익·익옥의 3조합 연합으로 '수리조합연합

---

71)「願書」,「益沃臨益評議員懇談會」(1939. 6. 28), 위 자료에 수록, 참조.
72)「第六十三回益沃水利組合第百十回臨益水利組合合同評議會會議錄」(1939. 10. 10), 위 자료에 수록, 참조.
73)「第六十六回益沃水利組合評議會會議錄」(1940. 3. 23), 위 자료에 수록, 참조.

회'를 설립할 것을 총독부가 제안하고 있다. 단, 전익수리조합은 경비부담이 면제되어 있지만 평의원 수는 다른 두 조합과 동수로 하는 등 우선적인 수리권을 가진 전익수리조합이 제도적으로도 우대되고 있고, 또 "전익 쪽에서는 언제나 필요 이상의 물을 얻고 있다"[75]는 불신감도 있어서 구상단계에 머무르고 있다.

그런데 1939년 6월 도의 분수원(分水員)의 호소로 개최된 전익·임옥·익옥 3조합 경영자 간담회(위에서 기술)에서 "전익수리의 취수가 초속(秒速) 70개 이상에 달하는 것은 양 조합의 가장 고통스런 바이므로 도의 알선에 의해 극력 절수할 것"에 3자의 의견이 일치하고 있다.[76] 그 실적은 확인할 수 없지만―앞에서 인용한 것처럼, 실제로는 "무제한으로 이용되어 이들을 통제하는 것은 지난"하다는 평가가 내려져 있다―어쨌든 전익수리조합이 '절수' 노력에 합의한 점은 중요하다고 생각한다. 또 다음해에 모판의 물이 부족한 상황에서도 익옥수리조합은 "물이 적어서 그다지 좋지 않지만 협조적인 태도로 임하고 있습니다"[77]라는 평가를 내리고 있다.

우선적인 수리권을 확보하고 있었다고 하더라도 초봄의 물 부족이 2년 연속 이어져서 구조적인 물 부족이 현재화한 것은 전익수리조합으로 하여금 금강 수전사업에 대한 참가를 결단하게 하는 충분한 계기가 되었다고 생각한다. 논의 과정은 명확히 알 수 없지만, 1940년 6월 전익수리조합 평의원회의에서 4개 조합 합병으로 나아가는 결의를 한 것은 확인된다.[78]

---

74)「益沃水利組合第四十四回評議會會議錄」, 益沃水利組合,「自昭和六年至同八年會議錄」*에 수록(조합장의 발언).
75) 위의 자료(松山公忠 평의원의 발언).
76) 앞의「昭和十四年旱魃記錄」에서 인용.
77)「益沃水利組合臨益水利組合合同評議員懇談會會議錄」(1940. 5. 6), 앞의「昭和十二年會議錄」*에 수록.
78) 앞의『70년사』, 718쪽 참조.

<표 7-2> 관리들의 익옥(전북)수리조합 평의회 출석 상황(연인원)

	도 직원									기타 관리 등	기타 관리 등의 내역
	서기	技手	技士	技師	屬	소작관	과장	부장	소계		
제41회(32/2)~ 제54회(36/11)	10	0	0	10	0	0	1	0	21	1	토목출장소장(1)
제55회(37/3)~ 제70회(41/3)*	9	1	1	1	0	1	8	1	22	3	총독부이사관(1) 총독부 속(2)
전북 제1회(41/4)~ 제13회(45/5)**	2	2	0	0	3	1	6	2	16	6	총독부이사관(1) 총독부 속(1) 농지영단 부장(1) 고등형사순사(3)

자료: 益沃水利組合,「評議會會議錄」, 全北水利組合,「評議會會議錄」
주: *) 제60회 평의회회의록 기록이 없기 때문에 제외
　*) 제63회 평의회는 임익수조와 합동 평의회였기 때문에 제외
　**) 임시평의회(43/8/19)를 포함

3) 봉동·삼례지구 편입 과정

　〈표 7-2〉에서 나타낸 것은 도와 총독부 관리 등이 1932년부터 1945년까지 익옥(전북)수리조합 평의회에 출석한 상황이다(각 기별 14회씩). 가장 커다란 변화로는 1936년경까지는 도의 기사와 서기 등 실무계통·기술계통 관리의 출석이 중심이었던 데 비해, 그 이후 합병까지 시기에는 기사 대신에 과장(농무과장/토지개량과장)이 거의 매회 출석하게 되었다는 점을 지적할 수 있다. 임옥·익옥 양 수리조합 사이의 배수 문제로 시작되어 전북수리 조합 성립에 이르는 시기의 이해조정이나 합의 형성이라는 국면에서 도와 총독부의 행정기관이 수행한 역할이 컸음을 시시하고 있다.

　이와 관련하여 1936년 6월 오카다 요시히로(岡田義宏) 농무과장이 도의 과장으로는 처음으로 익옥수리조합 평의회에 출석하고 있다. 그때에 오카다는 '삼례 이동' 문제에 대해 "도가 단속하면 효과가 클 것이라고 생각하므로 충분히 노력하겠습니다"라는, 그 이후 사태의 추이로 보아 중대한 발언을 하고 있다.[79] 앞 절에서 다룬 바 있는 두 가지의 이해조정 문제에 대해

행정은 적극적으로 그 역할을 수행했는데, 봉동·삼례지구의 편입 과정에서는 행정의 개입이 결정적인 중요성을 가지게 된다.

　이미 1919년에 임익남부수리조합의 조합장이 "작년 말에 상당한 조치를 관헌에게 신청하였으나 사실상 상류 보의 물 이용을 제한하는 것도 지난"[80]하다는 발언을 하고 있다. 또 1931년 3월 임옥수리조합 평의회에서는 '삼례 이동' 지구를 조합으로 편입하는 안이 제안되었다. 내가 본 입장에서는 이것이 '삼례 이동' 지구의 수리조합 편입에 관한 가장 빠른 제안이다. 단, "가장 곤란한 것은 동의서를 모으는 일인데 이것은 도청의 도움에 의지하지 않을 수 없다"는 결론에 이르고 있다.[81] 모든 사례에서 행정에게 과제 해결을 의존하고 있는 점이 특징적이다. 이 특징은 그 후에도 되풀이되어 나타난다.

　1934년 3월 익옥수리조합 평의회에서 이천저수지 설치에 따르는 도수거 확장과 관련하여 "종래 33개소의 목책을 철폐해버리고 14개소에 제수문(制水門)을 설치하"(이사의 발언)는 안이 제출되고 있다. 그때 이와 관련하여 이 공사로 영향을 받게 되는 봉동지구에서 '전후 3회에 걸친 지주회'가 이미 개최되었던 점, 거기서는 "종래… 자유로이 물을 얻을 권리를 가지고 있었다… 둑을 헐어 수문을 설치하여 물을 일정량 이외로는 하지 않는 것 …은 절대로 반대"라는 강경한 의견이 나왔던 사실이 평의회에서 소개되고 있다. '지주회' 주최자는 알 수 없지만, 이것이 봉동지구에도 토지를 소유하고 있어 '지주회'에 참석했던 평의원 중 한 사람(후지흥업 대리 야마자키 요우스케[山崎要助])의 발언에 지나지 않았다는 점에서 익옥수리조합이 조직적 차원에서 이 '지주회'에 관여하지는 않았다는 점은 확실하다. "도 당국

---

79) 앞의 「第五十三回益沃水利組合評議會會議錄」에서 인용.
80) 앞의 『70년사』 256쪽에서 인용.
81) 「益沃水利組合第三十八回評議會會議錄」(1931. 3. 21), 益沃水利組合, 「自昭和六年至同八年會議錄」*에 수록(조합장의 발언).

도 본 문제 해결에 진력하고 있다"는 발언(야마자키)을 볼 때, 도청의 관여에 의한 것이라고 추정된다.[82]

또 1940년 6월의 임익·익옥 합동평의원 간담회 자리에서 익옥수리조합 이케가미(池上) 이사로부터 얼마 전에 지사·내무부장·토지개량과장이 방문하여 "상류지역 삼례·봉동지구를 위하여 이 비오는 기회에 즉각 방류하라는 명령이 있었다"는 점, "조합 입장에서 온당하지 않"지만 "만경강 북안의 용수통제상 필요하다는 식량국책상의 대승적 견지"에 서서 그 지시를 수용할 것을 결단했다는 취지의 보고가 있었다.[83]

1939년의 한발을 계기로 일본 국내의 미곡수급이 갑자기 핍박을 받게 되고, 1940년에는 조선에서 '증미계획'이 개시된다. '식량국책'이 본격화하는 것은 수리질서에 대한 행정의 개입을 본격화하는 계기가 되었다고 생각된다. 〈표 7-2〉로 돌아가면, 합병이 이루어진 1941년 이후에도 총독부나 도의 직원이 계속해서 평의회에 임석하고 있다. 그 중에서도 특히 경찰(고등형사, 순사)이 임석하게 된 것이 전시기 행정에 의한 개입의 특징을 잘 보여주고 있다.

1940년 7월에는 익옥수리조합 평의회에 봉동·삼례지구 편입을 위한 규약개정이 자문되었다. 이 자리에서 나카무라(中村) 도(道)토지개량과장은 "이 한발의 호시기를 잡아서 동의서를 모아서 촉진하기로 하였다", 혹은 "당 지구 편입에 관한 관계지구협의회 때의 대체적인 조건을 말씀드립니다"라는 발언을 하고 있다.[84] 동의서를 모으는 일이나 '관계지구협의회'의 조직

---

82) 「益沃水利組合第四十七回評議會會議錄」(1934. 3. 21), 앞의 「自昭和六年至同八年會議錄」*에 수록. 또 1935년에 작성된 조합장 인계를 위한 '공사예정표'에는 "분수문(分水門)을 설치하여 통제하고…"라고 되어 있다(앞의 「自昭和十年重要書類」). 이 시점에서는 제수문은 결국 설치되지 않았다고 추정된다.

83) 「益沃臨益水利組合合同評議員懇談會會議錄」(1940. 6. 26), 앞의 「昭和十二年會議錄」*에 수록.

84) 「益沃水利組合六十八回評議會會議錄」(1940. 7. 25), 앞의 「昭和十二年會議錄」*에 수록.

화라는, 편입에 있어서의 중요한 절차가 익옥수리조합이 직접 관여하는 일 없이 모두 도청 주도로 수행되고 있음을 알 수 있다.

또 '관계지구협의회'에 제시하는 '조건'에는 봉동지구의 수전(水電) 부담금은 익옥수리조합 부담금의 반액으로 하고, 급수에 관한 기득권을 존중하며, 봉동지구에서 상당수의 평의원을 내는 등 익옥수리조합에게는 불리한 내용이 포함되어 있었다. 결국 익옥수리조합 평의회는 이것을 양해한다. "이 기회에 지구에 편입해두면 강제권의 발동에 의해 충분히 통제할 수 있다"는 것이 익옥수리조합 측의 전략이었다.[85]

4) 전북수리조합 성립 후의 수리 상황

4개 조합 합병에 앞서 만들어진 「수리조합 합병에 관한 요항」[86]에는 구 조합의 "관개 배수에 대해서는 각 지구의 기득수리권을 존중하고, 당분간 각기 종전의 방법에 따르는 것으로 한다"고 명기되어 있다. 재정 면에서도 항목마다 신 조합의 공동비용 외에, 구 조합의 금액이 계상되어 있었다(기채는 구 조합에서 각기 상환하였다). 합병 후에도 실질적으로는 구 4개 조합연합회로서의 성격을 짙게 남기고 있었다고 할 수 있다.

위 「요항」의 수리권에 관한 규정에 있는 '당분간'이라는 것은 금강 수전의 댐이 완성될 때까지라는 의미를 포함하고 있다. 그러나 결과적으로는 전시 하 자재부족 때문에 이 사업계획은 중지되기에 이르렀다. 전북수리조합에 본격적인 수원이 추가되는 것은 해방 후에 대아저수지 상류에 동상저수지(수익면적 3,425정보)가 완성되기를 기다려야만 했다(1959년 착공,

---

85) 위의 자료에서 인용(조합장의 발언).
86) 「水利組合合併ニ關スル要項」(1940. 10. 10. 諮問第470), 益沃水利組合, 「自昭和十五年至 同十六年評議會諮問案」*에 수록.

1966년 완공),[87]

"임익의 동척이나 우리의 소유지는 말단이어서… 비가 오지 않으면 일대는 불탄 들판" 혹은 "봉동지구에서 상당량을 취수했"기 때문에 "조합으로서도 노력했습니다만 생각하는 만큼 통제가 되지 않았습니다"라는 발언[88]을 보면, 추가적인 수원을 얻지 못한 상태에서 배수를 둘러싼 신 조합 내부의 이해대립이 때때로 발생하고 있었음을 엿볼 수 있다.

여기에서 〈그림 7-2〉로 돌아가면, 1939년 한발 후의 각 지구 수도 단보당 수확량은 1930년대의 정점 시기를 약간 밑돌지만, 1944년까지는 높은 수준을 유지하고 있음을 알 수 있다. 1945년 이후 한국전쟁 직후까지 수도 단보당 수확량은 낮은 수준에 머문다. 1950년대 후반에는 급속히 늘어나서, 1960년에는 1930년대 정점 시기의 수준까지 회복하고 있다. 여기서 흥미로운 것은 지구 간 수도 수준 격차의 동향이다. 1930년대까지는 격차가 많았던 적이 종종 있었지만 합병 후에는 격차가 축소되었으나, 한국전쟁 시기에 약간 격차가 늘어났다가 그 경향은 1950년대로 이어지고 있다.

이상의 변화는 1966년 추가 수원공사를 완공하여 구조적인 용수부족이 완화되기 이전의 일이었다. 이런 변화에 대한 하나의 해석으로 "각 지구의 기득수리권을 존중"한다는 전제에도 불구하고, 그리고 앞서 말한 바와 같이 국지적으로는 물 부족을 해소할 수 없는 지역이 합병 후에도 잔존하고 있었음에도, 장기적으로는 '기득수리권'이 부정되어가는 경향에 있었다는 추정이 성립한다(물론 단보당 수확량 수준을 결정하는 요인은 복잡하므로 과도한 단순화에는 신중해야 한다).

---

87) 앞의 『70년사』, 490-491쪽 참조.
88) 全北水利組合, 「昭和十八年三月三十日第五次評議會會議錄」 및 「昭和十九年十一月十一日第十一次評議會會議錄」, 「自昭和十六年至評議會會議錄」*에 수록(앞은 甲斐三二평의원, 뒤는 조합장의 발언).

맺음말

마지막으로, 남겨두었던 한 가지 논점에 대해 간단히 고찰하는 것으로 써 마무리에 대신하고자 한다. 왜 익옥수리조합은 봉동·삼례지구 편입교섭의 당사자가 되지 않았던 것일까?

한 가지는, 앞서 말한 바와 같이 봉동·삼례지구의 일본인 대지주에 의한 토지집적이 상대적으로 낮은 수준이었으므로, 익옥수리조합의 경영자와 평의원에게는 교섭상대를 찾아내는 것 자체가 곤란했다고 하는 요인을 들 수 있을 것이다. 그렇지만 봉동·삼례지구에서의 50정보 이상의 토지소유자 7명(일본인 3명, 법인 2명, 조선인 2명)에 의한 소유면적은 지구 면적의 38% 에 달하고 있고, 일본인과 법인 5명에 의한 토지소유만으로도 31%에 도달하고 있다. 혹은 익옥수리조합의 평의원이었던 후지흥업과 동척은 봉동지구 내에서도 각기 36정보와 30정보를 소유하고 있다.[89] 익옥수리조합에게는 이런 인물이나 법인을 교섭상대로 할 수는 있고, 또 합의 형성 과정의 단서로 충분히 유효하기도 했다고 생각된다.[90]

그래서 다음으로 주목하고자 하는 것이 단순한 논점이지만, 봉동·삼례 지구가 관행적인 수리권을 아직 침범당하지 않고 보유하고 있었다는 요인이다. 앞에서 익옥수리조합 설립에 따르는 우물 설치를 둘러싼 문제를 소개했다. 그 사례에서는 피해 지역 면장 스스로가 지역 주민의 대표로 익옥수리조합과의 교섭에 적극적으로 관여하고 있다. 익옥수리조합의 취수언(取水

---

89) 앞의 「昭和十五年度區域變更(新編入ノ分)土地所有者別集計表」*의 수치 참조.
90) 단, 위의 자료에 의하면, 지구 내 최대의 토지소유자(218정보)였던 이토 죠베에(伊藤長兵衛) 는 합의하고 있지 않다. 또 이토는 1907년에 '삼례 주변의 미개지 500정보'를 매수하여 이토농 장을 설립하고 있다. 1921년에는 "경작지 500정보의 90%는 천혜적 수리를 활용하여 수전에, 나머지는 밭이나 기타에 대어 안정적인 경영"이 성립했다고 한다(丸紅株式會社社史編纂 室, 『丸紅前史』, 1977, 70-71쪽 참조). 익옥수리조합을 설립하기 전에 재래보를 활용하면서 삼례지구에서 개답(開畓)사업을 추진하고 있었음을 알 수 있다. 이토농장이 익옥수리조합 에 편입되는 것은 불필요한 일이었다고 생각된다.

堰) 공사에 의해 상수원이 단절되어 실제로 피해가 발생했기 때문에, 면장 쪽에서 교섭의 장을 설정하지 않을 수 없었던 것이다. 이와는 대조적으로 봉동지구의 사례에서는 익옥수리조합이 봉동·삼례지구가 우선적으로 수리권을 보유하고 있음을—목책을 없애고 제수문(制水門)으로 개수하려는 시도가 좌절되었던 것에서 상정되는 것처럼—거듭 확인하지 않을 수 없는 상황이었다. 봉동지구 측에게는 익옥수리조합과 직접적으로 교섭해야 할 필요성이 생기지 않았던 것이다.

첫머리에서 언급했던 '공공영역' 논의와 관련하여 마지막으로 약간 부연해두고자 한다. 익옥수리조합에 편입되기 이전 '삼례 이동' 도수거를 이용하던 재래보 이용자 사이에는 수리이용질서에 관한 전통적인 '공공영역'이 성립되어 있었다고 상정할 수 있다. 또한 만경강 유역의 수리조합사업을 둘러싼 새로운 '공공영역'이 출현하였지만, 종전의 헤게모니 관계가 유지되는 한, 이 두 개의 '공공영역' 사이에서 본격적인 교섭이 성사될 계기는 없었다.

그러나 헤게모니 관계가 변하지 않는 것은 아니다. 식민지 권력은 만경강 이용과 관련한 법제도를 독점적으로 장악하고 있었고, 또 수리질서를 광범위하게 물리적으로 개편할 수 있을 만큼의 자원동원력(재정능력, 기술력)을 가지고 있었다. 그 능력이 장기적으로는 식민지 권력으로 하여금 종전의 헤게모니 관계를 개편하여 봉동·삼례지구도 포함한 모든 이해관계자를 행정상의 필요에 따라 이해조정의 장으로 끌어들일 수 있게 했던 것이다.[91]

바꿔 말하면 '회색지대'의 경계가 변하여 새로운 '공공영역'이 출현하는 그 전 단계에서 헤게모니 관계의 개편이 이미 수행되고 있는 것이다.

---

91) 여기서는 수리시설의 물리력이 가진 직접적인 효과에 논의를 한정하지만, 이밖에도 앞서 말한 '과학적 관리'에 의한 배수의 '합리화', 나아가 대규모 댐에 의해 표상되는 '근대성' 등 헤게모니 효과와 관련하여 언급할 수 있는 논점은 다양하다.

다만 새로운 헤게모니가 일거에 관철되는 것은 아니다. 재래보 이용자는 기득권을 근거로 저항함으로써 상당 기간에 걸쳐 발언권을 확보할 수 있었던 것이다.

참고문헌

『朝鮮金融組合調査彙報』

『東亞日報』

阿部薫 編.『朝鮮功労者銘鑑』, 民衆時論社, 一九三五年.

大橋清三郎·川端源太郎·三輪信一.『朝鮮産業指針』, 開発社, 一九一五年.

加藤博史 編.『戦時外国人強制連行関係史料集Ⅲ朝鮮人二中巻』, 明石書店,
　　　　一九九一年.

慶尚北道衛生課.『昭和十二年度慶北衛生の概要』, 一九三八年.

京畿道.『道地方費事業ノ概況』, 一九二九年.

江原道衛生課.『江原道衛生要覧』, 一九三七年.

全北農地改良組合.『全北農組七〇年史』, 一九七八年.

全羅南道.『農山漁村振興事務便覧』, 一九三五年.

全羅北道.『全北之衛生』, 一九三二年.

朝鮮殖産銀行助成財団.『水利組合と小作慣行』, 一九三一年.

朝鮮殖産助成財団.『水利組合と肥料の配給』, 一九三一年.

朝鮮総督府.『朝鮮総督府統計年報』, 各年版.

朝鮮総督府.『大正八年虎列剌病防疫誌』, 一九二〇年.

朝鮮総督府.『朝鮮衛生要覧』, 一九二九年.

朝鮮総督府.『生活状態調査(其三)江陵郡』, 一九三一年.

朝鮮総督府.『朝鮮土木事業誌(昭和三年度迄)』, 一九三七年.

朝鮮総督府.『農山漁村振興功績者名鑑』, 一九三七年.

朝鮮総督府.『朝鮮社会教化要覧』, 一九三八年.

朝鮮総督府.『朝鮮総督府時局対策調査会会議録』, 一九三八年.

朝鮮総督府.『施政三十年史』, 一九四〇年.

朝鮮総督府学務局社会教育課.『朝鮮社会教化要覧』,一九三七年.

朝鮮総督府警察官講習所.『警察教科書』,一九二四年.

朝鮮総督府警務局.『昭和十五年朝鮮警察概要』,一九四一年.

朝鮮総督府内務局社会課.『優良部落事績』,一九三〇年.

朝鮮総督府農林局.『朝鮮農地関係彙報(第一輯)』,一九三九年.

朝鮮総督府農林局.『朝鮮農地年報(第一輯)』,一九四〇年.

朝鮮農村社会衛生調査会 編.『朝鮮の農村衛生』,岩波書店,一九四〇年.

東亜日報社.『東亜日報索引』,一九七七年.

日満農業研究所東京事務局.『朝鮮農村の人口排出機構』,一九四〇年.

漢江農地改良組合.『漢江農組60年史』,漢江農地改良組合,一九八六年.

藤井寛太郎.『益沃水利組合之事業』,一九二三年.

丸紅株式会社社史編纂室.『丸紅前史』,一九七七年.

森田芳夫 編著.『朝鮮に於ける国民総力運動史』,国民総力朝鮮連盟,一九四〇年.

朝鮮総督府農林局.「小作調停事件受理及終局状況」,『朝鮮総督府調査月報』,
　　　第一三巻第四号.

朝鮮総督府農林局.「農村労務調整状況(昭和十六年春季)」,『朝鮮総督府調
　　　査月報』,第一三巻第四号.

野田耕作.「園頭幕閑談/頭と肚と熱と力と」,『朝鮮行政』,一九四〇年 五月号.

藤井寛太郎・山田盛彦.「全羅北道の部/益沃水利組合」,『朝鮮農会報』,第
　　　二〇巻第一一号,一九二五年.

三浦直次郎.「全州平野水利調査」,(『韓国中央農会報』,第二巻第一号,一九
　　　〇七年.

「全州平野の水利事業」,『韓国中央農会報』,第四巻第三号,一九〇九年.

「水利ニ関スル旧慣」,(承前)『朝鮮総督府月報』,第三巻第六号,一九一三年.

「農作物作付方式調査」,(朝鮮総督府殖産局農務課調査) 朝鮮総督府庶務部
　　　調査課.『調査彙報』,第六号,一九二四年.

「農家現況調査書/農家更生五年計画書様式竝記載例」,朝鮮総督府.『農村
　　　更生の指針』,一九三四年所収.

「農山漁村振興運動ノ拡充強化ニ関スル件」, 朝鮮総督府, 『時局対策調査会
　　諮問案参考書』, 一九三八年.
「農業増産及物資の流通に対する農業者の見解に関する調査(中)」, 『朝鮮
　　金融組合連合会調査彙報』, 第二六号, 一九四二年.
「座談会正しい面行政ー大物面長に訊くー」, 『朝鮮行政』, 一九四三年 七月号.
「経済統制事務に関与する公務員及統制経済団体, 町会等の役職員の当該
　　統制事務に関し犯したる犯罪の調査」, 高等法院検事局. 『朝鮮警察
　　要報』, 第六号, 一九四四年 八月.
「労務動員実施計画ニ依ル朝鮮人労務者ノ内地移入ニ関スル件」, 慶尚南道
　　労務課. 『労務関係法令集』, 一九四四年 (樋口雄一 編, 『戦時下朝鮮
　　人労務動員基礎資料集Ⅴ』, 緑蔭書房, 二〇〇〇年.

〈1차 자료〉

旧富平水利組合関係史料(漢江農地改良組合所蔵).
旧全益 · 益沃 · 臨益 · 全北水利組合関係史料(全北農地改良組合所蔵).
内務部第二課, 「臨沃水利組合関係書類」, 所収(韓国国家記録院所蔵).
朝鮮総督府法務課民事係, 「第4回小作官会同諮問答申書」, (韓国国家記録
　　院所蔵), 一九三八年.
「昭和十七年度府尹郡守会議報告書綴」, (韓国国家記録院所蔵), 一九四二年.
朝鮮総督府法務局刑事課, 「経済治安週報」, (韓国国家記録院所蔵), 一九四二年.
朝鮮総督府法務局刑事課, 「昭和十七年現下食糧事情ヲ繞ル治安対策」, (韓
　　国国家記録院所蔵), 一九四二年.

〈연구문헌〉

강내희. 「근대성의 "충격"과 한국 근대성 논의의 문제」, 『문화과학』, 25호,
　　2001.

강내희.「한국의 식민성과 번역의 충격」,『문화과학』, 31호, 2001.

권호준.「1930년대 일제의 조선인 하급행정관료에 대한 정책」, 고려대 사학과 석사논문, 1995.

김인덕.『강제연행사 연구』, 경인문화사, 2002.

김성기·정승진.「창설과정으로 본 일제하 수리조합의 역사적 성격」,『사회과 학연구』, (충남대)13권 2호, 1996.

김성보.『남북한 경제구조의 기원과 전개 북한 농업체제의 형성을 중심으로』, 역사비평사, 2002.

김영근.「일제하 식민지적 근대성의 한 특징―경성에서의 도시 경험을 중심으로―」,『사회와 역사』, 57집, 2000.

김영희.「일제 말기 향촌 유생의 '일기'에 반영된 현실인식과 사회상」,『한국근현대사연구』, 14, 2000.

김영희.『일제시대 농촌통제정책 연구』, 경인문화사, 2003.

김진균·정근식(편).『근대주체와 식민지 규율권력』, 문화과학사, 1997.

김진균·정근식.「식민지체제와 근대적 규율」, 위의 책 수록.

김진균·강이수.「보통학교체제와 학교 규율」, 위의 책 수록.

김진송.『현대성의 형성―서울에 딴스홀을 허하라』, 현실문화연구, 1999.

김혜경.「일제하 자녀양육과 어린이기의 형성:1920-30년대 가족담론을 중심으로」, 김진균·정근식(편) 위의 책 수록.

김홍식.「조선토지조사사업의 역사적 의의」, (김홍식 외『조선토지조사사업의 연구』,『민음사, 1997.

남궁수.「만경강유역의 개간과 취락형태에 관한 연구」,『문화역사지리』, 5호, 1993.

남궁수.「만경강유역의 개간과정과 취락형성발달에 관한 연구」,『한국지역지리 학회지』, 3권 2호, 1997.

박명규.「일제하 수리조합의 설치과정과 그 사회경제적 결과에 대한 연구―전복지방을 중심으로―」,『성곡논총』, '20호, 1989.

박수현.「1920·30년 수리조합반대운동의 일양상― 지주·소작농의 연대투쟁을 중심으로─」,『명지사론』, 10호, 1999.

박찬승.『한국 근대 정치 사상사 연구─민족주의 우파의 실력양성운동론─』, 역사비평사, 1992.

변은진.「일제 전시파시즘기(1937∼1945) 조선민중의 현실인식과 저항」, 고려대 박사논문, 1998.

서승갑.「일제하 수리조합 구역내 增收糧의 분배와 농민운동─臨益·益沃水利組合을 중심으로─」,『사학연구』, 41호, 1991.

신기욱.「식민지조선 연구의 동향─미국 학계의 동향을 중심으로─」,『한국사시민강좌』, 20집, 1997.

신동원.「일제의 보건의료정책 및 한국인의 건강상태에 관한 연구」, 서울대학교 석사학위논문, 1986.

신용하.「'식민지근대화론' 재정립 시도에 대한 비판」,『창작과 비평』, 98호, 1997.

안자코 유카.「총동원체제하 조선인 노동력'강제동원' 정책의 전개」,『한국사학보』, 14호, 2002.

안병직.「한국 근현대사 연구의 새로운 패러다임」,『창작과 비평』, 98호, 1997.

오성철.『식민지 초등 교육의 형성』, 교육과학사, 2000.

유선영.「육체의 근대화: 할리우드 모더니티의 각인」,『문화과학』, 24호, 2000.

윤택림.『인류학자의 과거 여행─한 빨갱이 마을의 역사를 찾아서』, 역사비평사, 2003.

윤해동.「식민지 인식의 '회색지대': 일제하 '공공성'과 규율 권력」,『당대비평』, 13호, 2000.

이광린.『이조수리사 연구』, 한국연구도서관, 1961.

이경란.「일제하 수리조합과 농장지주제─옥구·익산지역의 사례─」,『학림』, 12·13합집호, 1991.

李如星·金世鎔.『数字朝鮮』, 第4輯, 서울, 世光社, 一九三三年.

이송순.「일제말기 전시 농촌통제정책과 조선농촌경제 변화」, 고려대학교 박사논문, 2003.

이애숙.「일제하 수리조합의 설립과 운영」,『한국사연구』, 50·51합집, 1985.

이용기.「1940~50년대 농촌의 마을질서와 국가—경기도 이천의 어느 집성촌 사례를 중심으로—」,『역사문제연구』, 10호, 2003.

이준식.「파시즘기 국제 정세의 변화와 전쟁 인식—중일전쟁기 내선일체론자 들을 중심으로--」, 연세대학교 국학연구원『일제하 지식인의 파시즘 체제 인식과 대응』, (학술회의 발표문), 2004.

이하나.「1910~32년 일제의 조선농촌재편과 "모범부락"」, 연세대학교 석사 논문, 1994.

이헌창.「농촌 재화 시장의 구조와 변동 : 1841~1934」, 안병직·이영훈 편. 『맛질의 농민들』, 일조각, 2001.

전복희.『사회진화론과 국가사상—구한말을 중심으로』, 한울아카데미, 1996.

정승진.『한국근세지역경제사—전라도 영광군의 사례』, 경인문화사, 2003.

주윤전.「조선물산공진회와 식민주의 시선」,『문화과학』, 33호, 2002.

조형근.「식민지체제와 의료적 규율화」, 김진균·정근식(편) 위의 책 수록.

지수걸.「일제의 군국주의 파시즘과 '조선농촌진흥운동'」,『역사비평』, 47호, 1999.

지수걸.「일제하 충남 서산군의 '관료 —유지 지배체제' —『瑞山郡史』, (一九二 七)에 대한 분석을 중심으로—」,『역사문제연구』, 3호, 1999.

지수걸.「구한말—일제초기 유지집단의 형성과 향리」, 연세대학교 국학연구 원 편.『한국근대이행기 중인연구』, 신서원, 1999.

최근식.「일제시대 야학운동의 규모와 성격」, 고려대학교 석사학위 논문, 1992.

최봉대.「1950년대 지방 자치제와 농촌 지역사회의 정치적 지배집단 형성—경 기도 3개군 관내 읍·면지역 사례 연구」,『사회와 역사』, 54집, 1998.

한귀영.「근대적 사회사업'과 권력의 시선」, 김진균·정근식(편) 위의 책

수록.

한긍희. 「일제하 전시체제기 지방행정 강화정책―읍면행정을 중심으로―」, 『국사관논총』, 88집, 2000.

홍종욱. 「중일전쟁기(1937〜1941)조선 사회주의자의 전향과 그 논리」, 『한국사론』, 44집, 2000.

古川宣子. 「일제시대 보통학교체제의 성립」, 서울대학교 박사학위 논문, 1996.

足立泰紀. 「戦時体制下の農政論争―相克する農政ビジョン―」, 野田公夫 編. 『戦後日本の食料・農業・農村第1巻戦時体制期』, 農林統計協会, 二〇〇三年.

嵐嘉一. 「総合考察」, 農林省熱帯農業研究センター 編. 『旧朝鮮における日本の農業試験研究の成果』, 一九七六年.

ルイ・アルチュセール. 「イデオロギーと国家のイデオロギー装置」, (柳内隆 訳). 柳内隆・山本哲士. 『アルチュセールの〈イデオロギー〉論』, 三交社, 一九九三年, 所収.

板垣竜太. 「農村振興運動における官僚制と村落―その文書主義に注目して―」, 『朝鮮学報』, 第一七五輯, 二〇〇〇年.

板垣竜太. 「植民地朝鮮の地域社会における『有志』, の動向―慶北尚州の支配構造の変容と持続―」, 『東アジア近代史』, 第六号, 二〇〇三年.

板垣竜太. 「『新旧』, の間で―日記から見た一九三〇年代農村生年の消費行動と社会認識」, 『韓国朝鮮の文化と社会』, 第二号, 二〇〇三年.

林志弦. 「朝鮮半島の民族主義と権力の言説―比較史的問題提起―」, (板垣竜太訳)『現代思想』, 第二八巻第六号, 二〇〇〇年.

林鍾国. 『親日派―李朝末から今日に至る売国売族者たちの正体』, 御茶の水書房(コリア研究所訳), 一九九二年.

印貞植. 『朝鮮の農業機構分析』, 白揚社, 一九三七年.

印貞植. 『朝鮮の農業機構(増補版)』, 白揚社, 一九四〇年.

印貞植.『朝鮮の農業地帯』, 生活社, 一九四〇年.

印貞植.『朝鮮農業再編成の研究』, 人文社, 一九四三年.

印貞植.『朝鮮農村雜記』, 東都書籍, 一九四三年.

大門正克.『民衆の教育経験―農村と都市の子ども』, 青木書店, 二〇〇〇年.

小倉利丸・崎山政毅・米谷匡史・栗原幸夫.「［座談会］総力戦と抵抗の可能
　　　性」,『レヴィジオン』, 第二輯, 一九九九年.

呉成哲.「植民地朝鮮の普通学校における職業教育」,『植民地教育史研究年
　　　報』, 第三号, 二〇〇〇年.

小野芳朗.『〈清潔〉の近代』, 講談社, 一九九七年.

小野寺二郎.『朝鮮の農業計画と農産拡充問題』, 東都書籍, 一九四三年.

河かおる.「書評：金晋均・鄭根埴 編著『近代主体と植民地規律権力』」,（朝
　　　鮮史研究会九月例会報告レジュメ）, 二〇〇〇年.

小早川九郎.『朝鮮農業発達史政策編』, 友邦協会, 一九五九年.

金翼漢.「植民地期朝鮮における地方支配体制の構築過程と農村社会変動」,
　　　東京大学大学院博士論文, 一九九六年.

キム・ウンシル.「民族言説と女性―文化, 権力, 主体に関する批判的読み方
　　　のために―」,『思想』, 第九一四号, 二〇〇〇年.

西條晃.「一九二〇年代朝鮮における水利組合反対運動」,『朝鮮史研究会論
　　　文集』, 第八集, 一九七一年.

鈴木栄太郎.『朝鮮農村社会の研究(鈴木栄太郎著作集Ⅴ) 一九七三年, 未来社.

善生永助.『朝鮮の聚落』, 中篇, 一九三三年.

高橋昇.「朝鮮主要農産物の作付方式と土地利用」, 高橋昇著/飯沼二郎・高橋
　　　甲四郎・宮嶋博史 編『朝鮮半島の農法と農民』, 未来社, 一九九八年.

武田総七郎.『実験麦作新説』, 明文堂, 一九二九年.

張矢遠.「富平水利組合の財政構造」, 宮嶋博史・松本武祝・李栄薫・張矢
　　　遠.『近代朝鮮水利組合の研究』, 日本評論社, 一九九二年.

張矢遠・松本武祝・宮嶋博史.「類型別に見た水利組合の創設過程」, 同右
　　　書所収.

崔真碩.「朴致祐における暴力の予感—『東亜協同体論の一省察』,を中心に」,
　　　『現代思想』,第三一巻第三号,二〇〇三年.

趙寛子.「植民地帝国日本と『東亜協同体』,—自己防衛的な思想連鎖の中で
　　　『世界史』,を問う」,『朝鮮史研究会論文集』,第四一集,二〇〇三年.

趙景達.『異端の民衆反乱—東学と甲午農民戦争』,岩波書店,一九九八年.

趙景達.『朝鮮民衆運動の展開—士の論理と救済思想—』,岩波書店,二〇〇
　　　二年.

東畑精一.『日本農業の展開過程』,(昭和前期農政経済名著集三) 農山漁村文
　　　化協会,一九七八年.

富田晶子.「農村振興運動下の中堅人物の養成—準戦時体制期を中心に」,
　　　『朝鮮史研究会論文集』,第一八集,一九八一年.

中野敏男.『大塚久雄と丸山真男—動員,主体,戦争責任』,青土社,二〇〇一年.

永井威三郎・高崎達蔵.「農村部落及農家経営状態に関する調査(其一京畿
　　　道南部に於ける二三の部落)」,『朝鮮総督府農事試験場彙報』,第七
　　　巻第三号,一九三四年.

並木真人.「植民地期朝鮮人の政治参加について—解放後史との関連にお
　　　いて—」,『朝鮮史研究会論文集』,第三一号,一九九三年.

並木真人.「植民地期朝鮮政治・社会史研究に関する試論」,『朝鮮文化研究』,
　　　第六号,一九九九年.

並木真人.「書評：Gi-Wook Shin and Michael Robinson eds., Colonial
　　　Modernity in Korea. Cambridge(Mass) and London: Harvard
　　　University Asia Center, 1999」,『アジア経済』,第四二巻第九号,二〇
　　　〇一年.

並木真人.「朝鮮における『植民地近代性』・『植民地公共性』・対日協力—
　　　植民地政治史・社会史研究のための予備的考察」,『国際交流研究』,
　　　第五号,二〇〇三年.

橋谷弘.「一九三〇・四〇年代の朝鮮社会の性格をめぐって」,『朝鮮史研究
　　　会論文集』,第二七集,一九九〇年.

林えいだい. 「解説」, 林えいだい. 『戦時外国人強制連行関係史料集II朝鮮人一上巻』, 明石書店, 一九九一年.

樋口雄一. 『戦時下朝鮮の農民生活誌一九三九〜一九四五』, 社会評論社, 一九九八年.

久間健一. 「農業に於ける指導精神の展開」, 『朝鮮行政』, 一九三九年 二月号.

久間健一. 「農業に於ける指導精神の展開(中)『朝鮮行政』, 一九三九年 三月号.

玄永燮. 『朝鮮人の進むべき道』, 緑旗連盟, 一九三八年.

広瀬貞三. 「植民地期の治水事業と朝鮮社会」, 『朝鮮史研究会論文集』, 第三七集, 一九九九年.

ミシェル・フーコー. 『監獄の誕生―監視と処罰―』, (田村俶訳), 新潮社, 一九七七年.

文定昌. 『朝鮮の市場』, 日本評論社, 一九四一年.

堀和生. 「日本帝国主義の植民地支配史試論―朝鮮における本源的蓄積の一側面―」, 『日本史研究』, 第二八一号, 一九八六年.

堀和生・安秉直. 「植民地朝鮮工業化の歴史的諸条件とその性格」, 中村哲・安秉直 編, 『近代朝鮮工業化の研究』, 日本評論社, 一九九三年, 所収.

松本武祝. 『植民地期朝鮮の水利組合事業』, 未来社, 一九九一年.

松本武祝. 「一九三〇年代朝鮮における農村振興運動」, 『商経論叢』, 第三二巻第三号, 一九九六年.

松本武祝. 『植民地権力と朝鮮農民』, 社会評論社, 一九九八年.

松本武祝. 「植民地期朝鮮農村における衛生・医療事業の展開―『植民地的近代性』に関する試論―」, 『商経論叢』, 第三四巻第四号, 一九九九年.

松本武祝. 「水利事業をめぐる『公共性』の位相―植民地期朝鮮・富平水利組合の事例分析―」, 『農業史研究』, 第三四号, 二〇〇〇年.

松本武祝. 「"朝鮮における『植民地的近代』"に関する近年の研究動向―論点の整理と再構成の試み―」, 『アジア経済』, 第四三巻第九号, 二〇〇二年.

宮嶋博史・松本武祝・李栄薫・張矢遠. 『近代朝鮮水利組合の研究』, 日本評論社, 一九九二年.

宮嶋博史.「富平水利組合の職員構成」, 同右書所収

宮田節子.『朝鮮民衆と「皇民化」政策』, 未来社, 一九八五年.

山之内靖.『システム社会の現代的位相』, 岩波書店, 一九九六年.

山之内靖.『日本の社会科学とヴェーバー体験』, 筑摩書房, 一九九九年.

李圭洙.『近代朝鮮における植民地地主制と農民運動』, 信山社, 一九九六年.

米谷匡史.「戦時期日本の社会思想—現代化と戦時変革」,『思想』, 第八八二号,
一九九七年.

Bhabha, Homi. K. . "Of Mimicry and Man: The Ambivalence of Colonial
Discourse" in *The Location of Culture*, London and New York:
Routledge. 1994.

Choi, Kyong-Hee. "Neither Colonial nor National: The Making of the "New
Women" in Pak Wanso's "Mother's Stake 1" in Gi-Wook Shin and
Michael Robinson eds. , *Colonial Modernity in Korea*.
Cambridge(Mass) and London: Harvard University Asia Center.
1999.

Choi, Chungmoo. "The Discourse of Decolonization and Popular Memory:
South Korea" in Tani E. Barlow ed. , *Formation of Colonial Modernity
in East Asia*, Durham: Duke University Press. 1997.

Cumings, Bruce. *The Origins of Korean War*. Princeton: Princeton
University Press. 1981.

Eckert, Carter J. "Exorcising Hegel's Ghosts: Toward a Postnationalist
Historiography of Korea" in Gi-Wook Shin and Michael Robinson
eds. , op.cit. 1999.

Kim, Joong-Seop. "In Search of Human Rights: The *Paekchong*
Movement in Colonial Korea" in ibid. 1999.

Lee, Chool woo. Low, Culture and Conflict in a Colonial Society: Rural Korea under Japanese Rule, Ph.D. Dissertation, the University of London. 1996.

Lee, Chul woo. "Modernity, Legality, and Power in Korea Under Japanese Rule" in ibid. 1999.

Park, Soon-Won. "Colonial Industrial Growth and the Emergence of the Korean Working Class" in ibid. 1999.

Robinson, Michael. "Broadcasting, Cultural Hegemony, and Colonial Modernity in Korea, 1924-1945" in ibid. 1999.

Shin, Gi-Wook. *Peasant Protest & Social Change in Colonial Korea.* Seattle and London: University of Washington Press. 1996.

Shin, Gi-Wook & Han, Do-Hyun 1999. "Colonial Corporatism: The Rural Revitalization Campaign, 1932-1940" in Gi-Wook Shin and Michael Robinson eds., op.cit. 1999.

Sorensen, Clark. "National Identity and the Creation of the Category "Peasant" in Colonial Korea" in ibid. 1999.

Yang, Daqing. "Colonial Korea in Japan's Imperial Telecommunications Network" in ibid. 1999.

Wells, Kenneth M. "The Price of Legitimacy: Women and the Kunuhoe Movement, 1927—1931" in ibid. 1999.

후기

    도미오카(富岡倍雄) 선생이 아직 건강하던 1996년경의 일이다. 가나카와(神奈川)대학 경제학부에는 '각국 경제 연구실'이라고 불리는 연구그룹이 있었는데, 교원이나 학생이 모여 종종 조그마한 연구 모임을 열고 있었다. 어느 날 연구회가 끝난 뒤에 잡담을 하다가 '요즘' 젊은이들의 풍속에 대해 화제거리가 옮겨지자, 한 중국인 유학생이 "중국도 사정은 마찬가지예요"라고 응수했다. 이런저런 이야기를 듣고 있던 도미오카 선생이 "그런 경우에도 '동시대성'이 관철되는 거네"라고 코멘트했다. 선생의 '동시대성'이라는 표현이 묘한 인상을 남기고 있었는데, 지금 되돌아보면 이 책의 출발점이 되었다.

    그 후에 도미오카 선생은 뜻밖에 병을 얻어 아쉽게도 돌아가셨다. 그로부터 얼마 지나지 않아서 나는 가나카와대학을 떠나게 되었다. 내 자신의 생각이겠지만, 내게 이 책은 가나카와대학에 제출하는 뒤늦은 졸업논문과 같은 것이다. 특히 '각국 경제 연구실'에서의 만남을 통하여 학문적으로도, 인생사로도 많은 것을 배울 수 있었던 고(故) 도미오카 선생, 나카무라 헤이하치(中村平八) 선생, 고토 아키라(後藤晃) 선생에게 예의를 다하여 제출하고자 한다.

    2000년 도쿄대학 대학원 농학생명과학연구과에서 근무하게 되면서 오로지 농업사·농촌사연구에 도전해왔다. '실학'을 표방하는 농학연구의 장이면서도, 현실의 농업과 거의 접점을 가지지 않는 역사연구자에게도 연구 기회를 주고 있는 연구과의 관용에 감사를 드린다.

덧붙여 내가 소속된 농업·자원경제학 전공의 좋은 관습 덕분에 2004년부터 2005년까지의 1년 동안 한국의 서울에 장기출장으로 체재할 기회가 주어졌다. 이 체재기간의 일부를 이 책의 마무리를 위해 사용할 수 있었다. 내가 없는 동안에 불편을 끼친 같은 전공의 교직원과 대학원생 모두에게 이 장을 빌어 미안함과 감사의 말씀을 드린다.

서울에 체재할 때에는 성균관대학교 동아시아학술원 대동문화연구원의 선생님들에게 큰 도움을 받았다. 훌륭한 연구공간을 제공해주었고, 같은 세대의 모든 연구자분들과 교류를 깊이 나눌 수 있었다. 또 연세대학교 국학연구원, 연구공동체 '수유+너머', 아시아평화와 역사교과서연대 등의 장에서는 연구회의 말석에 앉을 수 있게 해주었다. 학회와 심포지엄에 참가하여 최신 연구동향에 접할 기회도 많았다. 또 한국국가기록원 서울기록정보센터, 한국중앙도서관, 한국국회도서관, 국사편찬위원회, 서울시립대학교 등에서는 도서와 자료 열람에 편의를 제공해주었다.

체재 중에 알게 된 어떤 친구와 남북한 사이에 평화가 찾아오면 부산에서 중국 내륙까지 철도여행을 하기로 약속했다. 남북통일은 내게는 개인적인 목표가 되었다. 남북통일이라는 과제에 대해 일본이 해야 할 역할이 산적해 있다는 점은 말할 나위도 없다. 이 책이 한일관계와 북일관계를 성찰하는 데 일조하게 되고, 나아가 멀리 돌아가는 것이지만 남북간 화해를 도모하는 데 조그만 기여라도 하게 된다면 망외의 기쁨이 될 것이다.

이 책에 수록한 각 장의 처음 발표 지면은 다음과 같다. 논문을 수록하도록 허락해준 각 잡지 측에 감사드린다.

- 序章「"朝鮮における『植民地近代』"に關する近年の研究動向―論点の整理と再構成の試み―」,『アジア經濟』第43巻 第9號, 2002을 전면적으로 가필.

- 第1章「植民地期朝鮮農村における衛生・醫療事業の展開―『植民地的近代性』に關する試論―」,『商業論叢』第34巻 第4號, 1999.

- 第2章「植民地期朝鮮のおける朝鮮人下級職員の意識構造」,『歷史學研究』第797號, 2004.

- 第3章「植民地下の朝鮮人いかに統治されたか―日本「帝國」の意圖せざる統合原理」,『情況』第2期第8巻第10號, 1997

- 第4章「戰時體制下の朝鮮農民―『農村再編成』の文脈」,『歷史學研究』第729號, 1999을 부분적으로 가필.

- 第5章「戰時動員体制下 朝鮮에 있어서 邑面職員의 対日協力」,『大東文化研究』第48集, 2004.

- 第6章 「水利事業をめぐる『公共性』の位相―植民地期朝鮮・富平水利組合の事例分析―」,『農業史研究』第34號, 2000(수록할 때 표제 변경)

- 第7章「植民地期朝鮮における農業用水開發と水利秩序の改編―萬頃江流域を對象として―」,『朝鮮史研究會論文集』第41集, 2003.

이 책의 출판을 위해 일본 사회평론사(社會評論社)의 신 고이치(新孝一) 선생이 노력해주었다. 이전 책을 7년 전에 출판할 때 신세를 진 뒤, 두 번째 만남이었다. 그 사이에 학술서 출판 사정이 더욱 어려워진 듯하다. 그럼에도 출판을 맡아준 사회평론사의 모든 분들께 새삼 감사를 드린다. 이 책의 간행에는 '독립행정법인 일본학술진흥회 2005년 과학연구비보조금(연구성과 공개촉진)'을 교부받았다.

마지막으로 개인적인 일이지만, 함께 살고 있는 세 사람의 협력과 인내에 감사한다. 7년 동안에 변한 것이라고는 함께 사는 사람이 한 사람 늘어난 것뿐인데, 전에 책을 낼 때와 똑같은 해명을 되풀이해버렸다. 다음을 기약하고자 한다.

2005년 6월 15일

마쓰모토 다케노리(松本武祝)

찾아보기